Thomas Kistner – Ludger Schulze

Unter Mitarbeit von Martin Hägele

Die Spielmacher

Strippenzieher und Profiteure im deutschen Fußball

Zweitausendeins

Satz: Verlagsservice G. Pfeifer/EDV-Fotosatz Huber, Germering
Umschlaggestaltung: Berndt & Fischer, Berlin
Druck und Bindung: GGP Media, Pößneck

Lizenzausgabe mit freundlicher Genehmigung der Deutschen Verlags-Anstalt für Zweitausendeins, Postfach, D-60381 Frankfurt am Main.

Printed in Germany.

Dieses Buch gibt es nur bei Zweitausendeins im Versand, Postfach, D-60348 Frankfurt am Main, Telefon 069-420 8000, Fax 069-415 003. Internet www.Zweitausendeins.de, E-Mail Info@Zweitausendeins.de. Oder in den Zweitausendeins-Läden in Berlin, Düsseldorf, Essen, Frankfurt am Main, Freiburg, 2 x in Hamburg, in Hannover, Köln, Mannheim, München, Nürnberg, Saarbrücken, Stuttgart.

In der Schweiz über buch 2000, Postfach 89, CH-8910 Affoltern a. A.

ISBN 3-86150-452-9

Inhalt

Vorspiel

Das nächste Spiel ist immer das schwerste, besagt ein alter Sinnspruch des Fußballs. Seit Frühjahr 2002 gibt es einen Spielmacher mehr, der diese banale Wahrheit bestätigen kann. Für Leo Kirch war der große Kick, war das Spiel mit Millionen Fans und Milliarden Euro zu groß. Am Ende stand eine vernichtende Niederlage: Die Rote Karte für den Medienmogul, der größte Zahlmeister ist raus aus der Partie. Überraschend kam die Finanzkatastrophe für die Profibranche nicht; allerdings nur aus Sicht all jener Fußballfreunde, die auch einmal einen Schritt zurücktreten, wenn sie das Geschäftsspektakel rund um den Ball verfolgen.

Diese skeptische Perspektive wurde schon in der Erstfassung des Buchs »Die Spielmacher – Strippenzieher und Profiteure im deutschen Fußball« eingenommen, und dabei geradewegs das Untergangs-Szenario vorbereitet: Eine überhitzte Branche, die sich unter der anarchischen Preistreiberei von Kirch und dem Geleitschutz der Deutschland AG, den Würdenträgern aus Politik und Wirtschaft, an den Rand des Ruins manövriert. Ein Jahr später, im Frühjahr 2002, ist die düstere Vision Wirklichkeit geworden. Kirch hatte sich restlos übernommen im Fußballrechte-Handel und ging Konkurs.

Das Profikickergewerbe muss sich wirtschaftlich neu orientieren. Es hat sich gezeigt, dass dieses Geschäft seit Jahren dramatisch überbezahlt worden war. Der Fußball wurde zu einer Seifenblase – nun warten härtere Zeiten auf die Spielmacher. Aber nicht auf den Leser, der sich in dieser aktualisierten Neuauflage alle Fortschreibungen und Ergänzungen zu den Kapiteln der Spielmacher im Schlussteil »Rote Karte für die Kapitäne« holen kann. Bis zum Abpfiff.

Aufwärmen

Es geschah nicht in Hollywood. Und der da sprach, war, auch wenn er gern in Tränen ausgebrochen wäre, kein Filmstar. Am 6. Juli 2000, als der deutsche Fußball auferstand, das größte moderne Kulturgut der Nation, war eine Betonhalle der Züricher Messe Ort der Verkündigung. Joseph S. Blatter gab bekannt, dass Deutschland die Fußballweltmeisterschaft 2006 austragen darf. Aber der Partylärm in der Siegerecke war so bemüht wie das Lächeln auf den strichdünnen Lippen des Weltfußball-Präsidenten. Tatsächlich war Blatter entsetzt, denn diese Verkündigung war zugleich sein Offenbarungseid, er hatte bis zuletzt daran gedreht, die WM Südafrika zuzuschanzen. Das hatte er den Verbänden in der Dritten Welt versprochen, bevor die ihn 1998 auf den FIFA-Thron wählten. Die deutschen Jubler wiederum hatten schon vorm Schlussakt mitgekriegt, dass die Sache in ihrem Sinne gelaufen war. Während die FIFA erste Zwischenstände bekannt gab, fiel Wolfgang Niersbach dem Teamchef Rudi Völler um den Hals; der Mediendirektor des Deutschen Fußballbundes tupfte sich mit dem Taschentuch Tränen aus den Augen, stammelte: »Rudi, wir hams!«

Mit zwölf zu elf Stimmen bei einer Enthaltung hatten die Mitglieder der FIFA-Exekutive zum zweiten Mal nach 1974 Deutschland die WM zugesprochen. Der deutsche Fußball kann also noch gewinnen, es muss nur so taktisch diszipliniert zugehen wie bei dieser Kür: Sämtliche acht Wahlmänner aus Europa plus alle vier Asiaten hatten den DFB gewählt. Klare Blöcke, harte Fronten, leicht und diskret zu regelnde Interessen – psst! Später mehr.

Dieser Triumph war Balsam für das Selbstwertgefühl eines Volkes, das seine Befindlichkeit wie kein zweites über Wohl und Wehe der Nationalmannschaft regelt. Seit der Identitätsfindung von Bern 1954, jenem 3:2 über Ungarns Wunderteam, dem Moment kollektiver Entnazifizierung der Nation vor den Augen der Welt, hat sich das Rasenspiel zur Weltanschauung entwickelt – eine, in der Sport und Spaß immer bedeutungsloser werden. Bei der Gründung der Bundesrepublik auf der Wiese von Wankdorf ging die Unschuld des Spiels verloren. Aber erst seit die Machtkartelle der

Medien einen Massenwahn schüren, um das Milliardenspiel besser ausschlachten zu können, verlor der Fußball seine Seele.

Das Phänomen belegten die Ereignisse rund um den Glücksmoment von Zürich. Die WM-Vergabe 2006 war eingebettet in düstere Depressionsphasen: Kurz vorher das jämmerliche Scheitern der DFB-Auswahl bei der Europameisterschaft in Holland und Belgien, wenig später der Kokainskandal um den designierten Bundestrainer Christoph Daum.

Noch ein Jahr danach schmerzte das Trauma. »Sportbild«, eine der größten Traumfabriken des deutschen Boulevards, rief Millionen Lesern den Jahrestag des nationalen Tiefpunkts per Farbfoto in Erinnerung. War das nicht so hoffnungslos gewesen wie 1945, Stunde null? Alle am Boden, platt gemachte Helden, darüber die höhnisch blinkende Leuchtanzeige: Portugal 3, Deutschland 0. Und die Schlagzeile: »Wisst ihr noch, das Loch?« Der freie Fall ins Nichts.

Deutschland war im Ausnahmezustand. Die nationale Depression hatte die besten Köpfe des Landes in Aufruhr versetzt, vom Bundeskanzleramt bis in die obersten Konzernetagen. Das war keine patriotische Reserveübung, es galt, dem Land endlich einen Ruck zu geben. Und die Wirtschaft ruckte mit. Zusammen standen sie auf und packten an, bis das Schlussbild von Zürich übrig blieb, das schrecklich nette Familienfoto deutscher Fußballseligkeit: Gerhard Schröder und Franz Beckenbauer, Fedor Radmann und Otto Schily, Günter Netzer, Claudia Schiffer, Boris Becker, Gerhard Mayer-Vorfelder, Thomas Bach. Und doch waren alle diese Blüten eines Landes nur Statisten vor den Insignien der wahren Siegermächte: dem Stern von DaimlerChrysler, dem Kreuz von Bayer, dem Emblem der Telekom, den Logos der Banken und anderer Konzerne. Den Hoheitszeichen der Deutschland AG.

Der Pate der deutschen WM-Bewerbung und des deutschen Fußballs blieb unsichtbar. Leo Kirch hatte wie immer seine Strohmänner auf die Bühne geschickt. Kirch, dieser Händler und Makler, der direkte Drähte zu Beckenbauer und Netzer und Mayer-Vorfelder und Schröder und Stoiber und »Bild« und vielen anderen hat. Alle waren sie an diesem 6. Juli 2000 Spielmacher an seinen Strippen, sie durften sein Meisterstück aufführen.

Kirch hat den Fußball gekauft. Er hat dabei ein System perfektioniert, das sein fränkischer Landsmann Horst Dassler schon vor 25 Jahren installierte: Netze, geknüpft aus Abhängigkeiten. Ein unentrinnbares Geben und Nehmen, das System der totalen Vereinnahmung. Die Kunst, Gier und Eitelkeit der Amtspersonen auszunutzen als Gleitfilm ins Geschäftsglück. Dieser Film wäre oscarreif. Aber er ist nirgendwo zu sehen.

Dem Fußball geht es ähnlich. Dass Kirch die Rechte an sich raffte, die Bundesliga und die Weltmeisterschaft, war legal. Versagt haben jedoch die Vertreter, die sich der Fußball gewählt hat. Erst das Fressen, dann die Moral – anders funktioniert kein Markt. Auf dem Fußballmarkt aber geht's nur noch ums Fressen; Geschäftsmoral ist so hinderlich wie ein Muskelfaserriss. Die Spielmacher haben für Kirchs Millionenköder, für seine Medienbühne und ein paar Dienst-Daimler mehr als ihre Handlungsfähigkeit abgetreten. Sie unterwarfen sich einfach dem, der ihnen am meisten bot. Das Spiel zu schützen war ihr Auftrag. Doch sie haben es verkauft.

Die Spielmacher sind fernsehkompatibel. Flüchtige Figuren wie Franz Beckenbauer, der Diener aller Herren, dessen unaufhaltsamer Aufstieg zur Lichtgestalt und zum Schattenkaiser der Nation die unerhörte Kraft des Blendwerks Fußball demonstriert. Kalte Karrieristen wie Gerhard Mayer-Vorfelder, der keine Freunde braucht, wenn er die Wirtschaftsmächte hinter sich weiß. Lobbyisten wie der WM-Organisator Fedor Radmann oder der IOC-Vizepräsident Thomas Bach, die einst im korrupten Vetternsystem des Adidas-Bosses Horst Dassler gelernt hatten und die heute die sportpolitischen Speerspitzen des Landes bilden: Schatten fragwürdiger Ehrenamtlichkeit und glatt und nicht zu fassen.

Diese und andere sind die Figuren, die sich in ein prinzipienloses System einbauen lassen. Ein System, das sich reproduziert und allen Grund gibt mitzumachen. Auch den Politikern. Angefangen von Gerhard Schröder, der sich noch im Sommer 2001 ins Scheinwerferlicht drängelt, als das Berner Wankdorf-Stadion abgerissen wird, das »deutsche Gedächtnis«, wie er predigt, denn er weiß, dass es der Ort nationaler Wiedergeburt ist. In der Praxis aber liefert der Medienkanzler dem Tycoon Kirch ebenso Steilpässe für seine Bezahlfernsehpläne wie der Deutschland AG Vorlagen zum WM-Coup 2006. Bei Schröder ist die schönste Nebensache der Welt Chefsache. Zum Dank für diskrete Scorerpunkte dürfen sich er und noch willfährigere Medienpolitiker im Glanz von Kirchs Medien sonnen.

Aber die Zeit der Rückzahlung ist angebrochen. Kirch sägt am Lebensnerv der Branche, sein Kickerkartell ist zur reißenden Bestie geworden. Das marode Pay-TV will profitabel gemacht werden; die Übernahmeschlacht tobt in Millionen deutschen Wohnzimmern – der Anfang vom Ende. Denn Fußball war mal demokratisch. Jeder konnte ihn sehen, erleben, mitmachen – ein Spiel der Gefühle und Visionen, das alle zusammenbrachte. Vom Kanzler bis zum Arbeitslosen, von der Geschäftsfrau bis zum Hafenarbeiter. Fußball war eine kolossale Klammer um diese Gesellschaft. Nun wird Fußball elitär, er verliert die Bodenhaftung, wird weggesperrt und entfernt sich von den Leuten.

Grundversorgung ist nicht mehr nur das Essen auf dem Tisch und das Dach überm Kopf. Die Menschen wollen Unterhaltung, sie brauchen Themen, Dramen, den gemeinsamen Erlebnishorizont. Nichts schrieb schönere Dramen als die Bundesliga, Woche für Woche, acht Monate im Jahr, und das seit 1963. Tragödien, Komödien, Melodramen für alle, wenn der Manager weint oder ein 17-Jähriger erstmals ins Tor trifft.

Die öffentliche Wahrnehmung ist behäbig. Besonders im Sport, wo die Berichterstattung längst zum Infotainment verkommen ist: Gefälligkeits-, PR- oder Hurra-Journalismus. Aber die Windmacher vom Boulevard und ihre Marktstrategen spekulieren darauf, dass sich die Fußballfreunde einfach die Bühne rauben lassen. Sie werden andere finden, es gibt ja immer Bühnen, auf die sich schauen lässt. Es wird aber die große Klammer verloren gehen für alle, um alle herum: Das Seriendrama Bundesliga, die Weltmeisterschaft, die die ganze Welt bewegt. Immer mehr Leute werden in

Zukunft wissen, wie sich Fußball von außen anfühlt – denn von innen kostet extra. Den Spielmachern und ihren Windmachern sei's gedankt.

Beckenbauer, Netzer und Co. agieren wie eh und je auf dem Spielfeld. Die alten Helden sind heute WM-Organisatoren, Rechtehändler, Klubchef, Moderator oder Kolumnist. Auch in langen Hosen bleiben sie die ferngesteuerten Akteure im Veitstanz um den Fußball. Was zählt, ist Stil, nicht Inhalt, Taktik, nicht Geschäftsethik, Profit, nicht Prinzipien. Kirch hält alle Macht in Händen und er will immer mehr davon. Seinen Spielmachern kommt nie die Frage in den Sinn, ob man das Wohl des Fußballs auch anders mehren könnte als mit den Millionen, die jedem Milchbart aufs Konto fließen, der den Ball zehnmal auf dem Spann tanzen lassen kann. Ihr Fußball kommt ohne Herzklopfen aus, funktioniert rein betriebswirtschaftlich: Die Kicker als Schweinebauchhälfte. Die Fans als Zahlmeister. Und die Helden, die vor 50 Jahren einer Nation den Anstoß gaben, als Clowns.

Das Spiel

Der Triumph der Deutschland AG: WM 2006

Es rumpelte und knisterte im Lande. Es ging um alles. Das heilige Fußballreich deutscher Nation lag im Fieber. »Bild« jammerte und bettelte und beschwor Tag für Tag – »Franz, hilf!« – Beckenbauers magische Wirkkraft auf die Weltsportfunktionäre herab. War er nicht überall gewesen, zehnmal rund um den Globus gejettet, bis hinter Fidji gereist und erst kurz vor Legoland umgekehrt; hat er nicht alle Fußballmächtigen überwältigt mit seiner Offensive aus bajuwarischem Lausbubencharme? Fraglich war nur: Würden die sich daran erinnern, wie sie den Kaiser auf der Werbetour sprechen, die Hand des Gesalbten schütteln durften? Würden sie im Rückblick verklären, wie er mit ihnen und ihren Staatsoberhäuptern übers Golfgrün marschiert ist – und war das genug, um Deutschland dafür mit der WM zu belohnen?

Die Frage stellte niemand, ob Franz Beckenbauers jahrelang ausgiebig bestaunter Golf-Tourismus durch die Fußballwelt am Wahltag zählen, ob das eine Menschenseele interessieren würde in der 24 Mitglieder umfassenden FIFA-Exekutive. Auch nicht die deutschen Medien, die des Ketzertums ohnehin unverdächtig sind. Die meisten taten in den letzten spannenden Tagen, was sie seit dem WM-Triumph in Italien 1990 am besten können: dem deutschen Kaiser zujubeln. Und so die erwünschte Stimmung im Lande aufschaukeln.

Schon seit Beginn der heißen Bewerberphase tat die Fußballpresse so, als gäbe es die gerade kochende Bestechungsaffäre um die Olympischen Spiele nicht. Tat so, als wäre da nicht die weitreichende, jedes wichtige Gremium umspannende Vetternwirtschaft im Weltsport. Obwohl das mit Händen zu greifen ist für jeden Reporter, der nicht unter Autismus leidet. Nein, der olympische Bewerberskandal taugte zwar für schmetternde Seitenhiebe auf himmelschreiende Missstände anderswo in der Welt – aber hier, im Wettbewerb um die Fußball-WM, war das Thema Korruption zu heikel, kontraproduktiv für das nationale Ziel. Und so schaffte der vaterlandstreue Teil der Fußballmedien das große Schisma der Weltsportpolitik: Fußball und Olympia – das waren zwei verschiedene Paar Sportschuhe. Mögen sich noch so viele Funktionäre in beiden Gremien gleichzeitig tummeln. Oder, wie der deutsche IOC-Vizepräsident Thomas Bach, zugleich Olympier und Lobbyist für die WM-Bewerbung sein.

Olympia und Fußball haben nichts gemein – diese akkurate sportpolitische Mülltrennung in den Medien war wichtig für die WM-Bewerber. Denn die Daueraffäre um das Internationale Olympische Komitee lief seit Ende 1998 parallel mit. Olympia-Boss Juan Antonio Samaranch musste sogar zum Verhör beim FBI und vor dem amerikanischen Abgeordnetenhaus antanzen. Er gab eine erbärmliche Figur ab. Der Bestechungsskandal ramponierte den letzten Rest Image der internationalen Sportpolitiker, konsequent zog er andere Bewerbungen in seinen Strudel.

Denn bei der Fußball-WM ging es noch um ein paar Milliarden mehr als bei Olympia. In England, wo die Medien zupacken, zog rasch ein FIFA-Bestechungsskandal auf. Der schottische Vorständler David Will musste 1999 gegenüber der »Times« einräumen, dass vor der Vergabe der WM 2002 vom Bewerber Japan zahlreiche kostbare Privatgeschenke an Funktionäre überreicht worden seien, Laptops etwa. Er selbst habe seine Präsente weiterverschenkt, erklärte der Jurist, forderte nun aber vorsichtshalber einen Ehrenkodex für FIFA-Mitglieder. Andernfalls, so Will, drohe denen bald dasselbe Schicksal wie dem Zirkel der olympischen Geheimnisträger: Enthüllungen, Skandale, Rauswürfe. UEFA-Präsident Lennart Johansson richtete sich nun drohend an seine Funktionärskollegen und empfahl ihnen sein eigenes Beispiel: Ja, auch er habe Geschenke von den Bewerbern in Japan und Südkorea erhalten, das Päckchen kam zu Weihnachten. Er habe das allerdings als unanständig empfunden und die Präsente gleich nach Tokio und Seoul zurückgeschickt.

Und in Deutschland? Mit Gerhard Mayer-Vorfelder saß ja auch ein DFB-Vertreter in der FIFA-Exekutive. Aber der hatte das

Glück, dass ihn die trickreichen Asiaten gar nicht auf den Geschenklisten führten. Merkwürdig. Offenbar war »MV« vergessen worden – während Leute wie Johansson und Will, bekannt als unbescholtene Funktionäre, ungeniert umgarnt wurden. Aber man muss das glauben, wenn man den Multifunktionär hört. »MV«, der sich wie kaum ein anderer zwischen zuweilen trüben Interessenflüssen bewegt, erklärte: »Ich habe keine Geschenke bekommen und lasse mich auch nicht korrumpieren.«

Die kritische, teils brodelnde Stimmung um Olympia und FIFA reichte nicht bis nach Deutschland. Eine Überraschung ist das nicht. Hier zu Lande gibt es kaum eine im Grundsatz kritische Sportpresse, die Mischung aus Zahmheit und Zahnlosigkeit hat nur zum Teil mit den Jubelstürmen der Springerpresse zu tun. Denn es ist so, dass die hohe Sportpolitik mit nachrichtendienstlicher Raffinesse die Stimmungslage in den deutschen Medien steuert. Viel läuft über das Branchenblättchen »Sport Intern«, das einst der Adidas-Chef Horst Dassler als sportpolitisches Instrument zu Zwecken der Propaganda und der gezielten Desinformation betreiben ließ. Danach übernahmen Topfunktionäre wie Samaranch und Blatter den Part. »Sport Intern« ist kein Organ für die breite Öffentlichkeit, gelesen wird es aber von den meisten Sportfunktionären, von vielen Vermarktern und Journalisten. Herausgeber Karl-Heinz Huba ist seit Jahrzehnten ein willfähriger Helfer der Sportmächte, weshalb der deutsche Herold von Olymp und FIFA im Ausland argwöhnisch beäugt wird. In England haben die Soziologieprofessoren Alan Tomlinson und John Sugden von der Universität Brighton sämtliche Jahrgänge des seit 1968 erscheinenden Heftchens analysiert. Ihr wissenschaftliches Urteil ist vernichtend: »Sport Intern« sei ein »Organ der Vergötterung oder Zerstörung von Individuen oder deren Ansehen«, trugen sie auf einem Kongress in London vor. Das Ziel sei »die Verbreitung von Intrigen und Imagemache«.

Die Praxis belegt den Propagandacharakter des Heftes, das in deutscher und englischer Ausgabe erscheint. So wendet sich der deutsche NOK-Präsident Walther Tröger, zugleich IOC-Mitglied, direkt an Samaranch, wenn er von dem deutschen Kampfblättchen attackiert wird. Auch UEFA-Präsident Johansson geht nicht zu Herausgeber Huba, sondern gleich zu FIFA-Boss Blatter. Das muss man wissen, wenn man die sportpolitische Mündigkeit der deutsche Sportjournaille beleuchtet – denn ausgerechnet »Sport Intern« bestimmt über deren Qualität. Und die eitle Branche feiert sogar mit, wenn Huba seinen Sportjournalisten, seine Sportredaktion, seinen Fernsehjournalisten des Jahres kürt. Natürlich kommen beim Hofpoeten von FIFA und IOC auf der Funktionärsseite (unterteilt in nationale und internationale Helden des Jahres) stets jene Figuren zu Ehren, die von den ausgezeichneten Journalisten getätschelt werden. Also auf der einen Seite die »Frankfurter Allgemeine Zeitung« und vorzugsweise gut gefönte Stichwortgeber vom ZDF, auf der anderen Seite Funktionäre wie Samaranch, Blatter, Thomas Bach und so fort. Bei den Sportvermarktern rangierte laut »Sport Intern« zuletzt ISL-Generaldirektor Jean-Marie Weber ganz oben. Ein Mann, der einst als Dasslers Kofferträger die Kunst der konspirativen Geschäftsanbahnung erlernte. Dummerweise hat sich im selben Jahr 2000 seine größenwahnsinnig gewordene ISL, die jahrelang Schmiergelder an Funktionäre gezahlt hatte, in den Bankrott gewirtschaftet. Herzlichen Glückwunsch nachträglich an die hochkompetente »Sport-Intern«-Jury: Volltreffer, Schiff versenkt.

Die deutschen Medien und der Sportjournalistenverband akzeptieren die groteske Zensurhoheit von »Sport Intern«. Die »F.A.Z.« bejubelt gar seit Jahren in ganzseitigen Zeitungsanzeigen ihre auf Sieg abonnierte Sportredaktion. Indes beklagen sich Redakteure des Ressorts gegenüber Kollegen darüber, dass ihnen das ständige Gegengeschäft mit Huba großes Unwohlsein bereite. Journalistisch unhygienisch ist es ja wirklich: Während die »F.A.Z.« ihre fragwürdigen Titel bejubelt, die Huba gern bei kaum näher zu überprüfenden Telefonrundrufaktionen ermittelt, kriegt »Sport Intern« sein Stück vom Werbekuchen zurück. Das Organ wird in den Anzeigen der vornehmen »F.A.Z.« genau so dargestellt, wie es Huba und Hintermänner bezwecken: Als anerkannte Gerichtsinstanz des unabhängigen deutschen Sportjournalismus.

Solange schwiemelige Handreichungen wie diese die Landschaft bestimmen, ist investigativer Journalismus im deutschen Sport nicht wirklich gefragt. Der kriegt meist erst eine Chance, wenn Fehlentwicklungen unübersehbar werden. So etwas aber ist bei einer privat gesteuerten und finanzierten Werbekampagne kaum zu erwarten – schon gar nicht bei einer WM-Bewerbung.

Kein Wunder, dass in Deutschland die olympische Bewerberkorruption rund um Salt Lake City zwar gallig kommentiert, letztlich aber als fremder, mysteriöser Vorgang bestaunt wurde. Die Medien reagierten, wie sie es gelernt haben: Besinnungslos präsentierten sie der Leserschaft den deutschen Vorständler Thomas Bach als Saubermann, als positiven Gegenentwurf zu den schmierigen, dubiosen Olympiafunktionären. Ausgerechnet Bach, den Industrielobbyisten aus dem Taubertal, der eine Olympiakarriere wie kaum ein Zweiter gemacht hat und viele Jahre hautnah um den Skandalbolzen Samaranch kreiste. Bach, der fränkische Firmenkontakter, über dessen berufliches Wirken es wenig konkrete Informationen gibt und der mit obskursten Sportgrößen Beziehungen pflegt, galt hier zu Lande ungeprüft als Speerspitze des olympischen Aufklärungsbataillons. Dabei hatte ihn Samaranch eingesetzt, der IOC-Boss und mächtigste Ränkespieler des Weltsports, in Sachen Vetternwirtschaft ja selbst ein ausgewiesener Experte. Bach, der notorisch gutgläubige Thomas, der niemals Konkretes über Mauscheleien gewusst hat, durfte bei Olympiagate Deutschlands gutes Gewissen spielen. Die Frage, warum ein Industrielobbyist, der sich im hochprofitablen Sponsorgeschäft tummelt, aber trotz der Zugehörigkeit zur Kernzelle der Macht von den Durchstechereien im IOC nie etwas mitgekriegt hat (anders als die, die seit Jahren darüber berichteten), warum ausgerechnet so einer für ethische Läuterung bürgen sollte, stellte sich nicht in der Sportpresse.

Genauso tapfer, wie sie die logischen Weiterungen aus dem IOC-Skandal verdrängten, schwärmten Deutschlands Medien bei der WM-Bewerbung über die kaiserliche Strahlkraft. Wenn doch einmal ein kritisches Tönchen erklang, scharte sich der Rest eng um den grollend mit Blitzen werfenden Beckenbauer und dessen Kulissenschieber Radmann. Letzterer hatte, Zufälle gibt's im Sport, wie Thomas Bach bei Adidas unter Horst Dassler gearbeitet, der in den achtziger Jahren eine Turnschuh-CIA installiert hatte. Wie ein Regisseur besetzte Dassler die wichtigen Ämter in den Weltsportverbänden, seine Budgetmeister hatten vielerlei diskrete Engagements abzuwickeln. Aber weder Bach noch Radmann, beide tätig im heiklen sowjetischen Osten, haben nach eigener Aussage etwas mit Dasslers umfassender Korruptionspolitik zu tun gehabt. Der Zufall hat es auch sonst gut gemeint mit den zwei Aufrechten des untergegangenen Dassler-Imperiums: Aus Deutschlands sportpolitischer Kommandozentrale sind die Berufskontakter heute nicht mehr wegzudenken.

Während Beckenbauer anfangs jeden, der nicht vorbehaltlos für die WM 2006 war, als »Feind von Deutschland« demaskierte, fasste Radmann die gelegentlichen Versuche einer distanzierten Berichterstattung so zusammen: Ihn nerve dieses saudumme deutsche Gehabe, das komme überhaupt nicht gut an draußen. Wenn er die aktuellen Geschichten über das IOC lese, habe er den Eindruck, die ganze olympische Familie sei ein korrupter Haufen. Da fragt man sich, wo der gutgläubige Radmann als langjähriger Mitarbeiter Dasslers bei Adidas sowie bei ISL Augen und Ohren hatte. Es liegt auf der Hand, dass es geeignetere Zeugen für Anstand und Moral im Weltsport gibt als ihn. Die Meinung des flotten Fedor zur Korruption im Weltsport ist logisch: »Das stimmt so nicht.« Aber vielleicht sind die Kategorien der Geschäftsethik im Sport ja verhandelbar und letztlich ist alles nur eine Frage stabiler Magennerven. »Auch bei unseren FIFA-Leuten gibt es solche, die wir mögen, und andere, die wir weniger mögen«, sagt er. »Nur: Wir unterdrücken unsere Gefühle und tun unseren Job.«

Nimmt man das zum Maßstab, musste man ihn und den Kaiser um diesen Job nicht beneiden. Zu unterdrücken gibt es eine Menge, wenn man die Herrschaften betrachtet, die den Weltfußball lenken. Neben Sepp Blatter, dem Präsidenten, bilden das FIFA-Exekutivkomitee acht Vertreter aus Europa, jeweils vier aus Asien und Afrika, drei aus Nord- und Zentralamerika sowie drei aus Südamerika. Dazu kommt noch ein fast 80-Jähriger aus Ozeanien, dem Deutschland die WM 2006 am Ende verdankt.

Diese Exekutive ist einer der exklusivsten und verwöhntesten Zirkel der Welt. Er arbeitete bis zu Blatters skandalumwölkter Inthronisierung 1998 ehrenamtlich. Danach musste der neue Boss sogleich eines seiner vielen Wahlversprechen einlösen: Jedes Exekutivmitglied kassiert seit Januar 1999 eine Aufwandsentschädigung von 50 000 Dollar pro Jahr. Daneben gibt's, natürlich unentgeltlich, weiterhin eine fürstliche Betreuung überall auf dem Globus, feudale Empfänge und hier und da auch ein paar diskretere Vorteile, die kein Mensch kontrollieren kann. Gewöhnlich sind die FIFA-Vorstandsherren Gast des Nationalverbandes des Landes, in dem sie weilen, denn in der Regel will dieser den Weltverband umschmusen. Weil das alles noch nicht ausreicht, die Honneurs, die First-class-Flüge und -Hotels, hat die FIFA ein generöses Budget für die Ausgaben ihrer Exekutivmitglieder eingerichtet. Knapp fünf Millionen Mark umfasste das im Vorjahr – genug, falls mal ein rastloser Kämpfer für den Weltfußball irgendwo auf dem Planeten die Rechnung liegen lässt.

Für Beckenbauer und Radmann galt es also keine verträumten Fußballfreunde zu überzeugen, sondern diese verwöhnte Funktionärselite. Leute wie den übel beleumundeten Ricardo Teixeira, gegen den sein Landsmann und Intimfeind Pele als Sportminister sogar ein Antikorruptionsgesetz erließ. Brasiliens Regierung befasst sich in Parlamentsausschüssen mit Teixeiras unfassbarem Wirken. Der Mann, dessen Qualifikation für das Fußballamt darin bestand, dass er Havelanges einzige Tochter Lucia ehelichte, passt in jeden Mafiastreifen. In den Untersuchungsausschüssen wurden ihm dreizehn Straftaten nachgewiesen, zudem flogen zwei Liechtensteiner Unternehmungen auf, die der brasilianische Dunkelmann betrieb. Kreuz und quer finden sich Verbindungen zur FIFA, zur Havelange-Familie, zu dubiosen Geschäftspartnern und Agenturen, die Südamerikas Fußballmarkt beherrschen. Neben dieser Figur gibt es Leute wie Jack Warner aus Trinidad/Tobago, der binnen eines einzigen wild bewegten Jahres – 1994, als er dem FIFA-Paten Havelange im Zuge einer globalen Wahlkampagne eine weitere Amtsperiode sichern half – vom kleinen Geschichtslehrer aus Rio Claro zum zweitmächtigsten Mann im Weltfußball aufstieg. Seither rennt Mister Warner nicht mehr mit der Schulmappe über die Tropeninsel. Er jettet jetzt mit Goldkettchen, dicken Klunkern und zwei Söhnemännern durch die Welt. Im ehrenamtlichen Dienst am Fußball ist Jack Warner zufällig über Nacht zum Krösus aufgestiegen: Plötzlich betrieb er Sportgeschäfte und Kneipen, besaß Immobilien. Bei der WM in Frankreich war der karibische Kick-Experte Delegationschef der FIFA in Marseille. Dort waren ihm auf mysteriöse Art 30 000 Dollar plus Schmuck im Wert von 35 000 Dollar aus dem Hotelzimmer entwendet worden. Die Polizei fand keine Spuren eines Diebstahls und die Hoteldetektive äußerten einen näher liegenden Verdacht. Egal, am Ende war's trotzdem ein typischer Versicherungsfall.

Karrieren wie diese fallen kaum auf neben Kollegen wie dem Amerikaner Chuck Blazer, der wie ein Filmstar auf Kosten des allzeit klammen Verbandes von Nord- und Mittelamerika im New Yorker Trump Tower residiert, in der ehemaligen Suite von Michael Jackson. Blazer berief sich 1998 selbst zum FIFA-Vorstandsmitglied und schockierte zur Amtseinführung die Kollegen mit einer minderjährig wirkenden Freundin, die er am Arm führte. Oder Männer wie Chung Mong Joon. Den zählt die südkoreanische Bürgerunion, die 405 Bürgerinitiativen umfasst, zu jenen 66 Politikern des Landes, die als »korrupt, inkompetent und belastet« gelten. Die Bürgerunion will Leute wie ihn nicht im Parlament sehen, wo Chung gleichwohl als Unabhängiger sitzt – und nach Zählungen seiner Kritiker gut 80 Prozent der Sitzungen schwänzen soll. Schlimmer aber wiegt der Vorwurf, Chung sei in die so genannte Fischrestaurantverschwörung verwickelt. Bei dieser waren, als sein Vater 1992 gegen Young Sam Kim kandidierte, in einem Lokal in Pusan vor einem Meeting der gegnerischen Gruppe Wanzen angebracht worden. Der Monteur wurde erwischt und vor Gericht gestellt – gemeinsam mit Chung.

In Zürich also war Endzeitstimmung. Die Fußballwelt zitterte, ganz Deutschland vibrierte, als im Nobelhotel Dolder die hohen FIFA-Herren ihre Bruderküsse austauschten. Nur wenige Menschen blickten jenem 6. Juli 2000 gelassen entgegen. Ungewöhnlich, dass einer davon Dieter Hahn war, Geschäftsführer der Kirch-Gruppe. Hoppla: Stand dabei nicht ausgerechnet für den in München firmierenden Medienriesen ein Vermögen auf dem Spiel, ein Reibach, der sich in Milliarden bemisst? Die Rechnung lautete aus Kirchs Sicht: Würde Deutschland den WM-Zuschlag für 2006 bekommen, dann wären seine Fernsehrechte für den gesamten europäischen Markt schlagartig zwei- bis dreimal mehr wert als bei einer WM in Südafrika – zumal es auch Kosten wie den Bau gigantischer Fernseh- und Pressezentren mit einzurechnen gilt. Bei einem internen Treffen erlebten europäische Sportrechtevermarkter den Kollegen Hahn trotzdem sehr entspannt. Im Zuge all der hektischen Spekulationen, berichten Augenzeugen, sei er ein auffällig gelassener Gesprächspartner gewesen: Ach Gottchen, so ist halt der Lauf der Welt – wir nehmen es hin, wie es kommt.

Schicksal? Wer Kirch kennt, weiß, dass Duldsamkeit nicht zu seinen Tugenden zählt. Und dass seine Leute oft und gern selbst Schicksal spielen im Geschäftsleben, eher selten mit feinen Methoden. Insofern sprach jede Lebens- und Geschäftserfahrung dagegen, dass Kirch sich just aus dieser entscheidenden Frage heraushalten sollte. Es stand der deutsche Fußball auf der Kippe, Kirchs wertvollstes Vehikel in dem Bemühen, die störrischen deutschen Volksmassen endlich in sein Bezahlfernsehen zu zwingen. Nach dem deutschen Vorrunden-K.-o. bei der Europameisterschaft in Holland/Belgien hatte keiner mehr einen Pfifferling für die DFB-Helden gegeben. Die Teilnahme an der WM 2002 war in Gefahr. Damit nicht genug. Selbst wenn sich das Nationalteam qualifizierte für dieses TV-feindliche Vormittagsturnier in Fernost – würde die WM 2006 nach Südafrika gehen, dann hätte erneut in Frage gestanden, ob es dabei einen deutschen WM-Teilnehmer gibt. Eine Teilnahmegarantie kriegt ja nur der jeweilige WM-Gastgeber. In Deutschland hingegen, im eigenen Land ist das DFB-Team nicht nur gesetzt, die Wahrscheinlichkeit ist sogar groß, dass es sich irgendwie weiter durchschlägt, zumindest bis ins Halbfinale. Und das ist für Kirch Geld wert – viel, viel Geld. Man stelle sich vor, wie die Menschen in den letzten mit allen Werbetricks aufgetunten Wochen vor dem WM-Anstoß in Deutschland noch rasch ins Bezahlfernsehen einsteigen. In diesen verrückten Partyzeiten, wenn nicht mehr der Kopf regiert, sondern der Bauch.

So war das Hauptquartier der KirchMedia in München-Unterföhring der Ort, an dem die Korken am lautesten knallten. Endlich wussten die Fernsehmanager, dass sich ihre 1,7-Milliarden-Mark-Investition in die Rechte für die beiden Fußballweltmeisterschaften bis 2006 rentieren wird.

Weit ist das Feld der Fernsehvermarktung. Und Kirchs Mitwirken werde der deutschen Kampagne »nicht schaden«, hatte Fedor Radmann in Zürich vielsagend geraunt. Überhaupt war Radmann, Neidern in der Szene auch als »Schiebor« bekannt, nun mitteilsamer als der Kaiser. Als hätte ihn die selbst verfasste Botschaft von der Aufbruchstimmung, die wie ein Zauberwort durchs Land der Rumpelfüßler und Organisationstalente flirrte, selbst mit voller Wucht infiziert. Radmann war schon vorm WM-Zuschlag mächtig stolz auf denselben, manchmal konnte er die Begeisterung über sich selbst nur mühsam bändigen. Etwa zwei Tage vor der Abstimmung, als der DFB-Stab zur Pressekonferenz ins schmucke Zürcher Zunfthaus »Zur Meisen« geladen hatte. »Vergleichen Sie uns nicht mit der Arbeit von Berlin für Olympia 2000 – die war amateurhaft«, rief der Lobbyist Reportern auf den Fluren zu. Und verwies ungefragt darauf, man habe »keinen Geheimdienst unterhalten« während der Bewerbung.

Verkündete Beckenbauer vor der Presse, man werde sich »bis zur letzten Minute an die Regeln halten und nicht mehr zu Gesprächen ins Hotel der FIFA-Delegierten gehen«, verriet Radmann im kleinen Kreis das Gegenteil: »Natürlich sieht und spricht man sich noch.« Und während Beckenbauer die immer wiederkehrenden Fragen, ob Leo Kirch die Bewerbung gefördert habe, strikt verneinte, korrigierte Radmann auch hier: An den Bewerberakten für den Fernsehbereich hätten Experten der KirchGruppe mitgewirkt. Das stimmte DFB-Mediendirektor Wolfgang Niersbach derart nervös, dass er den Brandherd sogleich mit dem Schaumwerfer bekämpfte: Kirchs Leute hätten »bei der Bewerbung mitgewirkt, aber nur auf der operativen Ebene«. Operativ? Jedenfalls hatte niemand, bis hin zu den nervösen Beobachtern im Kanzleramt, Zweifel, dass Radmann alle Optionen des Lobbyismus ausreizen würde, die zur Verfügung standen. Inwieweit Kooperationen im Fernsehgeschäft dazugehörten, bleibt dahingestellt. »Operativ« hieß die DFB-Losung. Was immer das bedeutet.

Insidern war klar, dass es Operationen gegeben hatte. Schließlich, so legte ein führender ZDF-Mitarbeiter in Zürich dar, hat der WM-Standort Deutschland auch Kirchs Repertoire an Verkaufsoptionen und geschäftlichen Druckmitteln erweitert: Bei einer WM in Südafrika, so sei ihm signalisiert worden, hätte Kirch wohl einen Teil an die öffentlich-rechtlichen Sender weiterverkaufen müssen. Das Milliardenspektakel in der Heimat aber eröffnete ganz unverhoffte Möglichkeiten: Nun kann Kirch die Weltmeisterschaft exklusiv über seine eigenen Pay- und Free-TV-Sender ausstrahlen. Den Warnschuss gab Kirch den Öffentlich-rechtlichen im Frühjahr 2001. Obwohl sich ARD und ZDF – die schon ausgestiegen waren, aber von Kanzler Schröder ins teure Geschäft zurückgeboxt wurden – zur Zahlung von rund 800 Millionen Mark für die *freien* Fernsehrechte 2002/2006 breitschlagen ließen, räumte ihnen Kirch keine klare Option auf die WM in Deutschland ein. Im Gegenteil. Lieber verpflichtete er sich vertraglich, 100 Millionen zurückzuzahlen, falls ARD/ZDF bei der WM 2006 in Deutschland nicht zum Zuge kämen. Was den Verdacht nährt, dass die deutsche WM ein reines Kirch-Spektakel wird. Käme es so, hätte Kirch die Nation vorgeführt. Gerhard Schröder inklusive.

Der fußballverrückte Kanzler: Wenn jemand in den Tagen, Stunden vor der Entscheidung gelassener zu Werke ging als Kirchs Manager, war es der Mann, der die WM-Bewerbung zur Chefsache erhoben hatte – Schröder. Der dinierte, während in Zürich 24

FIFA-Wahlmänner beisammensaßen, am Berliner Gendarmenmarkt beim Nobelitaliener »Trenta Sei«. Launig schnitt der Kanzler ins Rumpsteak, und wer seine Siegesgewissheit nicht teilen wollte, dem bot er eine Wette an: Sechs Flaschen Rotwein – wer traut sich?

Schröders Chuzpe war bemerkenswert. Auch alle anderen Mitbewerber hatten mit ihren Regierungsspitzen geplant, sie aber in letzter Sekunde zurückgepfiffen. Südafrika beschloss drei Tage vor der Wahl, auf Nelson Mandela zu verzichten. Der begnügte sich damit, die Wahlmänner telefonisch zu nerven. Das Risiko war zu groß – nach der Pleite 1997, als Johannesburg die olympische Städtekür für 2004 gegen Athen verlor –, Mandela erneut als Verlierer vor die Kameras der Welt zu schicken.

In Downing Street hatte Tony Blair, lautester und stärkster politischer Motor der WM-Bewerbung allgemein und der Steuerbefreiung für die FIFA im Besonderen, Englands Chancenlosigkeit erkennen müssen. Im letzten Moment sagte er sein Kommen ab. Verlässliche Quellen hatten ihm versichert, dass England keine Chance haben würde. Aber auch das deutsche Bewerberteam hatte seine diskreten Quellen. Und gewiss wäre die höchste Regierungsprominenz von Schröder bis zu Innenminister Otto Schily gleichfalls auf sicherer Distanz geblieben, wären nicht vorher die Zeichen klar auf Sieg gestanden.

Ganz wie Radmann sagte: Es war anders als 1993, bei der Wahl der Olympiastadt 2000, der letzten Sportkür mit deutscher Beteiligung. Damals fanden deutsche Diplomaten auf den stillen Kanälen heraus, die solche Bewerbungen wie ein Netz durchziehen, dass ein Vizepräsident des wählenden Internationalen Olympischen Komitees, Marc Hodler, mit Bundespräsident Richard von Weizsäcker auf dasselbe Berner Internat gegangen war. Weizsäcker sollte die deutsche Delegation nun anführen und die IOC-Juroren beeindrucken. Also wurde unter alten Schulkameraden diskret sondiert, ob sich das Staatsoberhaupt in der Rolle des Chefbewerbers blamieren könne. Resultat: Das Risiko war gewaltig, Berlin absolut chancenlos. Als kurz vor der Wahl in Monte Carlo die

Absage aus dem Bundespräsidialamt kam, war für die wenigen Aufgeweckten unter den Berlin-Bewerbern klar: Aus, vorbei, verloren. Hodler lässt Schulkamerad Weizsäcker absagen – das Zeichen war eindeutig.

Genauso eindeutig war das Zeichen, das nun Gerhard Schröder gab: Seht her, hier tritt der mächtige deutsche Kanzler gegen ein paar alte Kickergrößen an. Ihm war nicht bange um den Ausgang der Wahl. Dabei hatte gerade er eine Menge zu verlieren. Denn er war persönlich, als einziger Spitzenrepräsentant aus einem der beteiligten fünf Länder, vor die FIFA-Bonzen getreten. Hatte sich Daumen drückend neben Claudia Schiffer, Günter Netzer und Boris Becker zum stummen Diener des Kaisers gemacht, während dieser in ungewürzten Worten, nervös und endlos quasselnd die Vorzüge der Fußballnation pries. Schröder stand wortlos stramm für Deutschland, 22 Minuten lang vor laufenden Kameras, die Show wurde ja in alle Welt übertragen. Würde jetzt Südafrika gewinnen, dann hätte der oberste deutsche Pappkamerad eine außenpolitische Schlappe erlitten, wie es sie in dieser Peinlichkeit kein zweites Mal gibt auf internationalem Parkett: Wo sonst lässt sich sogar für den kleinen Wähler so eindeutig feststellen, wer Sieger ist und wer Verlierer?

Geschäftspartner und Sportsfreunde

Es war wichtig, dass der Kanzler in Zürich erschien. Franz und Fedor hatten ihn in den letzten Tagen inständig darum gebeten, während auf der Beamtenebene im Kanzleramt beharrlich zu Vorsicht und Zurückhaltung gemahnt wurde. Was, wenn Südafrika gewinnt? Aber natürlich war der Kanzler nicht angefordert worden, weil irgendwer so blauäugig war und hoffte, Schröders Auftritt könnte noch einen Wahlmann aus Mali oder Paraguay herüberziehen. Nein, es ging um ein psychologisches Signal für die eigene Seite; für die Leute, die Franz und Fedor angeworben hatten. Hier fehlte ein verlässliches Zeichen. Eines, das sagt: Seht her, Deutschland steht zu allem, was Franz und Fedor versprochen haben. Der Daumen drückende Schröder strahlte die frohe Botschaft aus, dass alles in Ordnung ging. Er musste kommen, er war unerlässlich wie ein Notar, der den Beglaubigungsstempel für die deutsche Kampagne trug, die von der Wirtschaft finanziert worden war.

Wenige Stunden später war es amtlich: Die acht Vertreter des europäischen Verbandes UEFA, dazu die vier asiatischen FIFA-Vorstandsmitglieder Chung Mong Joon (Südkorea), Abdullah Al-Dabal (Saudi-Arabien), Mohamad Bin-Hammam (Quatar) und Worawi Makudi (Thailand) hatten Deutschland mit zwölf Stimmen den Sieg beschert. Südafrika kam inklusive der Stimme Blatters nur auf elf Voten, weil sich der Neuseeländer Charles Dempsey enthalten hatte.

Wir waren wieder wer. Deutschland tanzte, Kaiser Franz wurde hymnisch gefeiert. Dem Kanzler und den Seinen hatte nichts Besseres passieren können, als tief im Schatten der Lichtgestalt ihren Teil beizusteuern. Schröder hatte zu seinem WM-Coup schon acht Tage vor der Wahl ausgeholt. Am 28. Juni genehmigte unter seiner Führung der wie immer streng geheim tagende Bundessicherheitsrat mit drei gegen zwei Stimmen die Lieferung von 1200 Panzerfäusten nach Saudi-Arabien. Schröder, Verteidigungsminister Rudolf Scharping und Wirtschaftsminister Werner Müller votierten für den Waffenexport in den Mittleren Osten, Außenminister Joschka Fischer und Entwicklungshilfeministerin Heidemarie Wieczorek-Zeul waren dagegen. Sie wurden von der Kanzlerfraktion überstimmt. Dabei wurde in derselben Sitzung deutlich, dass Waffenlieferungen in Krisenregionen keineswegs selbstverständlich sind für diesen Kabinettsausschuss: Der Export militärischer Instrumente an Taiwan wurde abgelehnt, vertagt wurde der Entscheid über eine Lieferung von Computersoftware an die Türkei, die immerhin Nato-Partner ist.

Natürlich bestätigte die Bundesregierung diese Nachricht nicht. Entscheidungen des Sicherheitsrats unterliegen der Geheimhaltung. Böses zu denken liegt allerdings nahe, wenn man weiß, dass das FIFA-Exekutivmitglied aus Saudi-Arabien, Abdullah Al-Dabal, ein Mitglied des saudischen Königshauses ist. Weshalb sich festhalten lässt, dass die freundliche deutsche Waffenlieferung acht Tage vor dem Votum des Scheichs für Deutschland sozusagen unmittelbar an die Familie des tüchtigen Delegierten gegangen ist. Zufall?

Auffallend ist, dass es Zufälle dieser Art nur so hagelte – und zwar genau in jenen Regionen, in denen die deutschen Bewerber ihre Stimmen akquirierten. So lässt sich die Summe der Ereignisse, die sich im unmittelbaren Vorfeld der WM-Kür in Zürich abspielten, als konzertierte ökonomische Meisterleistung der deutschen Wirtschaft interpretieren. Das Meisterstück der Deutschland AG.

Die Liste der Bewerbungssponsoren, denen die erste Aufwartung der siegreichen Werber um Beckenbauer und Radmann galt, führten die Üblichen an: Die Weltkonzerne DaimlerChrysler und Bayer. Der schwäbische Autoriese ist immer dabei, wenn irgendwo ein Fußball mit schwarzrotgoldener Beteiligung rollt. Und was klingt besser, als wenn 2006 WM-Spiele aus dem Daimler-Stadion in die weite Welt übertragen werden? Auch der Leverkusener Chemiekonzern mit dem eigenen Champions-League-Klub hatte sich dieser ehrgeizigen Unternehmung verschrieben. Das Werk spekulierte mit seiner massiven Unterstützung darauf, dass es das eine oder andere WM-Spiel selbst austragen darf: In seiner schmucken BayArena, die aber leider für moderne WM-Maßstäbe viel zu klein ist. Sie fasst nur 22 500 Zuschauer, während die FIFA-Regeln eine Kapazität von mindestens 40 000 Sitzplätzen fordern. Bayer ist trotzdem guter Dinge. Wer die WM ins Land holt, den darf das Land bei der Planung nicht vergessen – oder? Die Rechnung dürfte nicht aufgehen. Schon beim Treffen im Kanzleramt im Juni 2001, als Schröder dem Kaiser das Du anbot, gab kaum noch jemand einen Pfifferling auf die BayArena. Für die FIFA-Entscheidung im Herbst 2002 soll das Organisationskomitee eine Vorschlagsliste vorlegen. Darin, so wurde beschlossen, wird ein Ranking versteckt. Also Köln *oder* Düsseldorf, Nürnberg *oder* Kaiserslautern, Bremen *oder* Hannover – Gladbach *oder* Leverkusen.

Als die asiatischen FIFA-Vorstandsmitglieder Chung, Al-Dabal, Bin-Hammam und Makudi in Zürich ein letztes Mal berieten, wohin zum Wohle des Kontinents ihre vier Stimmen wandern sollten, waren die Werber für Germany fix zur Stelle und unterbreiteten ein letztes Extraangebot: Wenn alle vier Asiaten die DFB-Bewerbung unterstützten, dann würde Deutschland – als WM-Veranstalter 2006 – Sorge tragen, dass die Anzahl der asiatischen Mannschaften bei Weltmeisterschaften von vier auf fünf Startplätze erhöht wird. Eine Zusatzofferte. Das war die kleine Nummer.

Die große Nummer war weniger leicht zu erkennen. Jedenfalls nicht aus Deutschland. Spuren finden sich vor allem in den Zeitungen der fernöstlichen Heimat dieser vier asiatischen FIFA-Delegierten. Dort waren die Wirtschaftsseiten plötzlich jeden Tag voll mit immer neuen Frohbotschaften aus der deutschen Wirtschaft. Den Machthabern der Deutschland AG gelang ein verblüffend effizientes Timing beim Ankurbeln und Ankündigen von milliardenschweren Asien-Geschäften – vor allem in Thailand und Südkorea.

In Südkorea hatte, zwei Tage vor dem Bundessicherheitsrats-Beschluss für die Waffenlieferung nach Saudi-Arabien, DaimlerChrysler eine Allianz mit dem Autobauer Hyundai geschlossen. Die Deutschen, frohlockte der »Korea Economic Herald«, planten einen Einstieg bei dem stark angeschlagenen südkoreanischen Konzern mit rund 800 Millionen Mark. Der Sohn und Juniorchef der Hyundai-Dynastie, Chung Jong Moon, ist zufällig auch Exekutivmitglied der FIFA sowie Präsident des südkoreanischen Fußballverbandes. Das war »für Deutschland sicher nicht hinderlich«, kommentierte Englands ehemaliger Sportminister und WM-Sonderbeauftragter Tony Banks die interessante Konstellation bei der Wahl.

Dabei ist wichtig zu wissen, dass gerade Herr Chung das Prinzip, wie man mit Autos Wahlen gewinnt, von der Pike auf gelernt hat. Fünf Jahre zuvor war er noch selbst in der Rolle des Bittstellers. Da versuchte Chung mit allen Mitteln, die WM 2002 gemeinsam mit den bereits gesetzten Japanern zu erlangen. Ein fast unmöglicher Akt, denn FIFA-Boss Havelange war ein eiserner Verfechter Japans. Aber zum Glück war da noch der Schwiegersohn, FIFA-Vizepräsident Teixeira. Einer, der für diskrete Vorschläge immer empfänglich ist. Und so ergab sich 1995 plötzlich, dass der Ehrenamtliche Teixeira und sein enger Geschäftsfreund José Havilla aus Sao Paulo, mit dem er Brasiliens Fußballmarkt beherrscht, in die Automobilsparte wechselten: Beide, der Verbandschef und der Rechtedealer, erhielten aus heiterem Himmel je eine Generalvertretung der Marke Hyundai zugeteilt – also aus dem Familienkonzern von Teixeiras FIFA-Vorstandskollegen Chung.

Monate später, am Tag vor der WM-Vergabe, änderte Teixeiras Schwiegerpapa Havelange plötzlich seine ablehnende Haltung gegenüber der von Chung geführten Bewerbung Südkoreas: Er ließ eine Doppelveranstaltung zu. Die erste WM in zwei Ländern, der die Fußballfans in aller Welt nun ahnungslos entgegenfiebern. Toll, wie der Fußball – oder eher Hyundai? – die Nationen zusammenführt: Chung triumphierte, der historische Erzfeind Japan verbarg beschämt das Gesicht.

Aber die Japaner kannten die Regeln dieses Wettbewerbs ja längst. Schon 1981 beim Kampf um die Olympischen Spiele hatte Favorit Nagoya gegen den Außenseiter Seoul verloren. Die Südkoreaner hatten ein halbes Bordell zur Städtewahl nach Baden-Baden einfliegen lassen, die Damen legten sich zur Freude der IOC-Herrschaften erfolgreich ins Zeug. Dem alten Chung, Gründer des Hyundai-Imperiums, wurde der Coup hinterher angerechnet. Kein Wunder, dass auch der Junior keine Angst kennt vor den einstigen Besatzern seiner Heimat. Im Gegenteil, der fußballbesessene Mong Jong Chung, Spross einer amerikanischen Eliteuniversität, tat alles, um die Japaner zu ärgern. Und weil ihm klar war, dass im Kampf um die WM nichts wichtiger war als die richtige Lobby, hatte er zuvor zielstrebig für das Amt des asiatischen FIFA-Vizepräsidenten kandidiert.

Die Japaner schickten damals Tadao Murata ins Rennen, einen gescheiten und fußballverrückten Kerl. Der ging mit 100 original WM-Bällen pro Nation als Wahlgeschenk auf Tour und mit dem Versprechen, in Japan ein Trainingszentrum zu bauen, das alle asiatischen Länder benutzen durften, Ausbilder wie Bobby Charlton und Pele inklusive. Mit diesem Konzept war Murata auf Stimmenfang in die Entwicklungsländer gegangen. Etwa nach Nepal. In Katmandu wurde der Japaner allerdings kühl und kurz empfangen. Chung war schon wieder weg und die Familie des Generalsekretärs Rukmar Shumsher Rana hatte bereits die Hyundai-Generalvertretung für Nepal übernommen. Der höchste Sportfunktionär des Landes habe seine Stimme verkauft und sich persönlich bereichert, schrieb dessen Vorgänger R. B. Singh darauf an das IOC-Exekutivkomitee und ließ diesen Brief auch in der Zeitung »Sports Weekly« abdrucken.

Tadao Murata verlor die Wahl mit 2:11 Stimmen. Und wunderte sich hinterher noch oft, mit welcher Chuzpe Asiens höchster Fußballrepräsentant in eigener Sache vorgegangen war. Es war nur eine Marginalie, dass das Vorwort des FIFA-Paten Havelange, das dieser für die koreanische WM-Bewerbung sehr neutral hatte schreiben lassen, in der Broschüre plötzlich enthusiastisch daherkam. Chung lud mehrere Korrespondenten, die seinen Werdegang positiv nachgezeichnet hatten, nach Seoul. Die Tischdamen leisteten den Gästen wie selbstverständlich bis ins Bett Gesellschaft – gut, das hat wohl seit Baden-Baden Tradition. Dass Chung, bald nach seinem Aufstieg in die Führungsspitze des Weltfußballs den Vorsitz der FIFA-Medienkommission übernahm, beweist, wie locker man dort mit den Kontrolleuren oder der dritten Gewalt umzugehen pflegt. In diesem Interessendschungel gelten andere Gesetze.

Der starke Arm der Fußballalliierten DaimlerChrysler und Hyundai reicht weit in dieser Welt. Besonders weit aber reicht er im Mikrokosmos des Sports. Weit genug jedenfalls, um auch andere zu nähren, die sich aufreiben im Ehrenamt. So will es der Zufall, dass auch der thailändische FIFA-Vorständler Worawi Makudi ein gedeihliches Verhältnis zu den deutschen Autobauern unterhält. Makudi betreibt in Bangkok einen Handel mit Mercedes-Fahrzeugen. Was ein bemerkenswerter Nebenerwerb ist für einen, der hauptberuflich als Generalsekretär beim Fußballverband arbeitet.

Es ist untypisch in Thailands Berufskultur, dass ein normaler Angestellter so zu den Sternen aufsteigt. In der südostasiatischen

Hemisphäre bestand der Präsident des kontinentalen Fußballverbandes vor kurzem noch auf die Anrede »His Royal Highness«, und wenn er öffentlich auftrat wie beim AFC-Kongress 1998 in Malaysia, flankierten ihn Blumen werfende Frauen.

FIFA-Mann Worawi Makudi ist Muslim. Damit gehört er einer Religionsminderheit in Thailand an, rund 95 Prozent der Bevölkerung sind Buddhisten. Deshalb unterhalte Makudi starke Bande zu arabischen Funktionärskollegen, berichtet der Fußballkorrespondent der »Bangkok Post« – diese hätten ihn im asiatischen Kontinentalverband etabliert.

Makudi selbst gibt nichts über sich preis. Und eilig wiegelt er ab, sobald die Rede auf seinen Mercedes-Handel in Bangkok kommt. Ein Handel mit Mercedes-Fahrzeugen – ich? Ach so, den meinen Sie: »Das Geschäft gehört gar nicht mir. Es gehört meiner Frau.« Womit belegt wäre, dass nicht alle Frauen in Südostasien Blumen werfen. In Thailands Automobilbranche sind sie schwer im Kommen.

Der vermögende Herr Makudi ist auch sonst ein Bilderbuchfunktionär: Fußball ist strikte Geheimsache. Befragt nach den Gründen, die ihn und die asiatischen Kollegen für Deutschland stimmen ließen, geht er in Deckung: »Ich gebe keine Interviews. Ich rede nicht gerne, schon gar nicht über Vergangenes. Warum wollen Sie das wissen? Warum sollten wir noch darüber reden?« Tja. Warum?

Wer so strikt die Öffentlichkeit meidet, mag sein Leben im Privaten genießen, sollte sich aber von wichtigen öffentlichen Funktionen fern halten. Misstrauen ist oberste Pflicht der Fußballfans, solange chronisch publizitätsscheue Figuren das Milliardengeschäft mit dem Weltsport Nummer eins kontrollieren. Sonderlich segensreich war Makudis bisherige Tätigkeit nicht. Thailands jugendliche Fans haben ein besonderes Suchtverhältnis zum Fußball entwickelt: Die Sucht nach schnellem Geld. Die »Bangkok Post« teilte im April 2001 mit, dass dort regelmäßig rund 300 000 Jugendliche und Studenten bei illegalen Fußballwetten auf Spiele in England, Italien und Deutschland ihr Glück versuchen. Rund 2,4 Millionen Mark pro Tag wechseln den Besitzer, eine Studie des Landes schätzt den jährlichen Wettumsatz auf rund fünf Milliarden Mark. Allein im Vorjahr wurden knapp 200 vom illegalen Wettfieber infizierte Personen verhaftet. Als aber im Juli 2000 der vergötterte englische Klub Manchester United, der eine riesige Fangemeinde in Asien hat, zum Freundschaftsspiel im Bangkoker Mua-Mark-Stadion gegen Thailands Nationalelf antrat, führte der Run auf Tickets zu Tumulten: In den öffentlichen Verkauf gelangten nur 4000 Karten. Den Löwenanteil ließ Makudi an Sponsoren, Freunde und Honoratioren verteilen, das Volk schaute in die Röhre.

1998 gingen Bilder der Krise im thailändischen Fußball sogar um die Welt. Es war ein Skandal erster Güte, als im Viertelfinale des Tiger-Cup weder Thailand noch Indonesien gewinnen wollten. Beide fürchteten den Halbfinalgegner Vietnam. Die Indonesier schossen in der Schlussminute ein Eigentor, damit Thailand »gewann«. Prompt wurde das Königreich von Vietnam mit 0:3 »gedemütigt«. Makudi musste etwas tun gegen den internationalen Gesichtsverlust. Da kamen die englischen WM-Bewerber gerade recht, die ihm den Coach Peter Withe als Morgengabe brachten – und auch noch selbst bezahlten. Gedankt hat es ihnen der FIFA-Spitzenfunktionär aber keineswegs so, wie erhofft.

Sport, gerade Fußball ist in Thailand ein Spielzeug für Wirtschaft und Politik. Traditionell wirken starke gesellschaftliche Kräfte auf den Sport ein. Das filzige Bild bestätigt Thailands IOC-Mitglied Indrapana, der unter seinen olympischen Kollegen häufiger beklagt, er werde von Regierungsseite regelrecht bedroht.

Die Chemie stimmt

Alle wollen gewinnen, auch DaimlerChrysler. Kaum bekannt ist, dass der Konzern anfangs offenbar um jeden Preis auf der Siegerseite stehen wollte. Für solche Fälle empfiehlt sich eine Globalstrategie. Man weiß um die engen Drähte von Firmenchef Jürgen Schrempp nach Südafrika. Mit Mandela ist er befreundet, dem

Afrika-Forum der deutschen Wirtschaft sitzt er vor. 1996 wurde diskret und »von höchster Konzernebene aus« bei einer hochrangigen Persönlichkeit der gescheiterten Berliner Olympiabewerber angefragt, ob sie bereit wäre, in das von Daimler geplante WM-Bewerberteam für 2006 einzusteigen. Die angesprochene Person winkte empört ab – aber erst als sie hörte, dass es nicht um Deutschland ginge. Es ging um ein Bewerberteam für Südafrika.

Rechtzeitig vor der WM-Kür war nicht nur der Autokonzern mit großem Theaterdonner ins Asiengeschäft eingestiegen. Auch ein anderer WM-Sponsor regte sich mächtig auf Südostasiens Märkten: Die Bayer AG. Sie hatte allein rund 20 Millionen Mark für den Bewerbungsmarathon locker gemacht und die zwei Dutzend FIFA-Bonzen an ihren vielen Dependancen in aller Welt bewirtet. Nun war es so weit. Pünktlich Ende Juni erwarb die Bayer AG den südkoreanischen Kunststoffplatten-Hersteller Sewon Enterprises, der einen Marktanteil von 40 Prozent im Land hielt. Zudem kündigte das Unternehmen die Eröffnung einer Firma zur Herstellung von Pflanzenschutzmittel an. Daneben stellte der Konzern auch Thailand Großinvestitionen in Aussicht: Im Werk Map Ta Phut, wurde Anfang Juli verkündet, solle die Polycarbonat-Produktion nunmehr verdreifacht werden. Eine Woche vor der Wahl gab die Bayer AG zudem bekannt, einen neuen Großstandort in der Volksrepublik China aufzubauen. Kosten: über sechs Milliarden Mark. Geplant waren mehrere Produktionsanlagen für Kunst- und Schaumstoffe, Gummi und Lacke. Zwölf Prozent seines Konzernumsatzes (27 Milliarden Euro), hieß es schließlich, habe das Unternehmen bereits im Vorjahr, 1999, in Asien erwirtschaftet. Das verbindet.

Bei so viel Unternehmensdrang der fußballerischen Frontfirmen in Fernost wollten andere deutsche Konzerne nicht zurückstehen. Zeitgleich mit Bayer kündigte die BASF eine Gesamtinvestition in Südkoreas Chemiewirtschaft bis 2003 in Höhe von rund 800 Millionen Mark an. Gerade rechtzeitig fand die »Bangkok Post« heraus, dass auch die deutsche Firma Siemens Großes vorhat: Arthit Ourairat, Minister für Technologie, gab bekannt, der deutsche

Partner werde »die gesamte private Investition aufbringen« beim Aufbau eines 2,5 Milliarden Mark teuren, halbstaatlichen Projekts zur Waferproduktion für integrierte Schaltkreise. Die thailändische Elefantenhochzeit wurde später zwar von der Infineon Technologies AG dementiert. Da war aber die WM-Kür in Zürich schon gelaufen. Siemens' gleichfalls groß angekündigte Milliardenoffensive auf dem asiatischen Mobiltelefonmarkt blieb von diesem Rückzieher unberührt. Thailand, hieß es, sollte auch hier ein großes Stück abbekommen.

Gerade in diesen asiatischen Ländern, spekulierte ein hoher Funktionär in Zürich, sei »klar, dass die Regierungen die Entscheidung beeinflussen würden«. Deshalb machte der Zeitpunkt des deutsch-asiatischen Wirtschaftswunders nicht nur Insider stutzig: Milliardenzusagen für Thailand und Südkorea, Waffenexporte für die Saudis, all das verkündet binnen weniger Tage just vor dem WM-Entscheid? Der Dank der heimischen Wirtschaft war den deutschfreundlichen FIFA-Funktionären aus Asien gewiss. Auch wenn mancher Deal hinterher ein wenig runtergeschraubt wurde. Daimler etwa fuhr die für den ganzen LKW-Sektor gebildete Allianz mit Hyundai ein Jahr nach der Kür auf ein Gemeinschaftsunternehmen für Dieselmotoren zurück.

Was aber hatte Bin-Hammam davon, der Mann aus dem schwerreichen Wüstensprengel Quatar? Ihm lag daran, dass Blatters Kandidat Südafrika scheiterte. Schließlich hatte er eine Rechnung offen mit dem FIFA-Boss. Bin-Hammam hatte Blatter zwei Jahre zuvor mit allen Mitteln auf den Thron geholfen. Er ließ den spät und unter dubiosen Umständen kandidierenden FIFA-Generalsekretär in einem Learjet um die Welt düsen und scheute auch sonst keine Kosten, Blatters schlüpfriger Last-Minute-Kampagne gegen den UEFA-Präsidenten Lennart Johansson dienlich zu sein. Die Schweizer »Weltwoche« beschrieb dies drei Tage nach Blatters Kür zum FIFA-Regenten so: »Scheich Mohamad Bin-Hammam, der Freund aus Quatar, der ihm schon den Privatjet für die Kampagnenflüge zur Verfügung stellte, winkte in der Vorwahlnacht noch mit Dollarbündeln Delegierte aus afrikanischen Ländern ins Blatter-Lager hinüber.« Dass Blatter selbst die skandalösen Vorgänge in der Nacht vor seiner Wahl damit erklärte, es hätte sich da nur um bereits vereinbarte Zuwendungen von je 50 000 Dollar an 20 besonders notleidende afrikanische Verbände gehandelt, überzeugte die Zeitung in der Heimat nicht. »Aus welcher Kasse?«, hakte sie nach, »und weshalb so formlos und in bar?« Es ließe sich ergänzen: Warum musste der karitative Akt ausgerechnet sonntagnachts über die Bühne gehen, Stunden vor einer FIFA-Präsidentenwahl? Eingefädelt vom wichtigsten Wahlhelfer eines Kandidaten? Zumal niemand sein Geld einzahlen konnte – auch in Paris sind die Banken um Mitternacht geschlossen. Diese Fragen zählen zu den ungelösten Rätseln im Dunstkreis des Weltfußballverbands. Der schottische Jurist und FIFA-Vizepräsident David Will hatte sie allerdings schon in Paris beantwortet: »Über dieser Wahl wird immer der Schatten der Bestechlichkeit liegen.«

Nach Blatters Erdrutschsieg fand sich Bin-Hammam aus der bedeutenden Sportnation Quatar, die mit 400 000 Seelen ungefähr so viele Bewohner wie Wuppertal hat, in einem halben Dutzend FIFA-Kommissionen wieder, von denen er zwei leiten durfte: Das einflussreiche Technische Komitee sowie das politisch interessante Komitee für nationale Verbände. Zudem sitzt er in den Komitees für Finanzen und für die WM-Organisation 2002 – kurz: Bin-Hammam fand sich an fast allen Hebeln der FIFA-Macht wieder. Aber das reichte nicht. Den größten Wunsch nämlich blieb ihm der meisterliche Intrigant Blatter schuldig: Den fünften Startplatz für Asiens Teams bei der WM 2002, die erstmals auf ihrem Kontinent ausgetragen wurde, den gab es nicht. Das war ein Schlag ins Gesicht. Sollte diese Bloßstellung der Dank sein für Quatars Wahlhilfe?

Blatter hatte sich verspekuliert. Er hoffte, den Mann vom Arabischen Golf mit üppigen Posten abspeisen zu können. Aber der Scheich zog den Säbel blank. Gleich bei der Eröffnung der ersten FIFA-Vollversammlung in Los Angeles 1999 kam es zum Eklat. Unter scharfem Protest und Bin-Hammams entschlossener Führung verließen alle Delegierten Asiens sofort wieder den Sitzungssaal.

Bin-Hammam musste also, als es um die WM 2006 ging, gar nicht mehr von Europa überzeugt werden. Wohl aber von Deutschland. Wie es dazu kam? Den einzigen, vielleicht entscheidenden Hinweis gab Bin-Hammam selbst. 1999, als er Tony Blair in Downing Street besuchte, zeigte er auf dessen Drängen hin, für England zu stimmen, die schwarzrotgoldene Flagge: Sorry, Mister Prime Minister. Mein Votum habe ich schon dem deutschen Kanzler versprochen.

Beckenbauers Handicap

So wäre es, bei allem Respekt vor des Kaisers gewinnendem Wesen und dem gewaltigen Reisepensum, vorsätzlicher Unsinn, den knappen WM-Zuschlag der Beckenbauer'schen Golf-Mission zuzuschreiben. Schon die strikte Verteilung der Stimmen in kontinentale Blöcke beweist, dass hier politisch gewählt worden war. Im Mittelpunkt standen nicht technische oder sportliche Überlegungen, sondern brennende Eigeninteressen der 24 Wahlmänner. Der Begriff »Kuhhandel«, den der nervös gewordenen Beckenbauer selbst in der Endphase benutzte, ist die mildeste Umschreibung für das enthemmte Geschacher auf allen Fluren. Deshalb bleibt das Odeur von Stallmist haften an der Wahl. »Fräulein Schiffer«, lästerte die »Sunday Times«, »kann Parfum auflegen so viel sie will, den schlechten Geruch wird auch sie nicht wegkriegen.«

Worin liegt also der Anteil der Doppelspitze Franz und Fedor am Gelingen der Bewerbung? Für zwei Drittel des Stimmpakets, die acht Europäer, hatte fast im Alleingang Egidius Braun gesorgt. Streng nach der vereinbarten Arbeitsteilung: Der DFB-Chef, die graue Eminenz im europäischen Fußballverband, dessen Wort mehr gilt als das seines Präsidentenfreunds Lennart Johansson – er beherrschte de facto die UEFA. Braun verwaltete die Finanzen, bei ihm sprach jeder klamme Verband vor. Der Schatzmeister aus Deutschland war der starke Mann, dessen Politik der trinkfeste schwedische Freund stets mittrug.

Mit der FIFA aber hatte Braun Probleme. Dort war er zu naiv, um die Funktionärsmentalitäten in Lateinamerika, Afrika oder Asien klar zu erfassen. Dass mitteleuropäische Wertmaßstäbe nicht weiterhelfen in einem Weltsportgremium wie der FIFA, begriff er schmerzhaft, als Freund Johansson 1998 bei der FIFA-Präsidentenwahl ausgetrickst wurde. Braun selbst hatte sich einige Schnitzer geleistet während der Wahlkampagne. Etwa, als er die Stimme des mexikanischen Verbandes auf seiner Seite wähnte. Die humanitären Bande zu Mexiko hat er mit Vorliebe gepflegt, der DFB unterhält dort seit der WM 1986 auf Brauns Betreiben ein Waisenhaus. »Keine Sorge, die sind für uns«, hatte er Johanssons Berater immer wieder beruhigt. Doch als Rivale Blatter in den Ring stieg, war unter dessen fünfzehn Parteigängern der ersten Stunde nicht nur Jemen, Algerien und Guinea, sondern auch – Mexiko. »Verstehe ich nicht«, rief der entsetzte Braun, »dort muss der Verbandspräsident gewechselt haben!«

Braun beobachtete also die europäische Scholle. Beckenbauer, den er auf den WM-Beschafferposten gehievt hatte, sollte den Rest der Welt bestricken. Was Beckenbauer selbst überraschte: »Ich habe gedacht, der Egidius Braun marschiert da vorneweg, doch dann, Ende 1998, hat er mir das Zepter in die Hand gedrückt.« Beckenbauer und Radmann fegten los. Sie waren die Garanten der Deutschland AG: Der eine stand für seriöse Kompetenz, der andere überbrachte die Hilfs- und Geschäftsangebote, die offiziellen und die eher diskreten. Allein in den sechs Monaten vor der Wahl hetzten sie nach Buenos Aires, Tokio, Accra, Rio de Janeiro, Asuncion und Tunis – Wäschewechsel – Miami, Nassau, London – Wäschewechsel – nach Singapur, Kuala Lumpur, Sydney, Oakland, Samoa, via Honolulu nach Los Angeles, zwischendurch zum Champions-League-Finale nach Paris. Wieder über München nach Zürich, Malta, Rom und Bangkok. Im Fußballreich des Herrn Makudi landeten sie morgens um sechs, besuchten abends das Spiel des FC Bayern gegen die thailändische Nationalelf – und flogen um Mitternacht zurück nach München. Manchmal wussten nicht mal die Vorstandskollegen beim FC Bayern, wo der

Präsident gerade eincheckte. Als der Klub am letzten Spieltag überraschend Meister wurde, weil Leverkusen in Unterhaching verlor, gab Pressesprecher Hörwick bekannt, man habe dem Kaiser die Nachricht nach Kuala Lumpur durchtelefoniert. Zugleich berichtete Manager Uli Hoeneß von einem verblüfften Beckenbauer auf Samoa.

Anders als Radmann, der die aalglatten Kerntugenden seines Lobbyistenberufs beherrscht, fiel es Beckenbauer zunächst schwer, den moderaten Diplomaten zu spielen. Besonders zu Beginn seiner Botschaftertätigkeit, als er den Lieblingsfeind, die englischen Rivalen, nach Belieben abgrätschte. Er schalt die Funktionäre Lügner und Verräter, weil sie ihr Gentlemen's Agreement mit DFB-Präsident Braun gebrochen hatten und, statt Deutschland zu unterstützen, selbst das Turnier 2006 für sich beanspruchten. Der Kaiser spuckte Gift und Galle.

Aber Beckenbauers Job war durchgeplant. Die Wirtschaft leistete jede Absicherung im Hintergrund, bezahlte den Spaß und natürlich half die Bundesregierung. Eine Stabsstelle des Auswärtigen Amtes versah die beiden WM-Globetrotter mit Länderbeschreibungen, ein eigener Kontaktmann aus dem Ministerbüro Joschka Fischers briefte das Duo vor und während jeder Tour: Wie viele Einwohner hat das Land, welche wirtschaftlichen Probleme plagt es, muss man bei religiösen Themen vorsichtig sein? Mit wachsender Genugtuung funkten die deutschen Botschaftsangestellten, die jeweils die Empfänge und Bankette der WM-Bewerber vorbereiteten, an die Berliner Zentrale: Herrscher und Minister, Sportpolitiker und Funktionäre seien beeindruckt vom deutschen Besuch. Natürlich evozierten die Bussi-Connections, die im Schaume jahrelanger Bittstellerei keimen, auch Gegenbesuche: Zum 100-jährigen Jubiläum des FC Bayern durfte Beckenbauer gleich zehn FIFA-Exekutivler im Münchner Prinzregententheater begrüßen.

Ein eigenwilliger Greis

Beckenbauers aufwendige Reisen nach Mali, Togo oder Paraguay trugen nichts ein. Sie brachten nicht eine einzige Stimme. Und selbst wenn man die vier asiatischen Wahlmänner, die für Deutschland votierten, allen zwingenden Fakten zum Trotz als Beute kaiserlicher Strahlkraft deklarieren wollte, ist das Ziel verfehlt worden. Zwölf Stimmen waren eine zu wenig – weil Blatter für Südafrika stand, hätte es nicht gereicht. Strategisch war das Konzept also gescheitert. Es sei denn, da war mehr an dem Gerücht, das sich hartnäckig hielt: Dass Deutschland im Notfall auf eine afrikanische Stimme hätte zurückgreifen können. Ausgerechnet. Aber zu so einem Eklat musste es am Ende nicht kommen.

Das lag am denkwürdigen Auftritt des Neuseeländers Dempsey 1978. Dass der Entscheid über die Austragung der Fußball-WM 2006 am Ende allein in dessen zitternden Händen lag, dass die Laune eines Greises aus der Südsee den Ausschlag gab, sagt viel über diese Vergabe. Das Rätsel, warum Dempsey in der Nacht vor der Wahl umfiel, warum er zwei Runden lang für England stimmte und dann, als es um alles ging, sich erhob, etwas von persönlichen Bedrohungen bis hin zu Mordankündigungen faselte und den Wahlraum im Züricher FIFA-Hauptquartier verließ, wird vielleicht nie gelöst werden. Doch das Geschehen lässt sich gut verdichten.

Am Abend vor der Wahl, gleich nach der Schlusspräsentation der Bewerber, eilten die Honoratioren im Dolder Grandhotel zum Cocktail an die Bar. Dempsey genoss die Gesellschaft seiner europäischen Freunde. Die hatten just die letzte Nachbesserung für die Asiaten besiegelt. Allen war klar, dass es morgen auf jede einzelne Stimme ankommen würde. Auch auf die von Dempsey. Und damit steckte er in der Klemme, denn er hatte den klaren Auftrag des ozeanischen Verbandes, nach einem Ausscheiden Englands für den Partner in der südlichen Hemisphäre zu stimmen. Für Südafrika. Aber es gab zwei Dinge, die es ihm unmöglich machten, den Auftrag zu erfüllen.

Einmal ist der gebürtige Schotte, stolzer »Officer of the British Empire«, im Herzen Europäer geblieben. Dass er als einziger FIFA-Vorständler die Kandidatenländer gar nicht besuchte, war ein klarer Beleg für sein einseitiges Interesse. Dempsey behauptete, es fehle ihm die Zeit für solche Inspektionstouren, aber privat fand er sie regelmäßig, um nach England oder sonstwohin in Europa zu jetten, besonders gern zu großen Fußballmatches. Die andere Sache: Dempsey, nach dem Zweiten Weltkrieg ausgewandert und als Bauunternehmer vermögend geworden, war kein Freund der Entwicklungsländer. Und kein Fan von Südafrika. Schon, weil Blatter für das Land am Kap trommelte und sich dabei ziemlich respektlos gegenüber Dempsey verhalten hatte. Der FIFA-Boss hatte ihn nämlich, am 28. Mai 2000 beim Jahreskongress des ozeanischen Verbandes, vor versammelten Delegierten dafür gerügt, dass er seine Stimme für Europas Kandidaten verschwenden wolle. Der scharfe Tadel hatte Dempsey erzürnt. So sehr, dass er in Zürich keine Anrufe aus der Heimat mehr durchstellen ließ und den Rummel in der letzten Nacht für seine Zwecke nutzte. Er fällte die Entscheidung, indem er sich scheinbar vor ihr drückte.

Alles war erwartungsgemäß gelaufen. Marokko scheiterte in Runde eins. Im zweiten Wahlgang erhielten Deutschland und Südafrika je elf Voten, England schied mit zwei Stimmen aus: eine von Dempsey, eine vom Schotten Will. Damit herrschte vor der Schlussrunde eine klare Situation im Saal. Jeder hatte ja gewusst, dass die zwei Briten bis zuletzt für England stimmen wollten – somit stand auch fest, dass Dempsey jetzt allein entscheiden würde. Denn Will wechselte – absprachegemäß mit der UEFA – ins Lager des europäischen Kandidaten. Und Dempsey? Ging er – ebenfalls absprachegemäß – zu Südafrika, wie es Blatter und Dempseys eigener Verband gefordert hatten, dann würde das Team vom Kap gewinnen. Alles andere aber brächte den Deutschen den Sieg, ganz egal, ob er für Deutschland stimmen würde oder sich, Neutralität vortäuschend, enthielt. In diesem Moment gab es keine Neutralität mehr. Und so wusste Dempsey, als er seine Enthaltung verkündete und aus der Wahlrunde vor der Schlussabstimmung floh, was er mit seinem angeblich diplomatischen Akt anrichtete.

Was er nicht wusste, war, dass der blamierte Blatter den Vorgang unverzüglich an die Öffentlichkeit geben würde. So kam die Kunde von Dempseys Bubenstück noch schneller in Neuseeland an, als der flüchtende Funktionär selbst. »Dempsey ist eine internationale Schande für uns«, tobte Neuseelands Sportminister Trevor Mallard und Premierministerin Helen Clark griff tief besorgt zum Telefon, um sich bei Südafrikas Präsident Thabo Mbeki zu entschuldigen.

Die Mär, dass der alte Dempsey sehr erschreckt worden sei durch zu viele Bittsteller von allen Seiten – womöglich gar von einem Juxschreiben des deutschen Satiremagazins »Titanic«, das ihm unter der Hoteltür durchgeschoben worden war und Schwarzwälder Schinken plus Kuckucksuhr für ein Votum versprach –, lässt sich leicht widerlegen. Auf den Magen geschlagen hat Dempsey in jener Nacht der langen Messer die Gewissheit, dass schon am Abend vorher jedem klar war, er würde derjenige sein, der die Entscheidung fällt. Die Blöcke waren klar verteilt: Acht Europäer und vier Asiaten gegen den Rest der Welt. Das wurde Dempsey ein letztes Mal bestätigt, als er von Blatters frühmorgendlicher Intervention bei den Asiaten erfuhr. »Offensichtlich gab es dort einen Meinungsumschwung um fünf oder sechs Uhr morgens am Donnerstag«, sagte er in Auckland der Presse – und räumte ein, dass er bis dahin gedacht hatte, die Vertreter Asiens würden mehrheitlich für Südafrika stimmen. Das war seine Hoffnung. Dann wäre sein heimliches Votum für Europa nicht zu Buche geschlagen.

Südafrikas Parteigänger aktivierten in der letzten Nacht alle Kräfte, als der Umschwung ruchbar wurde. Mandela rief Dempsey an. Der deutete nun an, dass seine zweite Präferenz nach England Südafrika sei, aber misstrauisch geworden, ließen die Afrikaner Mandela auch noch bei den Asiaten rundrufen: Er klingelte beim König von Thailand an, beim Emir von Quatar und sicherheitshalber am nächsten Morgen beim König von Belgien. Der ließ, die Wahl lief schon, das belgische FIFA-Vorstandsmitglied Michel

D'Hooge ans Telefon bitten. Es half aber nichts mehr – so wenig wie Blatters Versuch, frühmorgens die vier Asiaten noch einmal vom Deutschlandkurs abzubringen. Ein FIFA-Insider berichtet von dieser letzten Intervention, die Blatter selbst in Abrede stellt: Der FIFA-Boss »beschwor die Universalität des Fußballs und die Notwendigkeit, Europas Dominanz endlich zu brechen, aber die Asiaten nahmen nicht die geringste Notiz davon«.

So kam die WM nach Deutschland. Finanziert von der Deutschland AG, und doch hat erst Charles Dempsey, 78, die Rechnung aufgehen lassen. Als Erklärung für sein Verhalten bot er eine Fülle von Thesen an. Mal erzählte er, im Kreise der FIFA-Kollegen hätte es geheißen, er sei von Südafrika gekauft worden und diesem Eindruck habe er durch Enthaltung entgegentreten wollen. Dann erzählte er, einflussreiche Kreise aus Europa hätten Druck ausgeübt. Beckenbauer wiederum erfuhr von seinem Golfpartner Dempsey, der habe sich erst von der UEFA auf diese Lösung bringen lassen. Sicher ist nur, dass Dempsey seither schweigt. Als die Reporter sein Haus in Auckland belagerten, schickte er Gattin Annie an die Tür. Interviewwünsche wimmelte Tochter Josephine King ab, die Generalsekretärin des neuseeländischen Verbandes. Dann ist da noch Dempseys Enkelin, die in der Frauenfußballkomission der UEFA wirkte. Echte Mitglieder der Weltfußballfamilie. Nach einigen Tagen auf Tauchstation legte Dempsey sein Amt im FIFA-Vorstand nieder.

Der Kaiser, dem die Krönungsmesse nach dem WM-Gewinn galt, war der ideale Frontmann einer fast perfekten Operation. Der Konsortialführer der Deutschland AG, den ein deutsches Hochglanzmagazin in den Olymp hob: »Franz Beckenbauer – vom Kaiser zum Gott?« Vom Kaiser? Zum Gott? Jetzt spinnen sie, die Deutschen. Jedenfalls diejenigen, die das Mediengeschwurbel um die fromme Mission von Franz und Fedor glaubten. Radmann selbst hatte die Legende im Überschwang des Sieges so sehr berauscht, dass er die WM zum persönlichen Geschenk von sich und Beckenbauer an die Nation umwidmete. Befragt zum pekuniären Aspekt seiner Tätigkeit, sagte er: »Ganz ehrlich, ich habe eine monatliche Aufwandsentschädigung erhalten, nicht einmal Tagesspesen. Unterm Strich habe ich draufgezahlt. Doch ich beklage mich nicht, wusste ja vorher, was ich tat. Und ich habe es gern getan.« Auch Beckenbauer? »Auch Beckenbauer. Der hat überhaupt nix bekommen, sicher eine hohe sechsstellige Summe aus eigener Tasche draufgelegt. Für ihn war es wirklich die größte Herausforderung seines Lebens – ihm ging es echt nicht um Geld.«

Glaubt man an diese patriotische Askese, hat sich das deutsche Volk, besonders Wirtschaft und Politik, verdammt knickerig gegenüber den beiden WM-Spendern verhalten. Wäre das nicht mindestens eine stattliche Prämie wert, von denen es im Wirtschaftsleben sonst nur so hagelt? Offenbar ist das im Milliardenspiel mit dem Fußball anders. Aber wer kann schon belegen, wie es wirklich war?

Schauen wir auf eine Bewerbung, die zwar aggressiv und schamlos ausschweifend war. Aber transparent – im Gegensatz zur deutschen. In England sackten die alten Kämpen Bobby Charlton, Geoff Hurst und Gary Lineker einige hunderttausend Pfund für ihre Tätigkeit als Botschafter ein; Sportminister Tony Banks brachte allein 300 000 Mark bei seinen Auslandsreisen durch. Zudem verbriet das Botschaftergrüppchen 150 000 Mark nur für den Besuch der WM 1998 in Frankreich, die Villa in Paris war teuer und die Restaurantbesuche waren es erst recht. Das Königreich scheute auch sonst keine Kosten. Im Sommer 1998 war Blatter wie ein Staatschef durchs Auswärtige Amt geschritten; im Mai 1999 wurden alle 24 FIFA-Exekutivmitglieder nach London geflogen und in den besten Hotels einquartiert, die Suiten kosteten bis zu 3000 Mark die Nacht. Es gab eine Shoppingtour bei Harrods, die besten Logenplätze für das »Phantom der Oper« und Ehrenkarten beim legendären britischen Cup-Finale. Hunderttausende Pfund verpulverten die Briten bei all den ausschweifenden Empfängen, einen moderierte Filmstar Hugh Grant. Und als die technisch Prüfkommission der FIFA kam, wurde sie vor der Arbeit mit einem Bankett in Highgrove eingestimmt, am Wohnsitz von Prinz Charles. Den Aufenthalt beschloss ein Galadiner im Hampton

Court Palace. Doch trotz alldem reichte es nur für Platz drei, hinter Deutschland und Südafrika. Am Ende kochten Britanniens Steuerzahler, denn sie wussten, was sie der Bewerbungsflop kostete: mehr als 120 Millionen Mark.

Dieses Problem hatten die Deutschen nicht. Die Lichtgestalt und ihr ständiger Schatten spielten in einer anderen Liga: Sie waren auf Kosten der Privatwirtschaft unterwegs. Keine Steuergelder, das bedeutet auch keine öffentliche Kontrolle der Rechnungen. Und hinter der Bühne assistierte die Deutschland AG: Daimler, Deutsche Bank, Bayer, Kirch, Lufthansa, Telekom, des Kaisers Duzfreunde oder seine Arbeitgeber wie Kirch und Bertelsmann – sie halfen diskret.

Der Kanzler aller Fans

Die WM-Bewerbung war ein politisches Kernthema. Noch unter Helmut Kohl beschlossen, fand sie unter Schröder sogar Eingang in die Regierungserklärung 1998. Eine Kandidatur wie diese muss geplant werden wie ein kalter Krieg. »Spannend wird so eine Sache erst jenseits des FIFA-Pflichtenheftes«, sagt ein Insider im Kanzleramt, »es geht ja um riesige Entwicklungspotentiale für ein Land.« Also wurde am Masterplan gebastelt. Die Diplomaten wurden auf das große nationale Ziel eingeschworen, das Thema überall auf der Welt mit geeigneten politischen und wirtschaftlichen Gesprächspartnern anzuschneiden. Franz und Fedor hatten in der heißen Wahlkampfphase den Kanzler sogar ständig im Tornister – in Form einer Videokassette nämlich, auf der er salbungsvoll für den Standort wirbt.

Daneben mischen bei solchen Bewerben auch gern die Geheimdienste mit. Nachrichtenbeschaffer verfügen ja naturgemäß über die besten Informationen, oder können sie besorgen. Also: Wer trifft die sportlichen Entscheidungen in den abstimmenden Ländern, wer tut wichtig, wer ist wann wie anzusprechen? Derlei hat längst Tradition: Als etwa UEFA-Präsident Johansson 1998 für den

FIFA-Thron kandidierte, erfuhr sein Planungsstab 48 Stunden vorher, dass der englische Verband ins Lager des umtriebigen Blatter abwandern würde. Auf sportpolitischen Feldern, heißt es, sei besonders der Mossad aktiv. Im Fußball gibt es die geopolitische Anomalie, dass Israel der UEFA angehört. Die Klubs von Haifa oder Tel Aviv spielen um die Champions League mit. Der in der Branche unbekannte israelische Verbandssekretär Jakob Erel wurde unlängst Direktor in der europäischen Federation. Im IOC gilt das israelische Mitglied Alex Gilady als manischer Nachrichtenbeschaffer für Samaranch. Offiziell bestätigt aber kriegt man gewisse Nachrichtenwege natürlich nicht. Denn wie heißt die oberste Faustregel der höheren Regierungskunst? »Was nicht in den Akten ist, ist nicht in der Welt.«

Die Regierung Schröder setzt voll auf die Karte Sport. Die WM 2006 war noch kein Jahr unter Dach und Fach, da war der Kanzler erneut persönlich zur Stelle, um den nächsten globalen Coup einzufädeln. Mit dem NOK und Thomas Bach schob er eine deutsche Bewerbung für die Olympischen Sommerspiele 2012 an. Nirgendwo ist Schröder so beliebt wie bei den Vertretern des Sports. Dabei ist Rot nie die Farbe dieser Bewegung gewesen – an den Schaltstellen des Fußballgeschäfts tummelten sich seit jeher die Schwarzen. Nun bahnt sich auch hier die Wende an: Nicht mal von Parteifreunden erfährt Kanzler Schröder derart hymnische Widmungen wie von den Kickern. Er ist für Beckenbauer »ein Mann mit Mut, der macht, was er sagt«, für Leverkusens Manager Reiner Calmund ein »variabler Angreifer, der mal über rechts, mal über links, mal durch die Mitte kommt«, Dortmunds Klubchef Gerd Niebaum begegnet ihm mit »Bewunderung und großem Respekt«, weil man auf ihn »allemal mehr bauen« könne als auf obskure Funktionärsfiguren wie Sepp Blatter.

Sportfunktionäre haben wachsende Imageprobleme. Deshalb führen sie Politiker und Staatsleute gern als Zeugen für eigene Anständigkeit vor. Denen wiederum hat der Sport alles zu bieten, was ein Politiker zum Leben braucht. Popularität. Weltweite Verbreitung. Eine glamouröse Bühne im Park der Fastfoodthemen.

Zudem ist vielen Politikern das verfilzte Geflecht der Sportwelt nicht fremd – warum sollte man den Sport anders behandeln? Gewaltenteilung und Kontrolle werden zur Glaubenssache, wenn eine allmählich symbiotische Verzahnung von Wirtschaft und Politik selbst in Musterdemokratien schon als normal akzeptiert wird. Burkhard Hirsch, Bundestagsvizepräsident a. D. und Sonderermittler im Fall Helmut Kohl, formuliert das Problem so: »Private wirtschaftliche Interessen und politisches Handeln sind nur noch durch eine osmotisch dünne Wand getrennt. Das wissen wir alle, ohne es uns klar zu machen.«

Auch Fußball und Politik sind untrennbar verwoben. Notorisch sucht Schröder die Nähe zu Ikonen des Volkssports, ob als Vereinsmitglied bei Borussia Dortmund, als Halbzeit-Elfmeterschütze bei Energie Cottbus oder als Tribünengast in Kaiserslautern. Als Festredner zum 100-jährigen Bestehen des DFB legte er das Manuskript beiseite und rezitierte die Weltmeisterelf von 1954. Natürlich liegt der Verdacht nicht fern, dass sich der Medienkanzler der Sportart bedient, um die eigenen Sympathiewerte zu steigern. Aber den Fußballern ist das egal, solange der Mann was für sie tut. Beeindruckt war die Abordnung von Vereinsmanagern und Präsidenten, die im Herbst 2000 in Schröders Dienstvilla in Dahlem geladen war, um ihre Probleme mit der EU-Kommission vorzutragen. Schröder hielt Wort. Er machte den Streit um die Transferregelung mit der EU zur Chefsache und versammelte sich am Ende mit Tony Blair und Jacques Chirac bei Kommissar Mario Monti strahlend vor den Kameras – Lohn zielstrebiger Geheimdiplomatie der Regierungschefs zum Wohle des Profifußballs.

Nebenbei bügelte Schröder in Brüssel Beckenbauers diplomatischen Fauxpas aus, der in kaiserlichem Zorn den typischen EU-Vertreter als »Versager« und »gescheiterte Existenz« enttarnt hatte. Und auch den einzigen Bußgang in Sachen WM-Bewerbung vor die Steuerzahler nahm Teamkapitän Schröder auf sich. Anfang 1999 ließ er der FIFA – über den damaligen Finanzminister Oskar Lafontaine – die Freistellung von der Quellensteuer garantieren, falls die WM nach Deutschland käme.

Im Rausch der WM-Vorfreude geisterte beharrlich die Meldung durchs Land, der nationale Wohlstand werde, nach einer Analyse der Uni Paderborn, durch die WM um fünf Milliarden Mark gemehrt. Fünf Milliarden! Den Urheber dieser Berechnungen irritierte die pauschale Gewinnerwartung. Professor Wolfgang Weber, Rektor der Universität Paderborn und als Lehrstuhlinhaber für Betriebswirtschaft maßgeblich an einer sozioökonomischen Analyse im Auftrag des DFB beteiligt, äußerte im »Spiegel« verhaltenen Protest: Er habe eigentlich »sehr viel differenzierter gearbeitet«. Konkret haben die Experten in Paderborn, je nach den angenommenen Rahmenbedingungen, für einen Zeitraum bis zum Jahr 2015 Resultate von fünf Milliarden bis »knapp unter null« ermittelt – sie schließen sogar eine Verlustrechnung ausdrücklich mit ein. Aber dieser Teil der Hochrechnung wurde nicht ins Land hinausposaunt. Schließlich war der Auftraggeber der DFB.

Hohe Erwartungen und später wachsende Probleme mit der Wirklichkeit, das prägt zunehmend Veranstaltungen vom Schlag einer Fußball-WM oder Olympischer Spiele. Die Menschen steigern ständig ihre Ansprüche, die Technik verbessert sich laufend, schnell veraltet jede noch so moderne Sportanlage. Schon deshalb dürfen globale Sportereignisse wie eine Fußball-WM nicht länger als Lizenz zum Gelddrucken missverstanden werden. Schon gar nicht, wenn das von befangener Seite betrieben wird: Von Politikern, Managern, Medienkonzernen und Funktionären.

Dank der gnadenlosen Geschäftstüchtigkeit von Kirch und Co. tritt bei Fußballweltmeisterschaften künftig eine Inversion des Geldkreislaufs in Kraft: Am Anfang steht der Steuerzahler, der mit seinen Abgaben die Politik subventioniert, damit diese Stadien bauen oder renovieren sowie die nötige Infrastruktur bereitstellen kann. Für die WM 2006 waren allein im Stadion-Investitionsprogramm 2,8 Milliarden Mark veranschlagt, tatsächlich beträgt das erforderliche Volumen bereits mehr als vier Milliarden. Die neuen Sportstätten sind vor, während und nach dem WM-Spektakel sprudelnde Profitzentren für das Fernsehen, die beteiligten Industriezweige und die Werbewirtschaft. Bezahlt werden sie aber durch den Steuerzahler. Im Stadionbau finden sich kaum Privatinvestoren, die zur Übernahme der horrenden Finanzierungsrisiken bereit sind. Von einzelnen Projekten wie »Auf Schalke« in Gelsenkirchen geht zwar die Mär, sie würden privat finanziert. Doch das sind Milchmädchenrechungen. Schalkes erhebliches Fremdkapital von privaten Investoren ist zu 80 Prozent durch eine Landesbürgschaft abgesichert, das Land trägt so das Hauptrisiko.

Daran wird sich kaum etwas ändern. Anders als Geschäfts- und Wohnimmobilien, bieten Stadien zu viele unkalkulierbare Investitionsrisiken. Zwar sind sie standortgebunden, doch für ein Stadion kommen im Regelfall nur ein, höchstens zwei Mieter in Frage. Und die sind alljährlich durch Abstieg, Konkurs, Lizenzverlust bedroht. Hinzu kommt eine verhängnisvolle Wechselwirkung: Dem Privatinvestor als Stadionbesitzer muss daran gelegen sein, einen sportlich erfolgreichen Klub als Mieter zu haben. Dessen Erfolgschancen hängen aber weitgehend von den Mitteln ab, die er in gute Spieler stecken kann. Fordert hier der Vermieter zu viel, beschneidet er die Möglichkeit des Mieters, erfolgreich zu sein. Ohnehin haben sich die Klubs bereits in ein ruinöses Wettbieten mit immer neuen Profis begeben. Die Gesamtverschuldung aller Bundesligaklubs lag zum Saisonende 2001 bei knapp einer Milliarde Mark.

Der Paderborner Wirtschaftsprofessor Helmut Dietl errechnete, dass sich das Risiko privater Stadioninvestitionen durch die WM in Deutschland weiter erhöht habe. Sechzehn Spielorte konkurrieren darum, eine der zwölf WM-Städte zu sein. Doch weil die FIFA darüber erst im Spätsommer 2002 befindet, müssen sie alle schon anfangen, ihre Stadionprojekte auf WM-Niveau zu realisieren. Dietl in der »Financial Times«: »Damit tickt für die Politiker eine Zeitbombe. Wenn sich nicht rechtzeitig Privatinvestoren finden, müssen sie entweder auf ihre Prestigeobjekte verzichten oder öffentliche Gelder zur Verfügung stellen. In Berlin hat der Bund diese Zeitbombe entschärft, indem er die geplanten Umbaukosten von 430 Millionen Mark trägt. Sobald jedoch einige Stadien öffentlich finanziert werden, steigt das Investitionsrisiko privater Investoren bei den verbleibenden Projekten. Ihre Mieter nämlich müssen später mit Profivereinen konkurrieren, die in öffentlich subventionierten Stadien spielen.« Hertha also kann mehr Geld auf dem Spielermarkt ausgeben, weil dem Verein dank der Bundessubvention höhere Nettoeinnahmen zufließen. »Ein privater Stadioninvestor, dessen Mieter mit Hertha um den Einzug in die Champions League konkurriert, ist dann gezwungen, seine Mietforderungen zu senken, um die Wettbewerbsfähigkeit und damit die künftige Wirtschaftskraft seines Mieters gegenüber der subventionierten Konkurrenz nicht zu gefährden.« Kurzum: Eine Wettbewerbsverzerrung, die mit dem Geld der Steuerzahler betrieben wird und private Geldgeber abschrecken muss.

Damit nicht genug, taucht im Kreislauf der Geldvernichtung noch einmal der brave Kleinbürger auf: Erst finanziert er die WM über seine Steuern vor, am Ende zahlt er nochmal kräftig drauf, damit er die Spiele überhaupt sehen kann. Entweder direkt via Bezahlfernsehen – oder über die Rundfunkgebühren, die steigen müssen, nachdem Politiker fast jeder Couleur die öffentlich-rechtlichen Intendanten ohne Not hineingetrieben haben in Kirchs raffgierigen Vertragspoker.

So greift eine Hand in die andere – leer ist am Ende die Hand des zahlenden Fußballkunden. Kein Wunder, dass die Deutschland AG versessen ist auf jeden globalen Steilpass. Es dient vordergründig den Interessen der Steuerzahler, wenn derartige Bewerbungen auf rein privatwirtschaftlicher Basis finanziert werden. Angeblich geschieht das zur Entlastung – tatsächlich steht die spätere Belastung durch eine WM oder die Olympischen Spiele in keinem Verhältnis zu dem Aufwand für eine Kampagne. Dafür lässt sich aber nicht überprüfen, wie korrekt diese abgelaufen ist. Kontrolle gibt es nur, wenn sie mit öffentlichen Geldern finanziert wird. Deutschland hat dies zuletzt im Fall der Berliner Olympiabewerbung 2000 erlebt. Hätten die gescheiterten Lobbyisten nicht in Windeseile fast den gesamten Aktenbestand durch den Reißwolf gejagt, wäre der Vorgang heute ein Synonym für deutsche Wertarbeit im Kungeln und Korrumpieren. Was übrig blieb, reichte trotzdem aus, um den Schattenriss einer gewaltigen Vetternwirtschaft zu hinterlassen. Sogar eine Untersuchungskommission wurde eingesetzt.

Eine Hand wäscht die andere, und der brave Bürger bezahlt auch noch die Seife. So ist das heute im Fußball. Aber es hat einmal eine Zeit gegeben, in der er nicht nur der Spielball von Politik und Wirtschaft war; in der das faszinierendste Spiel der Welt tatsächlich allen gehörte.

Der Fußball verliert seine Unschuld: WM 1954

4. Juli 1954. In den späten Nachmittagsstunden sitzt der 19-jährige Norbert Blüm im Bummelzug von Rüsselsheim nach Königswinter. Der fußballbegeisterte Werkzeugmacher befindet sich auf dem Weg zu einem Lehrgang. Der Zug hält oft, an den Stationen stemmen Bahnbedienstete Plakate in die Höhe: 0:1, 0:2, schließlich 3:2. Deutschland schlägt Ungarn und ist Weltmeister. Als Blüm sein Ziel endlich erreicht, hört er, wie eine Gruppe Jugendlicher das Volkslied »Wildgänse rauschen durch die Nacht« schmettert, und er sieht, wie selbst »die Sonntagsausflügler vom Siebengebirge ihre Strohhüte in die Luft warfen«. Da begreift der junge Mann: »Deutschland, das Aschenputtel unter den Nationen der Nachkriegszeit, war plötzlich die wahre Prinzessin.«

4. Juli 1954. Der Tag, an dem Deutschland Fußballweltmeister wurde, an dem sich eine Nation, die sich neun Jahre lang aus dumpfer Scham vor der übrigen Welt geduckt hatte, kurz nach halb sechs Uhr abends erhebt: »Wir sind wieder wer«, heißt das berühmte Schlagwort aus jener Zeit. Es soll das Ende von neun Jahren innerer Kriegsgefangenschaft bezeichnen. Der Antrag auf Wiederaufnahme in die Gemeinschaft der zivilisierten Welt sei damit angenommen, so glauben die Deutschen.

Dass dieser 4. Juli 1954 – neben dem 3. Oktober 1990, dem politischen Nationalfeiertag – das wichtigste Datum der deutschen Nachkriegsgeschichte markiert, ist unter Historikern und Essayisten kaum strittig. Fragwürdig ist freilich die Ansicht, dass der Fußball seine Unberührtheit als sportliche Insel inmitten einer erschreckenden, ungerechten Welt verloren habe, weil nun die Politik das freundliche Eiland betrat, die offensichtlich immense Wirkung der Lederkugel auf die seelische Befindlichkeit der Gesellschaft entdeckte – und sie fortan geschickt zu ihren Zwecken rollen ließ. Tatsächlich aber war der Fußball schon in jenem Moment zu einem Herrschaftsinstrument geworden, als die Massen ihn entdeckt hatten.

Vor dem Ersten Weltkrieg galt der von der britischen Insel herübergeflogene Fußball als »englischer Aftersport«. Es war also nur konsequent, dass die kleine, dem Bürgertum entstammenden Gemeinschaft der Balltreter sich sehr schnell schärfster Attacken seitens der staatlichen Ordnungsmacht und der mit ihr heulenden Pressemeute zu erwehren hatte. Angesichts der heraufziehenden Kriegswolken half es den braven Betreibern der vermaledeiten »Engländerei« wenig, dass sie immer wieder flehentlich-rührende Bekenntnisse von Kaisertreue und inbrünstigem Patriotismus abgaben. Der Zeitgeist stempelte die Fußballpioniere zu vaterlandslosen Gesellen. Für die Zeitungen, denen der noch in den Kinderschuhen steckende Sport ansonsten höchstens einmal eine Kurzmeldung wert war, bot die Kickerei als besonders absurde Variante des Selbstmords wenigstens die Aussicht auf bluttriefende Schlagzeilen. Die »Rhein-Westfälische Zeitung« hechelte 1910 in einem Bericht über ein Spiel in New York: »Fußball. 7 Spieler gefährlich verletzt. Zwei starben wenige Minuten später.« Schließlich die schauerliche Bilanz der sektiererischen Selbstentleibung: »Verlustliste: 29 Mitglieder getötet, 19 schwer verletzt, ganzes Leben Krüppel.« Freilich handelte es sich nicht um den britischen Sport, sondern um die Anfänge des American Football. Doch die Unterschiede kümmerten die deutschen Presse jener Jahre wenig.

Trotz aller Bemühungen ließ sich der Lauf der Kugel nicht aufhalten, der Fußballsport wuchs und wuchs. Nachdem Deutschland den großen Krieg verloren, den Kaiser ins holländische Exil verbannt und dessen Gefolgschaft von den Schalthebeln der Macht verdrängt hatte, konnte der Fußball endlich Luft holen. Rasend schnell wurde er zum Massensport, und zwar in doppelter Hinsicht: ein Sport der Massen, ein Sport für die Massen. Beides wurde ermöglicht durch eine liberalere Arbeitsgesetzgebung, genau gesagt, durch die der Einführung des Achtstundentages im Jahre 1923, der nun auch den Arbeitern den notwendigen Freiraum gewährte, um die Leidenschaft für das runde Leder zu entdecken.

Den Luxus, sich nach Feierabend zum Ausgleich sportlich zu betätigen, hatte bislang lediglich die bürgerliche Mittelschicht genossen.

Der Zustrom in die Vereine war gewaltig, die Zahl der Mitglieder im Deutschen Fußball-Bund schnellte explosionsartig in die Höhe: Waren es bei Kriegsanbruch 1914 noch 189 294 Mitglieder gewesen, so stieg die Zahl bis 1920 auf 467 962, 1925 verzeichneten die Bücher bereits 823 425; 1931 wurde die Millionengrenze überschritten: 1 245 326 Aktive. (Die Gesamtbevölkerung des Deutschen Reichs betrug in der dreißiger Jahren 65 Millionen.)

Eine mindestens ebenso bedeutende Popularisierung wie bei den Aktiven erfuhr das Spiel bei Zuschauern. Aus dem Elend des Krieges heimgekehrt, erwartete die Männer erneut die blanke Not – Arbeitslosigkeit, Armut, Hunger. Zur Ablenkung von der Tristesse des Alltags suchten sie nach einem billigen Vergnügen. Weil Kino, Theater, Varieté oder ähnliche Amüsements unerschwinglich waren, wanderten viele plötzlich dorthin, wo sie umsonst oder gegen ein minimales Entgelt dabei sein durften. So fanden sie im Fußball für ein paar Pfennige und für ein paar Stunden Zerstreuung von Sorgen und Entbehrung. Der 14. Juni 1920, ein quälend heißer Sommertag, war im Deutschen Reich die Geburtsstunde des Massensports Fußball: 35 000 Menschen strömten zum Endspiel um die Deutsche Meisterschaft, das der 1. FC Nürnberg mit 2:0 gegen die SpVgg Fürth gewann, ins Frankfurter Stadion – Rekord.

Sesshaft wurde der Fußball zunächst in den Industrieregionen. In den Kohlerevieren des Ruhrgebiets, wo Schalke 04 und Borussia Dortmund ihre ewigen Duelle austrugen, oder im industriell geprägten Mittelfranken, wo der 1. FC Nürnberg, der »Club«, und die Spielvereinigung Fürth ein Jahrzehnt lang miteinander um die Vorherrschaft im deutschen Fußball rangen. Für die Spieler bot ihr Sport die Möglichkeit, bei der Maloche erlernte Fähigkeiten zu entfalten, Körperkraft, Härte, Durchsetzungsvermögen und Ausdauer. Seinen Sinn bekam dies jedoch erst dort, wo sich der Fußball grundlegend von der Arbeit unterschied: Abseits der Eintönigkeit von normierten Produktionsabläufen und Anpassung an Gefügigkeitsgebote kam es dort eben auf Kreativität, Witz, Spielintelligenz und Einfallsreichtum an.

Beispiel Schalke 04. Viele der berühmten Spieler der zwanziger oder dreißiger Jahre waren aus Polen, Masuren oder den strukturarmen, landwirtschaftlichen Notstandsgebieten aus dem Osten des Deutschen Reiches an die Fördertürme gewandert. Namen wie Szepan, Kuzorra, Kalwitzki, Tibulski legen davon Zeugnis ab. Einige von ihnen hatten ursprünglich noch selbst unter Tage geschwitzt, in der Zeche »Consolidation« oder »Graf Bismarck« wie ihre Anhängerschaft auf der Stehtribüne. Am Wochenende, in der »Glückauf-Kampfbahn«, wurden sie von ihren Kollegen als Helden aus der eigenen Mitte gefeiert. Sie bildeten eine Gemeinschaft Gleichberechtigter und Gleichgesinnter, die sich dort im Stadion traf: die Tausende auf den Rängen und die elf unten auf dem Rasen.

Die Kumpels in kurzen Hosen siegten für die Kumpels auf der Holztribüne. Und miteinander verband sie der Stolz, dass sie die tatsächlich oder vermeintlich Privilegierten im Umgang mit dem Ball in die Schranken weisen konnten. Der Soziologe Rolf Lindner aus Bottrop erkennt darin »den imaginären Sieg der Arbeiterklasse [...] innerhalb des bürgerlichen Sportbetriebs«.

Arbeiter, Massen. Diese Begriffskombination versetzte naturgemäß die am 30. Januar 1933 an die Macht gekommen NSDAP in erhöhte Aufmerksamkeit. Doch es wäre eine Übertreibung zu behaupten, sie hätte sich den Fußball sofort einverleibt. Ideologisch standen im »Dritten Reich« reine Kampfsportarten wie Boxen oder Ringen zunächst weit höher im Kurs, oder auch der Motorsport, dessen militärischer Nutzen auf der Hand lag. Hitler persönlich empfand gegenüber dem Mannschaftssport gepflegte Langeweile, seine einzig intensivere Berührung damit sollte zum Desaster werden. In »Mein Kampf« ließ er jedoch anklingen, welche Bedeutung er dem Sport im Allgemeinen beimaß: »Man gebe der Nation sechs Millionen sportliche tadellos trainierte Körper, alle von fanatischer Vaterslandsliebe durchglüht und zu höchstem

Angriffsgeist erzogen, und ein nationaler Staat wird aus ihnen, wenn notwendig, in nicht einmal zwei Jahren, eine Armee geschaffen haben ...«

Der Sport wurde schnell seines ursprünglichen Sinnes entkleidet, instrumentalisiert zur Stählung des Volkskörpers und letztlich zur Vorbereitung des Kriegs. Der Nazi-Sportideologe Carl Krümmel befasste sich schon 1933 mit Ballsportarten wie Fußball: »Sie betätigen diejenigen Fähigkeiten, die dem Soldaten am kostbarsten sind: Geschicklichkeit, Geschmeidigkeit, Kraft, Schnelligkeit, Ausdauer ebenso wie Kaltblütigkeit und Geistesgegenwart, Angriffsgeist und Entschlossenheit, Schnelligkeit des Urteils, Disziplin, Kameradschaft und Korpsgeist, außerdem das Gefühl der Verantwortung des Einzelnen nicht nur für sich, sondern für seine Mannschaft.«

Beim ersten Länderspiel unter dem Regime, sechs Wochen nach der Machtergreifung, saß Hermann Göring auf der Tribüne. Schließlich hatte die Partie in Berlin eine pikante Note, es ging immerhin gegen Frankreich, die »französische Hydra«, der Hitler damit gedroht hatte, ihr »das Haupt« abzuschlagen. Die Nazis hatten rasch verstanden, welch hohen propagandistischen Wert solch ein brisantes Spiel besaß. Es gelang ihnen, die 1500 Anhänger der Equipe tricolore zu täuschen, die wegen der kritischen Berichte in den französischen Zeitungen mit erheblichen Ängsten in die Reichshauptstadt gereist waren. Statt des erwarteten Chaos auf den Straßen, erlebten sie militärisch-perfekte Ordnung und blickten auf ein Meer von Hakenkreuzfahnen. Die französischen Gäste wurden mit geradezu überschwänglicher Begeisterung wie alte Freunde begrüßt und nahmen – neben einem überraschenden 3:3-unentschieden gegen den favorisierten Gastgeber – den fatal-beruhigenden Eindruck mit nach Hause, dass alles längst so schlimm nicht sein könne.

Das größte Täuschungsmanöver in den zwölf Jahren des »Tausendjährigen Reichs« waren die Olympische Sommerspiele 1936. Die Maschinerie des Propagandaministers Joseph Goebbels hatte im Wesentlichen zwei erklärte Ziele. Auf der einen Seite sollte das

Spektakel durch sportlichen Erfolg der deutschen Mannschaft die Überlegenheit der »arischen Rasse« und somit des nazistischen Erziehungsideals von der Dominanz des Herrenmenschen belegen. Andererseits wurden die Spiele dazu benutzt, der Weltöffentlichkeit Sand in die Augen zu streuen über die wahren Absichten der faschistischen Machthaber. An das deutsche Volk wurde appelliert, durch perfekte Gastgeberschaft die Friedensliebe und Weltoffenheit der Nation zu demonstrieren. Die Nazizeitschrift »Der Angriff« empfahl ihren Lesern die Mimikry: »Wir müssen charmanter als die Pariser sein, leichtlebiger als die Wiener, lebhafter als die Römer, kosmopolitischer als die Londoner, praktischer als die New Yorker.«

Es waren die Nazis, die das sportliche Massenspektakel als Selbstinszenierung kreierten. Bis dahin waren Olympische Spiele tatsächlich nicht mehr als das friedliche Mit- und Gegeneinander einiger Hundert talentierter Sportler mit besonderer Berücksichtigung in den Medien gewesen. Die braunen Machthaber aber schlachteten das Fest politisch-ideologisch aus; man kann also mit Recht behaupten, dass die Glorifizierung eines Gesellschaftssystems durch den Sport eine deutsche Erfindung ist. Dafür zogen die Nazis viele Register. Sie errichteten die größte Sportstätte der Welt, das 97 000 Zuschauer fassende Berliner Olympiastadion – ein steinernes Zeugnis des Größenwahns. Die Regisseurin Leni Riefenstahl drehte den berühmt-berüchtigten Film »Fest der Völker«, ein Werk, das vorrangig zur Verherrlichung des deutschen Menschen diente. Die Städte ertranken schier in einer Flut von Hakenkreuzfahnen, was von vielen ausländischen Besuchern eher als schmückendes Beiwerk denn als aufdringliches Machtsymbol der Einheitspartei empfunden wurde. Auch der Vorschlag, einen vorolympischen Fackellauf von der antiken olympischen Stätte Athen zur modernen (in diesem Fall Berlin) zu veranstalten, wurde positiv aufgenommen. Diese deutsche Idee verwirklicht das Internationale Olympische Komitee als Zeichen der weltumspannenden Bedeutung des Sports bis heute.

In der Propagandainszenierung hatte Goebbels dem Fußball eine besondere Bedeutung zugedacht. Zeit und Geld, die sich bis dahin hemmend auf die Entwicklung der Nationalmannschaft ausgewirkt hatten, spielten keinerlei Rolle mehr. Die Vorbereitung auf das olympische Turnier war generalstabsmäßig geplant. Für Monate wurden die Kicker, die als Amateure nicht einen Pfennig kassieren durften, von ihrer beruflichen Tätigkeit befreit, schließlich mussten sie Gold für Deutschland gewinnen. Zunächst ließ sich das Turnier mit einem 9:0 über Luxemburg gut an. Die Erwartung, die an die zweite Partie gegen Norwegen geknüpft wurde, unterstrich die Anwesenheit fast der gesamten Nazinomenklatur: Goebbels, Göring, Heß, Frick und andere Parteibonzen saßen in der Ehrenloge des Berliner Poststadions – und kurz vor dem Anpfiff betrat auch Hitler unter dem frenetischen Sieg-Heil-Gebrüll der 50 000 Zuschauer die Arena. Für Joseph Goebbels muss die Begegnung eine seelische Folter gewesen sein. »Der Führer ist ganz erregt, ich kann mich kaum halten. Ein richtiges Nervenbad. Das Publikum rast. Ein Kampf wie nie. Das Spiel als Massensuggestion,« schrieb er. Beim Stand von 0:2 verließ Hitler wutschnaubend das Stadion, vielleicht sah er sich nicht nur durch die Niederlage gegen die Auswahl des kleinen nordischen Völkchens gedemütigt, sondern auch, weil der Schütze beider Tore ausgerechnet den jüdischen Namen Isaaksen trug.

Dass gerade der Trainingsdrill nach militärischem Vorbild, dem die Spieler schon in der Vorbereitung unterzogen wurden, die körperlichen und kreativen Kräfte aufgebraucht hatte, blieb in der fachlichen Analyse der gleichgeschalteten Presse natürlich unerwähnt. Erst viel später nannte der Nationalspieler Karl Hohmann die totalitäre Überwachung als Ursache der Pleite: »Auf gut deutsch gesagt, wir hatten nicht einmal Zeit zum Kacken.« Die Nazis jedenfalls suchten einen Sündenbock und fanden ihn in Reichstrainer Dr. Otto Nerz, der seinen Posten an Herberger abtreten musste.

Die enge Verknüpfung von nationalem Selbstwertgefühl und sportlichem Erfolg oder Misserfolg war in Zeitungen nachzulesen. »Nach $1^{1}/_{2}$ Stunden dann die bleierne Aschermittwochsstimmung! Dieses 0:2 vor Adolf Hitler, der erstmals einem Fußballkampf zusah

– das hätte einfach nicht sein dürfen, das musste ausgeschlossen sein«, hieß es im »Kicker«. Sechs Jahre später, im Kriegsjahr 1942, notierte Goebbels nach einer 2:3-Niederlage gegen das neutrale Schweden irritiert in seinem Tagebuch: »100 000 Menschen sind deprimiert aus dem Stadion weggegangen. Den Leuten liegt der Gewinn dieses Fußballspiels mehr am Herzen als die Einnahme irgendeiner Stadt im Osten.«

Anders als etwa mit der Leichtathletik erlebten die Nazis mit dem Fußball mehrheitlich Reinfälle. Nie bekamen sie diese individualistische Mannschaftssportart in den Griff, ihr Versuch, das Massenspektakel zu instrumentalisieren, schlug weitgehend fehl. Wie nachfolgende totalitäre Systeme verdeutlichten, erweist sich gerade beim Fußball zwangskollektivistisches Denken als kontraproduktiv, weil es die Kreativität des Einzelnen unterdrückt zum Schaden des Ganzen. Deshalb blieben in den Jahren der faschistischen Diktatur international verwertbare Erfolge aus.

Das Wunder von Bern

Waschkörbeweise Briefe erhielt der deutsche Regisseur Sönke Wortmann, als er nach Darstellern für sein Fußballdrama »Das Wunder von Bern« suchte, der seit Sommer 2001 gedreht wird. Die Männer sollten ansehnlich mit dem Ball umgehen können – mindestens auf Oberliganiveau – und physiognomische Ähnlichkeiten mit den Tureks, Posipals, Morlocks oder Schäfers aufweisen. Es meldeten sich 1500 Laienschauspieler, die einmal in die Rolle eines Helden von 1954 schlüpfen wollten. Und wäre der Bewerberkreis durch Wortmanns strenge Vorgaben nicht von vornherein erheblich eingeschränkt gewesen, so hätten wohl Zehntausende danach gedrängt, einmal im Leben Fritz Walter oder Helmut Rahn sein zu dürfen.

Noch immer, fast ein halbes Jahrhundert danach, ist das Endspiel von Bern im kollektiven Gedächtnis der Deutschen das herausragende Sportereignis ihrer Geschichte. Wichtiger noch als

Max Schmelings K.-o.-Sieg gegen den braunen Bomber Joe Louis, nachhaltiger als der Wimbledon-Triumph eines 17-jährigen Leimeners namens Boris Becker. Der Fußballfan und Bundeskanzler Gerhard Schröder, damals zehn Jahre alt, kann noch im Schlaf die elf Namen der Spieler aufsagen, selbstverständlich in der exakten Aufstellungsformation: Turek, Posipal, Kohlmeyer, Eckel, Liebrich, Mai, Rahn, Fritz und Ottmar Walter, Morlock, Schäfer. Selbst der Hip-Hop-Generation ist »Bern« immer noch ein lebendiger Begriff; schließlich mehren sich in Funk, Fernsehen und Zeitungen jedes Jahr, wenn sich der 4. Juli nähert, die Storys über die alten Weltmeister. Aber wer bekommt die Namen der Sieger von 1990 noch zusammen? Teamchef Beckenbauer, Matthäus, Brehme, Klinsmann, ja eben noch – aber die anderen?

Sönke Wortmann schießen, wie er in einem »Spiegel«-Interview bekannte, buchstäblich die Tränen in die Augen, wenn er wieder einmal Herbert Zimmermanns erregten Rundfunkkommentar hört: »Aus dem Hintergrund müsste Rahn schießen! Rahn schießt! Tor! Tor! Tor! Tor! Tor für Deutschland!« Tränen liefen auch dem 17-jährigen Urlauber Jürgen Leinemann über die Wangen, als er in den Sommerferien auf der Kurpromenade von Borkum Zimmermanns finale Worte aus dem Lautsprechern, aus denen sonst die sanfteren Weisen des Kurkonzerts tropften, dröhnen hörte: »Aus! Aus! Aus! Aus! Das Spiel ist aus!« Dann aber packte den heutigen Berliner Politikchef des »Spiegel«, der sich auch als Verfasser einer Herberger-Biografie hervorgetan hat, »schreckliche Unruhe, fast ein Schock«: Aus dem Radio erklang die Nationalhymne – freilich mit dem falschen Text, mit jener ersten, verpönten Strophe: »Deutschland, Deutschland über alles ...«

So schnell war das gegangen. Am 8. Mai 1945 war das Großdeutsche Reich in Schutt und Asche zusammengestürzt und hatte die furchtbarste Bilanz der Geschichte hinterlassen: fast 55 Millionen Tote in aller Welt, davon 4,8 Millionen allein in Deutschland, sechs Millionen Juden in der Vernichtungslagern ermordet, ein bis auf die Grundmauern zerschlagenes Land. Als den Überlebenden das Ausmaß des Wahns bewusst wurde, hielt sich nur eine Minderheit mit der Aufarbeitung des Schreckens auf. Für die meisten war die Sache in dem Moment erledigt, in dem eine alliierte Kommission ihnen den Stempel »entnazifiert« in die Papiere drückte. Dann gingen sie zur Tagesordnung über, als seien es nur Häuser, die repariert werden müssten. Was allerdings blieb, war ein vages, dumpfes Schuldgefühl. Und ein tiefer Groll auf die Besatzer, die ihnen mit argwöhnischer Strenge das vermeintliche Recht auf Selbstbestimmung verwehrten.

In einer schleppenden Formation des Elends kehrten die Männer aus der Gefangenschaft zurück, eine geschlagene Armee, zerlumpt, abgemagert, mutlos und entehrt. Um sie herum Zerstörung, Verzweiflung und Ziellosigkeit. Oft traf sie nach jahrelanger Abwesenheit zu Hause ein weiterer Schock, wenn Gattin oder Freundin sich mit einem Siegersoldaten eingelassen hatte. Sie hatten, so stellten die Heimkehrer fest, am Ende auch noch den allerletzten Kampf verloren: den um die eigene Frau. Diese Männer hatten nichts mehr, nicht einmal mehr den Stolz, ein richtiger Kerl zu sein. Auch die Gründung der Bundesrepublik im Jahre 1949 hob keineswegs das Selbstwertgefühl. Noch über Jahre war der deutsche Platz bei den großen Konferenzen bestenfalls der Katzentisch.

Und dann, neun Jahre nach dem Zusammenbruch, schon wieder: »Deutschland, Deutschland, über alles.« Nur weil elf junge Männer in kurzen Hosen ein Fußballspiel gewonnen hatten? Natürlich nicht. Nach dem Schlusspfiff des englischen Schiedsrichters Ling brach in Bern ein mühsam unterdrückter Nationalsturm mit lautem Triumphgeheul los, die junge Republik berauschte sich an sich selbst: Hatte Bern nicht irgendwie den Ausgleich für Stalingrad gebracht? »Aus! Aus! Aus! Aus! Das Spiel ist aus« – war das nicht die Revanche für den 8. Mai? Und hatte nicht der deutsche Stehaufmann die Geschichte umgebogen, aus dem Zwischenstand in der Stunde null noch ein 3:2 gemacht?

Manche mögen es so empfunden haben. Zweifellos aber haben sich so gut wie alle Deutschen an diesem 4. Juli 1954 wiedergefunden. Der Triumph in der Schweiz war, wie der Politikwissenschaftler Christian Graf von Krockow schrieb, »Balsam fürs deutsche, jedenfalls bundesdeutsche Selbstbewusstsein«. Aber: »Immerhin ging es jetzt um Torschüsse statt um todbringende Torpedos.«

Spöttisch hatte der Schweizer Zöllner Bundestrainer Sepp Herberger bei der Einreise gefragt: »Ihr wollt doch nicht etwa ins Endspiel kommen?« Das Team um Fritz Walter, der im Übrigen die russische Kriegsgefangenschaft vielleicht nur deshalb überlebt hat, weil er einen Kommandanten selbst in Knobelbechern mit einem Hackentrick verblüffte und augenblicklich zur Verstärkung der Lagermannschaft delegiert wurde, wurde nicht nur von Fachleuten gewaltig unterschätzt. Ernst nahm sie niemand. Und selbst, als sie in Viertel- und Halbfinale vermeintliche Favoriten wie Jugoslawien (1:0) oder Österreich (6:1) bezwungen hatten, blieben sie ein krasser Außenseiter. Im Finale prallten sie erneut auf die Ungarn, von denen sie beim ersten Aufeinandertreffen in der Vorrunde mit 3:8 vermöbelt worden waren, auf die Ungarn, die 32-mal hintereinander unbesiegt geblieben waren und es nach gesundem Menschenverstand auch diesmal bleiben mussten: Grosics, Lorant, Hidegkuti, Koscis, Puskas, klangvolle Namen der Fußballhistorie bis zum heutigen Tag. Hätte man seinerzeit eine Auswahl der Besten auf dem Globus gebildet, vermutlich wären mindestens acht Ungarn nominiert worden. Deutschland also gegen die ganze Welt. Wie gehabt.

Bis heute hat sich in der Nationalmannschaft stets die innere Befindlichkeit der Nation widergespiegelt, mal stärker, mal weniger, aber nie herrschte eine solch symbiotische Beziehung wie 1954. Spieler und Anhänger hatten das gleiche Schicksal hinter sich; anders als heute, da die Stars nicht mehr zum Anfassen sind, sondern nur noch als Sprechblasen aus den Fernsehern blubbern, waren sie, wie sich Norbert Blüm erinnerte, »Fleisch von unserem Fleische«, Männer, die man in der nächsten Eckkneipe auf ein Pils treffen konnte. Die Zuschauer und Zuhörer konnten sich mit ihren Fußballern identifizieren, weil sie in der gleichen Welt miteinander lebten – und gelebt hatten, weil eine gemeinsame, niederschmetternde Erfahrung sowie dieselben Hoffnungen auf morgen sie geradezu miteinander verschmolzen.

Sepp Herberger mit der von Sorgen zerfurchten Miene und in seinem langen Kleppermantel, zwischen dessen Knopfleiste er bisweilen eine Hand verschwinden ließ – sah er nicht so aus wie ein General, der wieder mal eine lange Nacht über den strategischen Plänen gesessen und sich den Kopf zerbrochen hatte über Wohl und Wehe seiner Truppe? Nichts überließ der »Chef«, der Clausewitz und Moltke gelesen hatte, dem Zufall, jeden Angriffszug, jede Abwehrvariante hatte er im Geiste schon durchgespielt. Die gleichermaßen autoritäre wie joviale Art, mit der er seine Truppe führte, sicherte dem Feldherrn Herberger uneingeschränkten Respekt – den der Kicker im Wankdorf-Stadion wie den der 60 Millionen Fans, die zu Hause an den wenigen Fernsehapparaten und den Millionen Volksempfängern klebten.

Der Kapitän der Elf, Fritz Walter, früherer Bankangestellte aus Kaiserslautern, war ein Genie am Ball wie nach ihm nur noch Franz Beckenbauer. Doch anders als der Münchner, der schon in jungen Jahren ein ausgeprägtes Gespür für Macht entwickelte, gab Walter sich mit der Rolle als Diener seines Herrn zufrieden. Mit Stolz vernahm er, wenn man ihn als »verlängerten Arms des Chefs auf dem Spielfeld« nannte, und selbst unter gebotenen Umständen wäre es ihm nie eingefallen, Herbergers taktische Vorgaben um ein Jota zu korrigieren. Der Lauterer war sensibel bis zur Wehleidigkeit, ein oft von Minderwertigkeitsgefühlen geplagter Mann, die in krassem Widerspruch zu seinen Fähigkeiten standen, ein Künstler, der sein ganzes Können nur unter der väterlich-strengen Obhut Herbergers entwickeln konnte. Walter hatte die Sohnrolle so weit verinnerlicht, dass er die Gedanken des Chefs ohne Prüfung zu den seinen machte und den Bundestrainer selbst in privatesten Dingen um Rat fragte. Nur einmal kam es zu einem allerdings nie offen ausgetragenen Dissens. Als Walter seine Frau Italia heiratete, rümpfte Herberger leicht die Nase, weil ihm die Dame zu mondän, zu wenig pfälzisch-bodenständig für seinen Ziehsohn erschien.

Weil er umgekehrt die uneingeschränkte Zuneigung und das völlige Vertrauen des Chefs besaß, wäre kein Kollege auf die Idee gekommen, Walters Position in der internen Hackordnung anzuzweifeln. Herberger setzte sein Alphamännchen geschickt für seine Zwecke ein. Um den unbändigen und den Lockungen des Lebens empfänglichen Rechtsaußen Helmut Rahn zu zähmen, wies er Fritz Walter ein gemeinsames Zimmer mit dem labilen Draufgänger zu. Walters Phlegma glich Rahns Übermotorik perfekt aus. Im Hotel »Belvedere«, hübsch gelegen in Spiez am Thuner See, herrschte strenge Kasernenzucht, aber auf Grund des ungewohnten Komforts auch ein Hauch von Urlaubsstimmung. Herberger erließ ein striktes Alkoholverbot, verlangte Pünktlichkeit beim Essen, beim Training, beim Zubettgehen. Und was nicht per Erlass geregelt war, wurde durch eine Art freiwilliger Selbstkontrolle unter den Stubenkameraden erledigt. Etwa durch den so genannten »Heiligen Geist«, einen Zuchtritus, den die Nationalmannschaft aus den Nazijahren übernommen hatte. Dabei bekam der jeweilige Deliquent mit heruntergezogener Hose das Missfallen der Gruppe auf dem nackten Gesäß handschriftlich zu spüren. Eine eherne Hierarchie, ein eiserner Moralkodex und antiquierte Rituale hielten diese pfadfinderhaft anmutende Männergruppe zusammen. Nach den Spielen, bei der Heimfahrt ins Hotel, ordnete Herberger gemeinsames Singen an, bevorzugt schmetterten sie sein Lieblingslied »Hoch auf dem gelben Wagen«, als ginge es zurück in die Jugendherberge. Der Einzelne galt nichts, nur inmitten ihrer schweißdampfenden Kameraderie spürten sie die eigene Stärke. Aufzumucken hat keiner gewagt von den jungen Männern, denen man noch wenige Jahre zuvor soldatischen Gehorsam als Primärtugend vorgegaukelt hatte. Herbergers unmissverständliche Anweisungen befolgten sie mit den Händen an der Hosennaht: »Jawoll, Chef« oder »Alles klar, Chef.«

Als die elf Freunde auch die finale Belastungsprobe bestanden hatten, erstarrten sie, die Gebrauchtwagenhändler, Versicherungsangestellten, Handwerker oder Pächter von Toto-Lotto-Annahmestellen, zu Ikonen eines gesellschaftlichen Aufbruchs. Selbst im anderen, feindlichen Teil Deutschlands, feuerten Volkspolizisten Freudensalven in die Luft. Der Westen fiel in einen tagelang währenden Taumel. Die Heimkehr im Sonderzug verlief unter Verhältnissen, für die das Wort turbulent unzureichend ist. Auf der ersten Station in Singen, einem Städtchen mit 25 000 Einwohnern, hatte der kluge Bahnhofsvorsteher vorsorglich 6000 Bahnsteigkarten ausgegeben. Doch 30 000 Menschen stürmten zum Waggon mit den Weltmeistern. Auf freier Strecke überfluteten Menschen die Gleise, ganz Deutschland, fand Norbert Blüm, war »in einem einzigen großen seelischen Festzelt versammelt«.

Bei der großen Sause durften die Oberhäupter des Staates natürlich nicht fehlen. »Dieser wunderbare Sieg als Ergebnis einer hervorragenden kameradschaftlichen und kämpferischen Einstellung aller Spieler wird überall in Deutschland als der größte sportliche Erfolg seit Kriegsende angesehen. Ich hoffe, die Sieger von Bern mit ihren Kameraden in Kürze hier in Bonn persönlich begrüßen zu dürfen«, kabelte Innenminister Gerhard Schröder im Auftrag des Bundeskanzlers. Doch während die offizielle Politik bei allem Überschwang moderate Töne anschlug, beglich der Sport, der in den Jahren nach dem Zusammenbruch des braunen Systems nicht müde geworden war, seine Unschuld zu betonen, in der Person des DFB-Präsidenten offene Rechnungen. Dr. Peco Bauwens ließ zwei Tage nach dem 3:2 bei einer Rede im Münchner »Löwenbräukeller« das Visier herunter und damit erkennen, dass er in der neuen Disziplin Demokratie noch nicht sonderlich trainiert war: »Wenn aber andere auf dem Spielfeld herumturnen mit ihren Fahnen, dann geht es nicht an, dass unseren Leuten es verboten wird, unsere stolze deutsche Fahne zu führen. Das lassen wir uns nicht gefallen. Unsere Mannschaft hat ihnen die Quittung gegeben.« Als der Präsident auch noch »das Führerprinzip« für den Erfolg der Walter-Mannschaft verantwortlich machte, brach der Bayerische Rundfunk seine Direktübertragung mitten in der Ansprache ab und unterhielt seine Hörer mit Tanzmusik.

Die Helden von Bern wurden mit Orden und Verdienstmedaillen behängt, beim Bonner Empfang erhielten sie aus Minister Schröders Hand wertvolle Lederkoffer als Präsent überreicht. Da wollte die gerade erwachende Wirtschaft nicht im Abseits stehen und überschüttete die Sportkameraden mit Geschenken, die den einsetzenden Wohlstand widerspiegelten: Suppenwürfel und Cognacflaschen, Kühlschränke und Volkswagen, Urlaubsreisen, Sitzgarnituren, Maßanzüge. Der Lohn war – gemessen am Lebensstandard – reichlich und erster Vorbote der Vereinnahmung des Fußballs durch die werbetreibende Industrie. »Elf Weltmeister haben nur einen Ball«, verrieten die Dingolfinger Glas-Werke in Zeitungsinseraten, nachdem sie jeden mit einem Kleinstwagen bedacht hatten, »aber jeder hat seinen eigenen Goggo.«

Die Republik und ihr Fußball

»Es war wie ein einziges verlorenes Wochenende.«

Werner Kohlmeyer, linker Verteidiger, über die Zeit nach der WM

Als die Jubelarie verstummt war und die Berner Helden in den Alltag der Oberliga zurückkehrten, wachten die meisten von ihnen mit einem Kater auf. Der junge Ruhm welkte rasch, er ließ sich nicht versilbern. Dennoch war das Feld nicht bereitet, auf dem die Medienindustrie gedieh. Als Amateure erhielten die Spieler weiterhin monatlich 320 Mark vom Vereinspräsidenten in die Hand gedrückt, die Sportartikelgiganten, die ein paar Jahrzehnte später mit Ausrüsterverträgen um sich werfen, tüftelten in Familienklitschen an den neuen Schraubstollen und die Werbung sah noch keinen Markt, um die strammen Waden der Kicker als Kaufanreiz auszustellen. Sie, die man auf Händen getragen hatte, standen plötzlich wieder mitten im banalen Leben. Und ihre Existenzkämpfe mussten sie ganz alleine austragen, jeder für sich, keiner für alle. Abseits des Rasenrechtecks galten andere Regeln. Ein aufmunterndes Wort des Chefs oder ein Klaps von Kapitän Walter half dort nicht weiter. Und die junge Republik, die sich eben noch im Glanz ihrer Helden gesonnt hatte, ging zur Tagesordnung über: Wiederaufbau, Wiederbewaffnung, Wirtschaftswunder.

Allein Fritz Walter gelang es nach gescheiterten Versuchen als Wäscherei- und Kinobesitzer, seinen Namen so weit zu vermarkten, dass er sich ein Einkommen als ewiger Weltmeister sicherte. Einige der mehrheitlich aus dem Arbeitermilieu stammenden Spieler schufen sich immerhin eine gesicherte bürgerliche Existenz: Horst Eckel als Sportlehrer, Jupp Posipal als Besitzer eines Möbelgeschäfts und Hans Schäfer als Inhaber einer Geschenkartikelvertretung. Anderen wehte der raue Wind der Marktwirtschaft ins Gesicht. Max Morlock kam erst mit Hilfe eines Privatkredits von Herberger zu einem Sportgeschäft und auf die Füße, Torwart Turek scheiterte mit einem Toto-Lotto-Geschäft, ehe er bei der Bahn unterkam.

Wieder andere versuchten, den Rausch künstlich zu verlängern. Ottmar Walter verzockte seine Tankstellengaststätte am Kartentisch, Geldsorgen, Alkohol und eine Reihe von Operationen trieben ihn in einen Selbstmordversuch. Erst ein Posten in der Stadtverwaltung von Kaiserslautern gab ihm ein bescheidenes Auskommen. Sein engster Kamerad unter den elf Freunden war Werner Kohlmeyer, die beiden verband wohl auch eine gewisse Naivität. Auch der freundliche Verteidiger verspielte Haus und Hof. Den Rest gab ihm der Alkohol, seine Frau ließ sich scheiden, »Kohli« vagabundierte umher und landete schließlich in einer Heilanstalt. Eine Mainzer Tageszeitung beschäftigte ihn schließlich als Pförtner, ehe Werner Kohlmeyer 1974 mit 49 Jahren an einem Herzinfarkt starb. Man habe sich schon Gedanken um den Mitspieler gemacht, erklärte Horst Eckel später. Doch beim geselligen Wiedersehen, das alle vier Jahre von Fritz Walter organisiert wurde, sprach niemand darüber – im Verdrängen waren die Deutschen eben auch Weltmeister.

Auch Helmut Rahn, der Schütze des entscheidenden, legendären 3:2, kam bald ins Straucheln. Eine Zeit lang genoss der »Boss« die Fragen der Kumpels am Tresen seiner Essener Stammkneipe: »Helmut, erzähl mich dat Tor.« Dann bestellte Helmut noch ein Pilsken und erzählte, wie die Flanke von Schäfer zu ihm herübergeflogen kam, wie er zwei ungarische Verteidiger über den nassen Rasen des Wankdorf-Stadions ins Leere rutschen ließ: »Also, ich leg mir dat Dingen auf den linken Schluffen ...« Und dann, wenn der Ball hinter Torhüter Grosics das Netz beulte, bestellte Helmut noch ein Pils. Bis der nächste kam: »Helmut, erzähl mich dat Tor.«

Irgendwann kannten die Kumpels die Story auswendig, vielleicht aber war Helmut Rahn auch nur müde von seiner eigenen Geschichte. Der Individualist unter Herbergers braven Buben begann, gelegentlich ein Bier zu viel zu trinken, was in einem Autounfall endete und einer Gefängnisstrafe wegen Fahrerflucht. Nach Jahren der Irrungen und Wirrungen fing sich der »Boss« wieder, wurde aktives Mitglied der Kirchengemeinde von Essen-Frohnhausen und schnitt die Rosen in seinem Kleingarten. Rahns Abkehr vom Fußball war genauso konsequent wie seine Alleingänge am rechten Flügel. Unvermittelt mied er die Treffen der Weltmeister und brach den Kontakt zu den Kameraden irgendwann vollends ab. Interviewanfragen von Journalisten verweigert er sich bis heute. Selbst Bundeskanzler Helmut Kohl bekam einen Korb, als er Rahn 1994 als Ehrengast zur Weltmeisterschaft und zum Auftaktspiel der deutschen Mannschaft einlud. »Rückenbeschwerden«, gab der Boss lapidar an. Vermutlich hat er es nur vorgezogen, einen 90-minütigen Spaziergang in der Schwarzen Heide zu machen, statt Staffage für den pompösen Auftritt Kohls zu spielen.

Die Beweggründe für seinen Bruch mit den alten Spielkameraden hat Helmut Rahn nie preisgegeben. Möglicherweise spürte er die Verlogenheit des gefühligen Mythos von den elf Freunden. Vielleicht mochte er aber auch nicht mehr als Symbolfigur eines gesellschaftlichen Aufbruchs benutzt werden, der in Wirklichkeit keiner war. Denn tatsächlich hatten die Deutschen ihre Vergangenheit nur zeitlich hinter sich gelassen.

Wie sehr sie sich noch auf den alten Schienen des Denkens bewegten, zeigte sich bei der folgenden Weltmeisterschaft, als die DFB-Elf Titelverteidiger war. Wieder stand der Chef an der Seitenlinie, wieder hieß der Kapitän Fritz Walter, der mittlerweile das Fußballpensionärsalter von 37 erreicht hatte, und auch Helmut Rahn war nach seinen Eskapaden wieder in Form gekommen. Alles schien wie damals zu sein, mit der nicht unerheblichen Ausnahme, dass die Deutschen nun zum erweiterten Kreis der Favoriten zählten. Das passte Herberger gar nicht. Er und seine Leute in Mannschaft und Presse gerierten sich wie zufällige Besucher des Weltfußballgipfels, sie taten, als sei ihnen die bloße Teilnahme unendlich viel wichtiger als das Siegen. Nur keine lauten Töne, die als unangemessenes Selbstvertrauen gedeutet werden konnten. Die Nur-nicht-auffallen-Attitüde wurde jedoch im Ernstfall des Halbfinales gegen den schwedischen Gastgeber entlarvt. In großen Teilen der westdeutschen Presse – auch der schwedischen – wurde die Partie als Krieg mit anderen Mitteln beschrieben. Selten fehlte in den deutschen Medien der abfällige Hinweis auf die »Fußballsöldner« Hamrin, Gren, Gustavson, Skoglund und Liedholm, die in Italien als Profis spielten – ein Grund offenbar für eine doppelte Verdammnis. In einem Land, in dem der evangelische Theologe Helmut Thieliecke den beabsichtigten Auslandswechsel des neuen Idols Uwe Seeler mit einer schweren Sünde gleichsetzte, galt dies als Verrat und Fahnenflucht. In vielen Zeitungsberichten schwang tiefe Aversion gegen alles Fremde mit, vor allem gegen Italien, das gerade seine ersten Arbeiter nach Deutschland schickte; Italien, das war das Synonym für mediterrane Verschlagenheit. Dass die vaterlandslosen Nordmänner dort auch noch Lira-Millionen einsackten, konnte nur ihren Krämerseelen entspringen. Selten fehlte bei der Namensnennung der brillanten Schweden die Zusatzbezeichnung »Berufsspieler«, eine subtile Diffamierung, der ein Geruch von Kasino oder Spielhalle anhaftete. Das hehre Ideal des Fußballsports hingegen verkörperten die deutschen Halbamateure, die weiterhin einer ordentlicher Profession nachzugehen hatten. Herbergers tapfere Musterknaben stilisierte man zu Opfern einer mit allen unfairen Mitteln kämpfenden Übermacht, und wieder mal ging es gegen den Rest der Welt.

Schon in der Vorrunde begann die deutsche Presse an der Legende einer heimlichen Verschwörung gegen alles Deutsche zu stricken. Obwohl die Nationalmannschaft den großen Favoriten Argentinien besiegte (3:1), weil es gelang, den Kapitän Rossi, einen der besten Fußballer auf dem Globus, durch gnadenlose Manndeckung einzukeilen. Der Triumphgeste folgte der dezente Hinweis auf die Hinterhältigkeit der anderen, wie sie der Journalist Hans Körfer schilderte: »Der Argentinier wirkte unbeherrscht. Es passte ihm einfach nicht, dass seine Mannschaft nicht so zum Zuge kam, wie alle Welt es erwartet hatte. In der 61. Minute schlug Rossi zu, mit der Handkante gegen den Hals des Kölners [Hans Schäfer]. Er hatte den Moment abgepasst, als Leafe [der englische Schiedsrichter] in die andere Richtung schaute.« So waren sie, die Gegner der frommen Deutschen, hemmungslos, trickreich und brutal. Oder wenigstens rassisch minderwertig wie Brasiliens schwarze Ballkünstler. In einem Wochenschaufilm textete der Autor zu Bildern von Pele und Djalma Santos: »Der Urwald ruft – die Wüste lebt.«

Auf der anderen Seite pflegten auch Schwedens Zeitungen keinen milden Umgang mit dem Gegner, der sich mit der üblichen Mobilmachung der letzten Kräfte, einer gehörigen Portion Dusel und Einsatz der Stahlkappen in den Stiefeln durch das Turnier geschlagen hatte. »Tanks, die alles niederwalzen«, schrieben die Blätter, »Kriegsfußballer« halt. Die Klischees bekamen zusätzliche Schärfe durch die hochexplosive Atmosphäre im Göteborger Ullevi-Stadion, wo Einpeitscher mit Megafonen in der Hand das Publikum vor, während und noch nach dem Spiel anheizten: »Heja, heja, Sverige«, dröhnte es den deutschen Spielern unablässig in die Ohren. Der Funke entzündete sich in der 58. Minute, beim Stand von 1:1. Zum wiederholten Male hatte der Rechtsaußen und »Berufsspieler« Kurt Hamrin den ungelenken Verteidiger Erich »Hammer« Juskowiak ausgetrickst. Plötzlich waren beide in eine Hakelei verstrickt, Hamrin trat zu, Juskowiak auch. »Hamrin, der große Mime, wälzte sich schreiend am Boden. Mit Feldherrenpose verweist Schiedsrichter Zsolt den Deutschen des Feldes. Er weiß sich des Beifalls seines Auditoriums gewiß. Hinaus! Hinaus! ... Und über allem das frenetische Gejohle der 50 000 Entfesselten. Orgie des Fanatismus. Heja, heja!« Heldenmutig stemmten sich die dezimierten Deutschen gegen die drohende Niederlage. »Fritz Walter kämpft und spielt für zwei.« Aber dann: »Parling tritt ihn gegen den Knöchel. Heja! Sie tragen den Lauterer vom Platz ... Humpelnd, jeder Schritt ein irrsinniger Schmerz, meldet sich nach

Minuten Fritz Walter zurück. Es ist sein letztes, sein 61. Länderspiel. Und er, der im deutschen Fußball stets als Inkarnation der feinen Klinge galt, beendet seine Laufbahn als Kämpfer mit zusammengebissenen Zähnen.«

Beleidigt kommentiert Gerd Krämer in seinem Buch »Im Dress der elf Besten« die folgende Niederlage. »Und dabei waren unter den 50 000 fast lauter ehrsame Bürger, viele gutmütige Familienväter, die zu Hause der Frau beim Geschirrspülen helfen und ihre Kinder huckepack tragen.« Und diese schwedischen Spieler! »Bestimmt, jeder für sich, prächtige Kerle, und wenn der eine oder andere ein paar italienische Mätzchen einflicht, bitteschön!« Aber der »unscheinbare Schiedsrichter Zsolt aus Budapest« hatte die Pflicht zur Neutralität mit Füßen getreten und sich nicht als Unparteiischer aufgeführt, sondern als »des großen Schwedenkönigs Gustav Adolfs gebieterischer Kanzler Oxenstierna«. Die deutsche Öffentlichkeit sah in dem Mann von jenseits des Eisernen Vorhangs Schlimmeres: den finsteren Kommunisten, der den Dolch unter seinem schwarzen Kittel trug und das im Felde unbesiegte deutsche Fußballkommando hinterrücks meuchelte.

Der Tritt des Erich Juskowiak wurde zur Staatsaffäre. Dreizehn Jahre lang gebändigter Chauvinismus und mühevoll unterdrückter Fremdenhass brachen sich in einem Aufschrei nationaler Hysterie in den folgenden Tagen Bahn. Schwedischen Ferientouristen, die auf dem Weg in den Urlaub im Süden waren, wurde an den Autobahntankstellen Benzin verweigert, auf den Parkplätzen der Gaststätten zerstach man ihnen die Reifen. Restaurants strichen die »Schwedenplatte« von der Speisekarte, beim Aachener Reitturnier rissen Unbekannte die Dreikronenflagge vom Mast. Selbst ansonsten kühl kalkulierende Geschäftsleute ließen sich vom antinordischen Virus anstecken und kündigten schwedischen Partnern die Kredite. Auch vor der Reeperbahn machte der Wahn nicht Halt: »Schweden unerwünscht«, stand dort auf eilends gemalten Schildern. Und die Presse dirigierte den wutbrüllenden Chor. Die »Saar-Zeitung« etwa hatte aus den Heja-Sprechchören »den Grundton abgrundtiefer Gehässigkeit herausgehört, wenn nicht den Grundton eines Hasses, der sich nicht nur gegen die deutschen Fußballspieler richtete, sondern gegen die Deutschen schlechthin«. Wahnwütig fuhr das Blatt fort: »Das offizielle Schweden hat hämisch genießend zugelassen, daß rund 40 000 Repräsentanten dieses mittelmäßigen Volkes, das sich nie über nationale oder völkische Durchschnittsleistungen erhoben hat, den Hass über uns auskübelte, der nur aus Minderwertigskeitskomplexen kommt.« Schließlich setzte die Zeitung einen furiosen Schlusspunkt im Stile des »Stürmer«: »Es ist der Hass eines Volkes, dem man das Schnapstrinken verbieten muss, weil es sonst zu einem Volk von maßlosen Säufern würde.«

Während Sepp Herberger besonnen reagierte und den Schweden höflich-zurückhaltend gratulierte, spuckte sein Vorgesetzter, der DFB-Präsident Peco Bauwens, Galle. »Was hier passiert ist, grenzt an Volksverhetzung, nie mehr werden wir dieses Land betreten, nie mehr gegen Schweden spielen.« Gerd Krämer dürfte völlig Recht gehabt haben, als er schrieb: »Wenn jetzt Bundestagswahl wäre, es hätte, sie zu verlieren, für jeden Kanzlerkandidaten dazu der Verdacht der Schwedenfreundschaft völlig ausgereicht.« Der amtierende Regierungschef Konrad Adenauer hatte eilfertig seine Verbundenheit in einem Telegramm an die Mannschaft geäußert. Von einem Versuch, die Flammen der allgemeinen Hysterie einzudämmen, ist nichts bekannt. Kein Politiker mochte sich die Finger verbrennen an der überhitzten Volksseele, schließlich erregte, wie der »Spiegel« argwöhnte, »der Sturz des armen Fritz die Bundesbürger mehr als der Sturz der Vierten Republik [in Frankreich]; eine Rahn-Bombe ließ sie alle A-Bomben vergessen«.

Mäßigend wirkten höchstens Kommentare einiger unmittelbar Beteiligter auf die durchgeknallten Bundesbürger ein. Der unbekümmerte Helmut Rahn beispielsweise berichtete, ihm habe »der Zirkus« im Ullevi-Stadion nichts ausgemacht. »Ich dachte nur an das Spiel, da konnte schreien und pfeifen, wer wollte.« Auch den Eklat um Juskowiak sah der Boss mit distanzierter Kühle. »Hamrin … stellte Erich Juskowiak an diesem Tag vor ein unlösbares Problem. Und weil Jus das spürte, wurde er wütend und ließ sich zu seiner berühmt gewordenen Affekthandlung hinreißen.« Eine solche Entgleisung aber hätte nach Rahns Einschätzung in einem Spiel dieser Bedeutung nicht passieren dürfen. »Aber auch wenn Jus auf dem Platz geblieben wäre, Hamrin hätte immer einen Weg an ihm vorbei gefunden.«

Noch Jahre später war der unbändige Hass auf alles Schwedische ungebrochen. Die Bundesdeutschen, die sich als demokratische Musterknaben gerierten, waren weit entfernt davon, die Regeln eines toleranten, liberalen Staates verinnerlicht zu haben. Sie fühlten sich keineswegs als Volk von Tätern, sondern als zu Unrecht Verfolgte.

Die Marktwirtschaft ermöglichte das Wirtschaftswunder, »der kämpferische Arbeiter-Fußball wurde durch den kreativeren Fußball des neuen Angestelltentypus abgelöst«, wie der Autor Norbert Seitz in seinem witzigen und klugen Buch »Bananenrepublik und Gurkentruppe« erkannte. In der sich ökonomisch schnell wandelnden Republik mochten die Fußballer nicht mehr abseits stehen, 1963 wurde die Bundesliga gegründet, im selben Jahr, als der alte Herr aus Rhöndorf die Macht widerstrebend an den bekennenden Spielvereinigungsfan Ludwig Erhard aus Fürth abgab. Als letztes der traditionellen Fußballländer hatte das auch diesbezüglich konservative Deutschland trotzig auf dem Amateurstatus der Kicker beharrt. Anfang der sechziger Jahre hatte es die ersten deutschen Nationalspieler, Horst Szymaniak, Karl-Heinz Schnellinger und Helmut Haller, an die Fleischtöpfe der italienischen Vereinspotentaten gezogen. Deutsche Fußballanhänger, die zur Ferienzeit in den Süden ausschwärmten, geißelten die jungen Wandervögel als käufliche Lumpen, die den nationalen Schoß verlassen hatten. In den Zeitungsberichten firmierten sie despektierlich nur als die »Ausländer«.

Die Bundesliga entstand auch aus purer Not, weil der Ausverkauf der Fußballrepublik zu befürchten stand. Zu Hause, wo sich das Durchschnittseinkommen von 450 (1954) immerhin auf 975 Mark (1963) mehr als verdoppelt hatte, war es den Fußballern als Protagonisten der Massenunterhaltung nicht mehr zuzumuten, sich mit läppischen 400 Mark monatlich zu bescheiden. Mit der neuen, von den Grenzen des Oberligaprovinzialismus befreiten Liga stieg das Niveau des Fußballs automatisch. Und weil der Volkssport Nummer eins boomte wie die Wirtschaft, gesellten sich immer mehr Politiker zum gewöhnlichen Stimmvieh auf den Tribünen. Kanzler Erhard saß häufig neben Postminister Richard Stücklen, Willy Weyer, der nordrhein-westfälische Innenminister, der es später bis zum Präsidenten des Deutschen Sport-Bundes brachte, ließ sich ebenfalls oft sehen. Der Fußball war gesellschaftsfähig geworden.

Gesellschaftsfähig wurde der deutsche Fußball auch im internationalen Klubmaßstab. Borussia Dortmund gewann dank eines Tores des ehemaligen Schalker Bergmanns Reinhard »Stan« Libuda als erstes deutsches Teams einen Europacup (Pokalsieger 1966). Auch auf das Nationalteam griff der demokratische Aufbruch über. Dem autoritären Herberger folgte der kunst- und feinsinnige Helmut Schön, über den seine sächsischen Landsleute spotteten: »E dirregder Leewe is er nich.« Schön, der eigentlich lieber Arzt geworden wäre, setzte andere Prämissen als sein Vorgänger, dessen Werteskala von teutonischen Tugenden zeugte: Opferbereitschaft, Kampf bis zum Umfallen, minutiöser Pünktlichkeit und bedingungsloser Disziplin. Schön favorisierte in erster Linie die Einhaltung des Spielsystems, auch das spielerische Element, erst zuletzt setzte er auf Kampfgeist. Das entsprach dem sich abzeichnenden Wertewandel der Gesellschaft.

Der Konkurrenzkampf der Bundesliga, in dem sich die Besten nun Woche für Woche maßen, brachte technisch hochbegabte Talente wie Franz Beckenbauer, Wolfgang Overath und Günter Netzer hervor. Mit ihnen bekam der Fußball, dessen Markenzeichen die aufgekrempelten Ärmel gewesen waren, erstmals eine heiter-spielerische Note. Helmut Schön ging Risiken ein, beispielsweise indem er die kaum dem Teenageralter entwachsenen Jungstars ins kalte Wasser warf. Beckenbauer trumpfte in seinem ersten Länderspiel, dem entscheidenden WM-Qualifikationsspiel gegen Schweden, mit dem Selbstbewusstsein eines Erbthronfolgers auf. Aber es sollte noch ein paar Jahre dauern, bis der Bundestrainer die Ära Herberger endgültig über Bord kippte. Denn noch hielt er auch an den Vertretern des Gestern fest, an dem treuen Gutmenschen Uwe Seeler, an säbelbeinigen Kämpen wie Willi Schulz oder Horst-Dieter Höttges, an alternden Italien-Profis wie Helmut Haller und Albert Brülls.

Die Fußballwelt rieb sich zu Beginn der Weltmeisterschaft 1966 verblüfft die Augen, als die Deutschen mit den braven Schweizern eine Art Rasen-Jo-Jo spielten. Jene Deutschen, die vier Jahre vorher in Chile derart berserkerhaft defensiv, zerstörerisch und platt aufgetreten waren, dass die »Bild«-Zeitung in Anlehnung an den kurz zuvor erfolgten Bau des »antifaschistischen Schutzwalls« ein »bisschen weniger Mauer« anmahnte, trumpften nun auf, als bestünde der Fußball auf einmal nicht mehr aus harter Arbeit, sondern aus purem Vergnügen. Beckenbauer inszenierte wunderbare Kombinationen, Haller trickste wie ein Zirkuszauberer. Die höchste Anerkennung für diese Elf war eine Ode, die ein Reporter des Londoner »Daily Mail« schrieb: »Zeigt mir eine bessere Mannschaft, und ihr habt den Weltmeister. Zeigt mir einen besseren Mittelfeldspieler, und ihr habt den idealen Fußballer. Der Schrecken verbreitende Franz nahm im Mittelfeld die Parade ab wie ein General vor seiner Truppe.« In diesen Sätzen zeigt der Autor Bewunderung, aber auch Skepsis. Denn deutsche Fußballer, und das gilt für die Presse in England, Italien und Frankreich bis heute, erscheinen anderswo ungeachtet ihrer individuellen Qualität immer noch, als seien sie gerade aus dem Schützengraben gesprungen.

Schöns Elf verlor das Finale gegen die Gastgeber mit 2:4 Toren nach Verlängerung. Den Ausschlag gab das »dritte Tor«, das berühmteste Tor der Fußballgeschichte. Der englische Stürmer Geoff Hurst hatte die Lederkugel aus der Drehung gegen die Querlatte geschmettert, der Ball prallte senkrecht zu Boden und Wolfgang Weber beförderte ihn per Kopfstoß ins Aus – und von da an stießen die Meinungen frontal aufeinander. Jeder deutsche Staatsbürger hätte vor jedem Richter der Welt einen Eid abgelegt, dass der Ball *vor* der Linie zu Boden kam. Jeder Engländer hätte das Gegenteil beschworen. Der Schweizer Schiedsrichter Gottfried Dienst entschied sich für die britische Variante.

Die Reaktion zu Hause über diese in der Tat äußerst zweifelhafte Entscheidung erinnerte in nichts mehr an das geifernde Gekläffe von 1958. Als Symbol für die faire Haltung der deutschen Verlierer muss seitdem das berühmte Foto von Kapitän Uwe Seeler herhalten, auf dem er mit hängendem Kopf, begleitet von einem englischen Bobby, vom Platz trottet – die kleine Fälschung besteht freilich darin, dass das Bild zur Halbzeitpause aufgenommen worden war. »Bild« textete die traurig-schöne Zeile: »Wir haben 2:2 verloren« und erwähnte nur am Rande, dass zwei der vier Gegentreffer irregulär gewesen seien. An den Stammtischen der Bundesrepublik wird das dritte Tor bis zum heutigen Tag unter dem Aspekt eines Diebstahls am deutschen Volksvermögen diskutiert, doch selbst wissenschaftliche Untersuchungen der Universität Oxford haben die Wahrheit nicht ans Licht befördert.

»Jede Zeit hat den Fußball, den sie verdient und der ihr zusteht«, hat der Sportjournalist Ulfert Schröder geschrieben. 1967 begann mit ersten Demonstrationen gegen die Notstandsgesetze und den Schahbesuch der studentische Protest in der Bundesrepublik. Nicht nur den universitären »Muff von tausend Jahren unter den Talaren« wollten die Revolutionäre hinwegfegen, sie forderten bald eine radikale Neuorientierung des politischen und sozialen Systems. Es kam zu erbitterten Straßenschlachten mit den Ordnungshütern. Nach Schröders These wurde in diesen Jahren auch der Fußball durchgelüftet. Borussia Mönchengladbach mit seinem rasanten Angriffsfußball ohne Rückversicherung wurde zum Synonym der gesellschaftlichen Neuorientierung, Regisseur Günter Netzer, der langhaarige »Rebell am Ball«, zum Idol der jungen Linken. »Die weiten Pässe Netzers atmeten den Geist der Utopie […] Netzers Pässe gingen weit in den freien Raum; sie waren das fußballerische Pendant zur Apo und deren Ausläufern, bis hin zu Willy Brandts ›Mehr Demokratie wagen‹«, schwärmte Helmut Böttiger in seiner Biografie des exzentrischen Gladbachers.

Gegenentwurf zu den Rheinländern war der FC Bayern München, eine Mannschaft von drei Superstars – Torwart Sepp Maier, Libero Franz Beckenbauer und Stürmer Gerd Müller, umgeben von einer Schar perfekt funktionierender Wasserträger –, die sich nach einer kurzen Phase des Sturm und Drang auf kalkulierten, ergebnisorientierten Zweckfußball besann. Der Klub von der Säbener Straße repräsentierte wie ein Abziehbild den Freistaat Bayern und die Staatspartei CSU, in deren Dunstkreis sich Vereinsführung und Spieler aufhielten. Franz Beckenbauer, der dies jedoch dementierte, wurde sogar nachgesagt, er habe Bundeskanzler Willy Brandt als »nationales Unglück« etikettiert.

Helmut Schöns Kunststück bestand darin, die unterschiedlichen Stile und Ideologien von Borussia Mönchengladbach und Bayern München zur Synthese zu bringen. Nie gelang ihm das besser als im April 1972, übrigens zwei Tage nachdem ein Misstrauensvotum von Oppositionsführer Reiner Barzel gegen Willy Brandt gescheitert war, als die Deutschen im Londoner Wembley-Stadion gegen die favorisierten Engländer mit 3:1 Toren siegten. Beckenbauers kühle Eleganz und Netzers wilde Intelligenz gingen eine einmalige Symbiose ein, die zu dem bis heute besten Spiel einer deutschen Nationalmannschaft führte. »Traumfußball aus dem Jahr 2000«, staunte das französische Sportblatt »L'Equipe«. »Die Welt rieb sich die Augen«, schreibt Helmut Böttiger, »und erkannte bei den Deutschen die Möglichkeit der Kunst, der Eleganz der Phantasie.« Endlich konnte auch die Linke den Fußball unter den Arm nehmen. Mit einem wie Netzer wollten sich selbst späte 68er identifizieren, die den Fußball als Ausfluss einer unmenschlichen Leistungsgesellschaft ignoriert hatten. Bis dahin hatten etwa die Hobbykicker Joschka Fischer und Daniel Cohn-Bendit ihrer Leidenschaft eher heimlich gefröhnt. Netzer aber stürmte mit wehendem Blondhaar bis an die Eckfahnen des deutschen Feuilletons. Berühmt wurde die Metapher des F.A.Z.-Kulturchefs Karl-Heinz Bohrer, der den brillanten Spielmacher »aus der Tiefe des Raumes« kommen sah. Bohrer: »Netzer hatte ›thrill‹. Thrill, das ist das Ereignis, das nicht erwartete Manöver, das ist die Verwandlung von Geometrie in Energie, die vor

Glück wahnsinnig machende Explosion im Strafraum, das ist die Vollstreckung schlechthin, der Anfang und das Ende. ›Thrill‹ ist Wembley.« Undenkbar, dass irgend jemand eine solche Hymne vorher auf Fritz Walter oder Helmut Haller und später auf Lothar Matthäus oder Thomas Häßler gesungen hätte.

In der Perfektion ruhte bereits der Verfall. Die deutsche Mannschaft wurde mit einer heute undenkbaren Überlegenheit Europameister. Doch diese Dominanz, frei von den sprichwörtlichen »deutschen Tugenden«, wurde uneingeschränkt honoriert. Erstmals in der deutschen Fußballgeschichte spielte eine Nationalmannschaft ästhetisch. Während die gesamte Republik stolz ihre kickenden Wunderkinder hätschelte, hatte Bundestrainer Schön den Fehler im System bereits geortet. »Ich wünschte mir in dieser Stunde«, bekannte er bedauernd, »diese Mannschaft und ihren Stil zu erhalten.« Er wusste, dass der Wunsch eine Illusion war.

Am 16. Mai 1974 löste Helmut Schmidt seinen sozialdemokratischen Parteifreund Willy Brandt als Kanzler ab. Die Utopie der Gedanken, die Lust an der Reform wurden eingetauscht gegen den Pragmatismus von »Machern«. Auch im deutschen Fußball kehrte eine neue Nüchternheit ein. Am 7. Juli dieses Jahres besiegte eine deutsche Mannschaft hochqualifizierter Fußballtechnokraten, ohne den konditionsschwachen Günter Netzer, das bedingslos stürmende niederländische Oranje-Team um ihren Star, die fliegende Nummer 14, Johan Cruyff, im Münchner Weltmeisterschafts-Endspiel 2:1. Der zweite WM-Triumph war eingerahmt von zwei Skandalen innerhalb der deutschen Delegation. In beiden Fällen setzte sich die junge, selbst- und marktbewusste Spielergeneration gegen die starre, überalterte Funktionärsfront durch. Der erste Eklat ereignete sich zu Anfang des Turniers, als die Spieler unter Führung von Beckenbauer und Paul Breitner mit den Offiziellen erbittert um die Prämie feilschten. Die Kicker forderten unter Verweis auf die Millioneneinnahmen des Deutschen Fußball-Bundes 100 000 Mark für den Titel. Der DFB wollte lediglich 30 000 zahlen. Verhandlungsführer des Verbandes war Hans Deckert aus Schweinfurt, ein Poltergeist, dem der Wandel vom

Nazi-PG zum Demokraten keinerlei Mühe bereitet hatte. Angesichts der unnachgiebigen Haltung seiner Verhandlungspartner verlor der an duckmäuserische Spieler gewohnte Altfunktionär die Fassung: »Das ist Erpressung, schändlich für deutsche Sportsmänner. Ich habe geglaubt, ich wäre unter sauberen jungen Männern«, brüllte er Beckenbauer an. Führende DFB-Leute wie Deckert, schrieb Beckenbauer in seiner Autobiografie »Einer wie ich«, seien »als Amateure fehl am Platz, wenn es zum Beispiel darum geht, mit ausgekochten, erfahrenen Profispielern unter einem Dach zu leben oder gar mit ihnen finanzielle Dinge auszuhandeln«. Im Verlauf der Gespräche verhärteten sich die Fronten zwischen den Vertretern der überkommenen Fußballseligkeit und den kurzbehosten Managern in eigener Sache. Helmut Schön (»Wir sind doch eine große Familie«) einerseits und Paul Breitner andererseits drohten sogar mit Abreise. Die Spieler, offensichtlich zum Äußersten entschlossen, gewannen die Machtprobe, man einigte sich schließlich auf 70 000 Mark – eine empfindliche Niederlage der alten Herren.

Die Beckenbauers, Breitners und Hoeneß' bildeten die erste Fußballergeneration, für die das patriotische Pathos der Funktionärskaste nur rhetorischer Mummenschanz war. Paul Breitner murmelte auf die Frage, was er beim Abspielen der Nationalhymne empfinde: »Gar nix.« Und dem Linkaußen Bernd Hölzenbein erschien eine Deutsche Meisterschaft mit seinem Klub Eintracht Frankfurt attraktiver als der Gewinn der Weltmeisterschaft. Mit einer kleinen Einschränkung: »Als Mitglied der Weltmeistermannschaft kann man mehr Geld verdienen.«

Als Kapitän Beckenbauer den Cup entgegennahm, saß die gesamte Führungsriege der bundesdeutschen Politik auf der Ehrentribüne. Bundespräsident Walter Scheel, Kanzler Schmidt, Außenminister Hans-Dietrich Genscher und natürlich auch der CSU-Vorsitzende Franz-Josef Strauß. Ebenso unterkühlt wie die Fangemeinde nahmen die Volksvertreter den Titelgewinn als pure Selbstverständlichkeit hin. Deutschland benötigte in jenen Jahren keinen Fußballtriumph, um zu sich selbst zu finden, die Industrienation gehörte zu den Lokomotiven der Weltökonomie. Dass der

Fußball längst zu einem lukrativen Wirtschaftszweig geworden war, bewies diese WM hinlänglich. Mit bis dahin unbekanntem Werbetamtam war sie eingeläutet worden, von Plakatsäulen und T-Shirts grinsten die Köpfe der Nationalspieler, man sah sie in Fernsehspots und hörte sie von einer Schallplatte, in der die alte Fußballkameraderie ein letztes Hurra sang. Anders als die Olympischen Spiele zwei Jahre zuvor war die WM kein überschwängliches Straßenfest, sondern eine mäßig begeisternde Stehparty. Dazu trugen freilich die Überwachungsmaßnahmen viel bei, die aus Angst vor einem erneuten terroristischen Anschlag ergriffen wurden. Deutschland war in jenen Tagen ein Hochsicherheitstrakt und die Stimmung der Menschen gedämpft.

Nach dem Endspiel kam es zum zweiten Showdown zwischen der reaktionären Funktionärskamarilla und denen, die sie als Befehlsempfänger erachteten, zum finalen Machtkampf der selbstgefälligen Betonköpfe, die ihr Funktionärshandwerk in nazistischen Sportorganisationen oder bei der Wehrmacht erlernt hatten, und der ersten Generation junger Deutscher, die in demokratischen Strukturen aufgewachsen war. Bei der Siegesfeier im Münchner »Hilton« hatte zunächst DFB-Mann Hermann Joch den triumph- und champagnerbeschwipsten Torhüter Maier zusammengestaucht, weil der den bayerischen Ministerpräsidenten Alfons Goppel in Champagnerlaune mit den Worten »Servus, Alfons« begrüßt hatte. Beim Bankett verwies man die Gattin des Mittefeldspielers Uli Hoeneß des Saales mit der Bemerkung, hier sein kein Platz für Spielerfrauen. Hoeneß' Hinweis auf andere anwesende Damen konterte Deckert: »Das sind die Damen der Offiziellen, das ist etwas anderes. Hier herrscht noch Zucht und Ordnung.« Geschlossen und unter Protest verzogen sich die Kicker in umliegende Diskotheken, die Verbandsautokraten feierten sich selbst.

An diesem Abend zerfiel die Mannschaft, als hätte sie nie existiert. Als Profis hatten sie ihre Aufgabe erledigt, nun holte jeder seinen Profit ab und wandte sich neuen Geschäftsfeldern zu. Der schmucklose WM-Sieg hatte die letzte Illusion verblasen, dass der Erfolg im

Fußball durch eine verschworene Gemeinschaft von elf verschwitzten Freunden zu erreichen sei. Die Sieger von München verstanden sich als professionell arbeitende Einzelunternehmer mit der Vorgabe, in möglichst kurzer Zeit möglichst viel Geld auf die Seite zu schaffen. Die meisten von ihnen verfolgten dieses Ziel auf legale Weise, also durch häufiges Gewinnen, weil dies hübsche Siegprämien bringt. Einige aber wurden Opfer der eigenen Gier und verloren gegen Bares auch schon mal eine Partie. Dieses Geschäftsgebaren ging als »Bundesligaskandal« in die Fußballgeschichte ein und markiert den Anfang der ungehemmten Begehrlichkeit im Business. Im Zuge der Ermittlungen wurden auch Nationalspieler wie Libuda, Fischer, Rüssmann, Patzke und Fichtel von der Verbandsjustiz wegen Bestechlichkeit bestraft und mit Berufsverbot für teilweise mehr als zwei Jahre belegt. Ordentliche Gerichte legten nach und verurteilten meineidige Spieler zu hohen Geldstrafen.

Die Mär von den guten alten Fußballzeiten hielt nur noch der schwindende Rest der betagten DFB-Herren auf weinseligen Kameradschaftsabenden aufrecht. Sie kämpften die letzten Gefechte um Einfluss und den Fortbestand ihrer Vorstellungen, die weit in der Vergangenheit angesiedelt waren. In der Person des Verbandspräsidenten Hermann Neuberger fanden sie noch einmal einen Interessensvertreter. Neuberger strich 1978 die seinerzeit besten deutschen Spieler, Franz Beckenbauer (Cosmos New York), Paul Breitner und Uli Stielike (beide Real Madrid), aus dem Kreis der Kandidaten für das WM-Turnier, denn sie verdienten ihr Geld im Ausland, ein Verhalten, das in Funktionärskreisen weiterhin als schmählich und undeutsch galt. Keine Bedenken allerdings plagten den DFB-Präsiden hinsichtlich der in aller Welt erbittert diskutierte Tatsache, dass die WM in Argentinien stattfand, wo eine Militärjunta unter dem faschistischen General Videla eine Diktatur des Schreckens ausübte. Der Militärputsch in Argentinien, schwadronierte Neuberger, sei doch wohl »eine Sache des ganzen Volkes gewesen«. Anschließend trieb er seinen Zynismus auf die Spitze, als er einen Besuch des bekennenden Altnazis Hans-Ulrich Rudel im Trainingsquartier der Nationalmannschaft ehrfürchtig gestattete, während er dem als Journalisten auftretenden Günter Netzer den Zutritt untersagte. Selbst in den gläubigsten deutschen Fußballgemeinden wurde das vorzeitige Ausscheiden der Mannschaft um den deutschmicheligen Kapitän Berti Vogts als Erlösung empfunden.

Der anschließende Rücktritt von Schön und Vogts markierte eine weitere Zäsur im deutschen Fußball. Die erste Nachkriegsgeneration war jene gewesen, die ihre Hände immer noch an der Sporthosennaht gehabt hatte, folgsame Jungs, die sich mit Feuereifer für Deutschland ins Kampfgetümmel stürzten. Ende der sechziger Jahre kam die Zeit der Egoisten, die ihre Spielkunst unter dem Beifallsgemurmel des Publikums geschmeidig versilberten. Nun aber trat die Riege der dreisten Abzocker und kalten Minimalisten auf, Motto: viel Geld für wenig Leistung.

Ihr Meisterstück lieferte die unverschämte Jungschar während der Weltmeisterschaft 1982 im Gruppenspiel gegen Österreich. Um das Weiterkommen beider Teams zu garantieren, reichte ein 1:0-Sieg der Deutschen. Nach elf Minuten war der Stand erreicht, 1:0 für die Deutschen – danach verständigte man sich auf einen Nichtangriffspakt. Nichts passierte mehr, fast 80 Minuten lang kein Schuss aufs Tor, keins von beiden. Es war eine schmähliche Farce. Auf den Tribünen tobten die Zuschauer, die algerischen, deren Mannschaft so um das Weiterkommen betrogen wurde, wedelten mit Geldscheinen: ein gekauftes Spiel. Der Fernsehreporter Eberhard Stanjek stellt empört seine Reportage ein, in der Nacht flogen Tomaten gegen das Hotel der deutschen Mannschaft, anderntags schlug Spaniens öffentliche Meinung zu: »Lumpen oder Idioten?«, hieß es in einer Zeitung. Und »El Commercio« aus dem Tatort Gijon druckte den Spielbericht unter den Polizeimeldungen ab: »26 deutschsprachige Bürger aus der Bundesrepublik und Österreich haben angeblich Betrug von zwölf Millionen Peseten an 40 000 Zuschauern begangen.« Als Verdächtige genannt wurden die beiden Trainer Schmidt (Österreich) und Derwall sowie sämtliche teilnehmenden Spieler. Die Rechtfertigungen der Deutschen waren von schlichter Einfalt. »Ich weiß nicht, was die wollen«, maulte Torhüter »Toni« Schumacher, »schließlich ging es heute um viel Geld.« Der bräsige Derwall, der sich Journalisten gerne mit den Worten »Prost, ich bin der Jupp« vorstellte, meinte treuherzig, beide Mannschaften wären »doof und dumm gewesen«, hätten sie die Erwartung des Publikums auf ein richtiges Fußballspiel erfüllt. Und Kapitän Breitner ging gar unverfroren zum Angriff gegen die Betrogenen über: »Das Publikum hat überhaupt nicht kapiert, um was es hier ging: nämlich um das Weiterkommen.«

Betreten wandte sich das Volk von seiner Nationalelf ab. Doch die Fußballrepublik hatte noch Schlimmeres auszuhalten, weil ihre Vertreter nicht aufhörten zu siegen. Im Halbfinale bezwangen Breitner und seine Crew von Berufszynikern die formidablen Franzosen um den ideensprühenden Spielmacher Michel Platini. Technisch hatten Breitner & Co. den europäischen Nachbarn nichts entgegenzusetzen – außer Härte und Durchhaltewillen. Doch weil das nicht ausreichte, trat Torwart Schumacher dem französischen Feldspieler Patrick Battiston bei einer Attacke die Zähne aus dem Gesicht. Battiston blieb minutenlang liegen und wurde mit einem angebrochenen Halswirbel ins Krankenhaus eingeliefert. Schumacher reagierte, wie es der Geist dieser Mannschaft befahl: »Unter Profis gibt es kein Mitgefühl. Sagt ihm, ich bezahl ihm die Jacketkronen.«

Dass die »Könige des Betrugs« (»El Correro Catalan«) unter diesen Umständen im Elfmeterschießen die Oberhand behielten, beruhigte nicht einmal die Gemüter in der Heimat. Erstmals schämte sich Deutschland seiner kickenden Repräsentanten und nahm den gesammelten Zorn des Auslands widerspruchslos hin. Vor allem Schumacher diente, nicht zu Unrecht, als Symbol des wiederauferstanden, hässlichen Deutschen: »Dieser Schwachsinnige«, formulierte »Le Quotidien de Paris«, »echte Würde kann man nicht mit Deutscher Mark kaufen. Was glaubst du eigentlich, wer du bist! Spiel ruhig dein Finale. Gewinn ruhig, wenn du kannst. Uns ist das scheißegal.«

Glücklicherweise verloren die Deutschen gegen die Italiener und auf der Ehrentribüne sah sich Bundeskanzler Helmut Schmidt an der Seite des italienischen Staatspräsidenten Sandro Pertini der Peinlichkeit enthoben, den weltweit verhassten Grobmotorikern auch noch zum Triumph gratulieren zu müssen. Während der Fußballfan seine Meinung abgab, indem er den Zuschauerschnitt der Bundesliga drastisch senkte und den Besuch von Länderspielen spürbar einschränkte, sah Bundestrainer Derwall keinen Anlass, die Dinge in Ruhe zu überdenken. Warum auch, ihm traten geistige Mitstreiter zur Seite, die wider besseres Wissen an neuen Dolchstoßlegenden bastelten. Der CDU-Politiker Kurt Biedenkopf glaubte die Ursache für den Rumpelfußball in einer gefährlichen gesellschaftlichen Entwicklung erkannt zu haben: »Die sozialistische Politik hat unsere Leistungsträger entmutigt.«

Tatsächlich atmete das Gestöpsel auf dem Rasen bereits den restaurativen Wendegeist, der bald im Lande wehte. Im Oktober 1982 löste die Regierung Kohl-Genscher die sozialliberale Koalition ab. Bundestagspräsident Richard Stücklen (CSU) wies in einem Buchbeitrag (»Kopf-Ball«, Breitner, Schröder) auf die Analogie von Regierungsgeschäften und Fußballtaktik hin: »Die Regierung etwa liebt die zeitverzögernden Dribblings im Mittelfeld. Spielverzögerungen durch Finten, Störungen bei der Ballannahme, Auflaufenlassen und Schüsse ins Aus sind dabei keine Seltenheit.«

Kanzler Kohl erkannte den Nutzen des Fußballs als Herrschaftsinstrument wie kein anderer deutscher Politiker. Was sich am besten daran erkennen lässt, dass er genau dies weit von sich wies. »Aus Fußball ein Politikum zu machen halte ich für ziemlich abwegig.« Der einstige Mittelläufer von Phönix Ludwigshafen benahm sich während seiner 16-jährigen Amtszeit wie der glühendste Fan der Nationalmannschaft und der DFB ließ sich gerne vor den Karren der schwarzen Politik spannen. »Eine Geste, die mich richtig glücklich machte«, nannte Derwall die Kohl-Visite im Mannschaftsquartier vor der Europameisterschaft 1984. Der per Hubschrauber eingeflogene Besucher erklärte seinen Wählern ungeniert Sinn und Zweck der Kanzleraktion. »Es ist wichtig, dass man ein bisschen Solidarität erweist und mal für etwas demonstriert. Bei uns demonstrieren sie doch so oft gegen was, da kann man doch für die eigene Nationalmannschaft demonstrieren.«

Das Aussitzerduo Kohl-Derwall erhielt bei diesem Turnier in Frankreich einen gehörigen Dämpfer, das Nationalteam schied bereits im Viertelfinale gegen Spanien aus (hinreißende Sieger wurden übrigens endlich die Gastgeber), überschüttet von beißender Häme. »Dieses wilde Tier, das der deutsche Fußball ist, verdiente an diesem Abend im eigenen Urin ertränkt zu werden [...] Nein, das deutsche Monster hat zu lange überlebt«, wütetet die linke Tageszeitung »Liberation«. Die Nationalmannschaft hatte ihren historischen Tiefststand erreicht, die Brücke zwischen Spielern und Anhängern war eingestürzt.

Da half nur eine konzertierte Aktion. Derwall wurde aus dem Amt gejagt und flugs präsentierte »Bild« den Retter in Person des abgedankten Genius Beckenbauer. »Franz: Ich bin bereit«, titelten die Schlagzeilenmacher und dem hauseigenen Kolumnisten des Hamburger Massenblattes blieb nur die Flucht nach vorn. Beckenbauer behalf sich zunächst mit den Erziehungsmethoden der Fünfziger. Statt in feudalen First-class-Hotels wurden die Kicker nun in kargen Doppelzimmern von Sportschulen kaserniert, aufmüpfige Stars wurden aus den Länderspiellisten gestrichen. »Das frustrierende Ball-Hinundhergeschiebe von Profis, die 400 000-Mark-Verträge in der Tasche haben, ein Cartier-Kettchen am Hals, die Sonnenbrille im Seidenhemdausschnitt und den Porsche auf dem Stadionparkplatz, das alles muss ein Ende haben«, knurrte der neue Teamchef. Anschließend befahl er seinen Schülern, bei der Nationalhymne laut und für jeden Fernsehzuschauer von den Lippen ablesbar mitzusingen, ein Zwölfer auf der Zielscheibe des neuen patriotischen Zeitgeists. Seine früheren Redaktionskollegen von »Bild« lieferten in alter Treue den journalistischen Flankenschutz und das Volk fiel vor seinem »Kaiser« begeistert auf die Knie.

Nichts wurde unter Beckenbauer zunächst besser – außer der Stimmung im Volk. Der Teamchef profitierte lediglich davon, dass die Deutschen ihr Mittelmaß nicht akzeptieren wollten und die

Ergebnishuberei zum Nationalsport machten. Dass Derwall mit 43 Siegen in 65 Spielen der erfolgreichste Resultatjäger unter allen Bundestrainern gewesen war, wurde vergessen. Beckenbauer predigte den Brachialfußball mit deutschen Tugenden und verschanzte sich vorerst hinter seiner »Bunkermentalität«. Nun wurden wieder starke Verteidigungslinien gezogen, bei der Weltmeisterschaft 1986 ruinierte sich die Nationalmannschaft mit einem Riesenaufgebot an Kloppern wieder einmal den Ruf. Jakobs, Augenthaler, Förster, Briegel, Eder, im Verein meistens als Vorstopper destruktiv tätig, sorgten für die spielerischen Elemente. Als die Deutschen bis ins Finale gewalzt waren, wurde die stärkste offensive Mittelfeldkraft, Lothar Matthäus, zur kompromisslosen Bewachung des argentinischen Ballgenies Maradona abkommandiert. Am Ende hatten sie zwar hochverdient verloren, aber nach guter Teutonenart ihren »inneren Schweinehund besiegt«, wie der Teamchef lobend erwähnte. Und zwar so nachhaltig, dass oben auf der Ehrentribüne der Kanzler in Begeisterung ausbrach. Diese Mannschaft habe »schon etwas von dem Nationalcharakter unseres Volkes wiedergegeben«, sagte er. Vermutlich eher weniger gemeint hat Kohl damit Beckenbauer, der die tristen mexikanischen Tage mit beinahe täglichen Ausfällen belebte. Internationales Aufsehen erregte aber nur der Vorfall mit dem Journalisten Miguel Hirsch, einem Mexikaner jüdischer Abstammung, der den fröhlichen Bordellbesuch einer Gruppe deutscher Spieler publik gemacht hatte. In dem Moment, da der entspannende Exkurs seinen Ausfluss auch in der heimischen Presse fand, drohten einige Gattinnen unverzüglich mit Ehestreik. Die Republik war erschüttert. Als Beckenbauer vom ZDF-Reporter Dieter Kuerten mit der Frage konfrontiert wurde, ob er sich mit diesem Hirsch denn schon auseinander gesetzt habe, deutete der Teamchef mit beiden Hände einen Würgegriff an und knurrte ins öffentlich-rechtliche Mikrofon: »Dann wäre er jetzt schon tot.« Es waren halt schwierige Zeiten für die fußballverliebten Deutschen.

Viel Freude hatte auch der zum Finale eingeflogene Bundeskanzler nicht. Dass sein imperiales Gehabe den Gastgebern gehörig auf die Nerven ging, konnte er noch verschmerzen. Aber das

1:3 seiner Staatsbürger in kurzen Hosen? Das war nun wahrlich keine Wahlempfehlung. Doch Kohl versuchte, das Beste aus der misslichen Lage zu machen. Auf der Ehrentribüne des Aztekenstadions von Mexico-City nahm er das Defilee der zertrümmerten Vorstopperriege ab, er herzte und knuddelte, umarmte und begrapschte, knetete hängende Schultern, küsste blasse Wangen und keinem der ermatteten Fußball-Kameraden gelang es, dem gewaltigen Radius der empfangsbereiten Arme des Regierungschefs zu entweichen. So hemmungslos aufdringlich hat man noch selten einen Fan erlebt, und als endlich Franz Beckenbauer zur Gratulation anstand, zog Kohl den Teamchef so mittig in den Fokus der TV-Kamera, dass die Leute daheim auf ihren Sofas ja auch die traute Innigkeit der beiden Männer mitbekamen. »Ganz Deutschland«, versichert Kohl dem Bayern, »ist stolz auf euch.« Mit den kryptischen Worten »der Ball ist rund und hat für die Argentinier gereicht«, beendete Kohl seinen großen Auftritt im Aztekenstadion.

Welcher Synergieeffekt durch den Fußball zu erzielen ist, musste Kohl niemand erklären. Das hat der Bauchmensch instinktiv erfasst. Das Millionenpublikum vor den heimischen TV-Apparaten verschaffte ihm die Bühne, seine Fußballauftritte waren immer Wahlkampf, wo schließlich hätte er den Deutschen besser zeigen können, dass er einer von ihnen ist, einer mit der gleichen kleinen Sorge um das Bestehen der fußballernden Elite? Und deshalb versäumte er bis zum Ende seiner vierten Regierungsperiode kein Turnier mehr.

1990 zum römischen Finale gegen Maradonas Argentinier reiste der Kanzler mit der halben Ministerriege – Waigel, Schäuble, Hausmann, Klein, Seiters – und einer ausgesuchten Hundertschaft Jugendlicher aus der DDR an. Den hierarchischen Vorsitz nahm Bundespräsidenten Richard von Weizsäcker ein. Als erster, noch vor dem DFB-Delegationsleiter Egidius Braun, brach Kohl in die Kabine der Sieger ein und ergriff das Wort. Der Kanzler, der aus gegebenem Anlass die Reise zum Weltwirtschaftsgipfel in Houston ein wenig verschoben hatte, sang, wie stets bei derartigen Anlässen, das hohe Lied »von Kameradschaft, Freundschaft und Gemeinschaft«, das Auditorium dankte mir heruntergerollten Stutzen nach alter Fußballväter Sitte mit einem »Zicke-zacke, Zicke-zacke«. Ganz Deutschland schwebte auf der Wolke der Wiedervereinigung und der Triumph der römischen Nacht war der Personalausweis des neuen, starken Deutschlands. Es war, wie der italienische Außenminister de Michelis bemerkte, eben »das Jahr der Deutschen«.

Auch das Parlament kannte keine Parteien mehr, sondern nur noch Deutsche. Die Grünen-Abgeordnete Antje Vollmer redete sich schon vor dem Turnier in Begeisterung: »Wer den deutschen Fußballern in diesen Tagen zuschaut, der verliert – wie auch ich – irgendwie die Angst vor den Deutschen. Sie spielen nämlich nicht nur gut und erfolgreich; sie spielen auch irgendwie schön und irgendwie richtig emanzipatorisch.« Irgendwie war das nicht ganz falsch.

In der Republik, die wenige Monate vor der Wiedervereinigung stand, fiel der Jubel weniger euphorisch aus als 36 Jahre zuvor nach dem Wunder von Bern. Die Staatsbürger der niedergehenden DDR, aus der noch kein Spieler in Rom mitmachen durfte, konnten den Triumph nicht als eigene Leistung sehen und im Westen sah man ihn als logische Konsequenz der Stärke eines zusammengewachsenen Deutschlands. In den erwarteten gesamtdeutschen Nationalrausch fiel also nur Teamchef Franz Beckenbauer. Nach getaner Arbeit, als seine Spieler bereits die 36 Zentimeter lange, acht Kilo schwere Trophäe aus 18-karätigem Gold in den Armen wiegten, sprach er ein großes Wort gelassen aus. »Wenn jetzt noch die Spieler aus der DDR dazukommen, sind wir auf Jahre unschlagbar. Das tut mir Leid für den Rest der Welt.«

Mit dieser hochnäsigen Deutschland-über-alles-Prophetie legte der Kaiser seinem designierten Nachfolger Berti Vogts ein Kuckucksei ins Nest, auf dem der heftig zu brüten hatte. Gut, dass er in seinem Männerfreund Helmut Kohl einen Helfer fand. Den Kanzler hatte sich der bekennende CDU-Wähler Vogts schon vor Dienstbeginn zum Vorbild gewählt. »Kohl hat doch auch keiner

Führungsqualitäten zugetraut«, quengelte er, und der Kanzler habe schließlich auch allen gezeigt, was ein Meister in Deutschland werden kann.

Das war Berti Vogts ganz gewiss nicht. Mit seinem Team von smarten, egozentrischen Yuppies um den eitlen Ferrari-Fahrer Lothar Matthäus erlitt Vogts bei der WM 1994 Schiffbruch gegen die Bulgaren, die ihre Siege in nächtelangen Gelagen zu feiern pflegten. Das ständige Wiederholen des Tugendkanons – Kameradschaft, Diszipin, also die Summe deutscher Tugenden – erreichte die Ohren der Einzelunternehmer in Sachen Fußball längst nicht mehr. Dirk Schümer schrieb seinerzeit in der F.A.Z.: »Man kann derart sozialisierte Großverdiener nicht wie japanische Büroameisen moralisch aufrüsten, indem man sie die Firmenhymne singen lässt, kollektive Gymnastik vorschreibt und ihnen hinter dem Stammhaus des Unternehmens ein Grab reserviert.« Als das Volksorgan »Bild« ein Faksimile mit Kündigungsgesuch »Herr Vogts, unterschreiben Sie hier« druckte, war Berti beleidigt. »Ich wollte die Sache hinschmeißen«, erzählte er später.

Im Urlaub in Florida aber erreichte ihn die Durchhalteparole der nationalen Feuerwehr. Nicht etwa Egidius Braun, der DFB-Präsident, sondern Kohl rief mehrere Male an, und schließlich gelang es dem Kanzler, den deprimierten Bundestrainer umzustimmen: »Herr Vogts, halten Sie durch.« Vogts (»das werde ich Helmut Kohl nie vergessen«) hielt durch und wurde zwei Jahre später mit den Moralapostelpredigten von anno dunnemals Europameister. Und endlich, endlich konnten die Männerfreunde einander in die Arme fallen. Das Bild des schmächtigen Vogts an der Brust des mächtigen Kanzlers war wie für die Ewigkeit gemalt. Wieder eilte Kohl gleich nach der Siegerehrung durch Queen Elisabeth II. schnurstracks in die Kabine. Dort empfing ihn ein gänzlich anderer Männerchor als noch 1990, jetzt grölten die Kicker »Helmut, senk den Steuersatz«, und gaben somit den Blick frei auf das persönliche Primat der Geldvermehrung. Obwohl das nichts mehr mit »Deutschland einig Vaterland« zu tun hatte, empfand Kohl das Röhren in den Katakomben des Wembley-Stadions von

London als »wunderbaren Gesang«. Pfiffig nutzte der Regierungschef den Fahrtwind des sportlichen Triumphes zu einem gewagten Vorstoß in die innenpolitischen Debatte, die sich gerade um die Lohnfortzahlung im Krankheitsfall drehte. Die von einer beinahe schicksalhaften Kette von Verletzungen – von der Wadenprellung zur ausgekugelten Schulter, von der Muskelzerrung bis zum Kreuzbandriss – dezimierte Auswahl lobte der Kanzkler ausdrücklich als nationale Vorbilder. Sie seien nach jedem Rückschlag aufgestanden, während »bei uns zu Hause manche sich schon wegen eines Schnupfens krank melden«. Den Aufschrei von Opposition und Gewerkschaften hatte Kohl einkalkuliert, die Mehrheit der Wahlberechtigten stimmte mit ihm überein: hier die Drückeberger, dort die modernen Siegfriede.

Der Spaß währte nicht lange. Die Ära Kohl trudelte aus und auch der deutsche Fußball trat mit den alten Rezepten einen ungeordneten Rückzug an. Wieder fand sich der Kanzler vor dem Weltmeisterschaftsturnier 1998 im Trainingslager in Nizza ein, Kohl und Vogts feierten sich ein letztes Mal gegenseitig. »Berti Vogts ist ein kluger, einsichtiger Mann – er verdient unser aller Vertrauen«, sagte der Regierungschef. Das klang, hätte er den eigenen Namen genannt, ein viertel Jahr vor der Bundestagswahl wie PR in eigener Sache. Doch Imagewerbung lag Kohl keineswegs im Sinn, »wegen dem«, diktierte er den Journalisten in die Blöcke, »bin ich nicht hier. Wenn das aber Ihre Meinung ist, dann schreiben Sie das«. Nationale Fußballsiege sind wie erfreuliche Konjunkturdaten, sie transportieren positive Signale: Uns geht's prima. Und umgekehrt. Der Schicksalsgemeinschaft Kohl-Vogts aber waren die Deutschen längst überdrüssig. Auslaufmodelle in Politik und Fußball.

SPD-Kandidat Gerhard Schröder hatte den besseren Riecher. Oder er verstand als ehemaliger Mittelstürmer von TuS Talle einfach mehr von der Sache und schlug eine eilends nachgeschobene Einladung des DFB aus. Bei Bertis Trümmertruppe war für ihn nichts zu holen. Für Vogts war mit dem 0:3 im Viertelfinale gegen Kroatien Schluss, selbst wenn er noch einige Monate weiterwurstelte. Auch sein Mentor Kohl schaffte es nur bis zum Herbst, als er bei der Wahl gegen Schröder ein Debakel erlitt.

Der neue Kanzler hatte auch bei der Europameisterschaft 2000 das rechte Gespür. Anders als sein Vorgänger mied er die Ehrentribüne, als der topgeföhnte Vogts-Nachfolger Erich Ribbeck einen Haufen ungezogener Fußball-Bubis in Rotterdam in den sportlichen Untergang führte. Während sich die Auswahl mit ihrer Rette-sich-wer-kann-Mentalität gegen eine portugiesische Ersatzmannschaft beim 0:3 bis auf die Knochen blamierte, beriet Schröder in Berlin über die Krankenkassenbeiträge für Arbeitslose und ersparte sich den traurigen Anblick einer Larifari-Mannschaft unter Führung des schwatzhaften Lothar Matthäus, der keines der deutschen Fußball-Grundgesetze – Zuverlässigkeit, Disziplin, Einsatzbereizschaft – mehr heilig war. Führungs- und konturlos blamierten sie sich und dümpelten der Talsohle der DFB-Historie entgegen, unter dem Hohngelächter der Welt. »Die Fußballnation Deutschland ist gestorben«, schrieb die niederländische Zeitung »Algemeen Dagblad«. Ein Mythos war endgültig zerbrochen, die Legende vom Deutschen, der zäh und mutig alle Widerstände überwindet – in den Fabrikhallen und Großraumbüros wie auf dem Rasen. »Fußball ist ein Spiel von 22 Mann«, pflegte der englische Nationalstürmer Gary Lineker zu sagen, »und am Schluss gewinnen immer die Deutschen.« Vorbei.

Vor dem Quartier der Deutschen, im grenznahen niederländischen Vaals, demonstrierten empörte Fans mit »Wir sind Deutsche und ihr nicht«-Sprechchören, während die Spießgesellen im schwarzweißen Trikot für 1400 Mark Bier orderten und bis in die frühen Morgenstunden den »Anton aus Tirol« bejohlten. »Bild«, die Zeitung zur Bündelung des Volkszorns, geißelte die fröhlichen Verlierer als »Nationalelf der Schande« und forderte auf der Titelseite den sofortigen Rücktritt der DFB-Präsiden Egidius Braun und Gerhard Mayer-Vorfelder. Nachdem Braun kurz darauf bei einem Kongress in Luxemburg die Delegierten des europäischen Verbandes in einer Rede noch einmal auf die deutschen WM-Interessen eingeschworen hatte, rächten sich Anstrengung und Aufregung der vergangenen Tage auf fatale Weise. Braun brach zusammen. Bis heute ist Braun gesundheitlich nicht wiederhergestellt.

In den Leserbriefspalten durften brave Bürger ihre maßlose Wut austoben, schließlich gaben die wüsten Beschimpfungen die Meinung der Redaktion wieder. »Als Maulheld fuhren sie zur EM, als sportliche Vaterlandsverräter kehrten sie heim«, hieß es in »Bild« und im gleichen Blatt lästerte ein anderer: »Woher soll der Stolz, für Deutschland zu spielen, herkommen, wenn diese ›Fruchtzwerge‹ nicht einmal in der Lage sind, unsere Hymne zu singen?« Dass beispielsweise der brave Kapitän Oliver Bierhoff seine Homepage schwarz-rot-gold grundiert hat, kam beim erbitterten Publikum nicht mehr als patriotisches Treuegelübde an, sondern als zynischer PR-Gag. Auch einige Spieler übten sich in der neuen Disziplin Selbstzerfleischung. Torhüter Oliver Kahn forderte stellvertretend für das Kollektiv der »EM-Versager«, jeder Einzelne müsse sich nun fragen, »was er Deutschland angetan« habe.

An den Stammtischen und in den Biergärten spielte die Nation verrückt, als hänge ihre Zukunft von ein paar Fußballergebnissen ab. Selbst Bundesinnenminister Otty Schily, zuständig für das Ressort Sport, schäumte wegen der »trostlosen Vorstellung« und bedauerte ironisch, keine gesetzliche Handhabe gegen solch erbärmliche Art Fußballspielerei zu besitzen.

Es war, als hätte sich die Geschichte von 1954 wiederholt – mit umgekehrten Vorzeichen. Was damals durch den Fußball gewonnen wurde, war diesmal durch den Fußball zerronnen. In derselben hysterischen Tonlage, in der 46 Jahre zuvor Helmut Rahns 3:2 als Urknall der nationalen Identitätsfindung bejubelt worden war, wurde nun über die Pleite der Ballack, Babbel und Scholl gejammert, als hätten die kickenden Mittzwanziger das Land im globalen Wettstreit in den Trümmerzustand der Nachkriegszeit zurückgeschossen.

Auch differenzierte Gemüter glaubten erkannt zu haben, dass in Rotterdam mehr verloren wurde als ein Fußballspiel: Ein Kulturgut war mit klobigen Füßen zertrampelt worden und die Nation, die ihre Fußballer ein halbes Jahrhundert als glänzende Diplomaten in kurzen Hosen geschätzt hatte, fühlte sich diskreditiert als Gesellschaft von dumpfbackigen Toren, denkfaul und bewegungsarm. Fast 20 Millionen Menschen an deutschen Fernsehgeräten fragten am Ende: Sind das wirklich wir? Und wenn ja, wer trägt die Schuld?

Auf den Feuilletonseiten der großen Blätter wurden Untergangsszenarien entworfen: Waren die Deutschen nicht ebenso wie im Fußball auch in anderen Bereichen am Ende, dort, wo Einfallsreichtum und Innovation gefordert sind? In der Computertechnologie beispielsweise, wo mit der Greencard ausgestattete indische Nothelfer die Defizite tumber deutscher Toren beheben sollten. Glichen die faulen, disziplinlosen »Rumpelfüßler« nicht dem Heer der Arbeitnehmer, die bei exzellenten Gehältern nur dem Feierabend entgegenträumten? Und so träge sich die Führungskräfte aus Wirtschaft und Politik auf dem erreichten Wohlstand ausruhten, lautete der allgemeine Verdacht, so bräsig hocke die schwarz-rot-goldene DFB-Funktionärselite ihr Debakel aus.

Etwa der Verbands-Vize Mayer-Vorfelder, der eilends beauftragt wurde, als Krisenmanager den ganzen Kehricht wegzufegen. »MV«, dessen Wirken als Delegationsleiter der deutschen EM-Gefolgschaft sich weitgehend auf unablässige Treuebekenntnisse zum unfähigen Teamchef Erich Ribbeck beschränkt hatte, stocherte schon hektisch im Verzeichnis des Traineradels, bevor das Debakel überhaupt seinen Gang genommen hatte. Als der Bus mit der gesamten Equipe gerade das Hotel »Valsbroek« zum abschließenden Gruppenspiel verlassen hatte, rollte eine schwere Limousine durch das Tor der Herberge. Reiner Calmund und Christoph Daum stiegen aus, Manager und Trainer des Bundesligisten Bayer Leverkusen. Während der Teamchef und seine desolaten Balltreter in Rotterdam um das letzte Fünkchen Hoffnung auf den Aufstieg ins Viertelfinale und damit um den kümmerlichen Rest ihrer Reputation kämpften, pokerte der trickreiche Schwabe bereits mit seinem Lieblingstrainer.

Ribbeck, dem »Badewannenkapitän« (F.A.Z.), riss man unmittelbar nach dem Sinken des Dampfers die Epauletten herunter, hektisch funkte die Kaste der Offiziellen ständige neue Rettungsparolen an die daheim gebliebene Basis. Amüsiert bis staunend vernahm die Nation das Ringelreihen klingender Namen: Otto Rehhagel, Jupp Heynckes, Ottmar Hitzfeld, Volker Finke, Jürgen Röber sowie, darf's auch ein bisschen international sein, Giovanni Trapattoni, Johan Cruyff oder Luis van Gaal. Christoph Daum hingegen verkündete im »kicker«, dem Fachblatt für Pfostenschüsse und Abseitsstellungen, dafür aber majestätisch in der dritten Person das Scheitern seiner Verhandlung um sofortige Freigabe bei Bayer 04: »Ich sage hier und jetzt: Christoph Daum steht für die Position des Bundestrainers nicht zur Verfügung, und damit verabschiede ich mich aus der Diskussion – und das endgültig.«

Die zeitliche Tiefe des Begriffs »endgültig« stellte Daum eineinhalb Wochen später unter Beweis. Es war Sonntag, der 2. Juli 2000, der Tag des EM-Finales in Rotterdam. Mit schwärender Ungeduld saß die Nation vor dem Fernseher, um Augenzeuge der Selbstheilung des deutschen Fußballs durch Handauflegung zu werden. Weil sich Headhunter Mayer-Vorfelder von der High Society der Übungsleiter lediglich gelangweilte Absagen eingehandelt hatte, versammelte sich die Creme der Branche mit geballtem Sachverstand zur finalen Findungskonferenz: die Münchner Uli Hoeneß und Karl-Heinz Rummenigge, die Leverkusener Reiner Calmund, Rudi Völler und Christoph Daum sowie vom DFB die Herren Mayer-Vorfelder, Mediendirektor Wolfgang Niersbach und Generalsekretär Horst R. Schmidt. Auch den Abgesandten der einflussreichsten Profiklubs, die in Anbetracht des europäischen Zusammenwachsens auf politischer und wirtschaftlicher Ebene immer wieder gerne das bevorstehende Ende der Nationalteams propagiert hatten, war die Dringlichkeit der Stunde nun bewusst geworden – der Misserfolg der DFB-Auswahl drohte die Geschäftsgrundlage der gesamten Unterhaltungsbranche zu gefährden. Eile allerdings war aus anderen Gründen geboten: Zum einen wollten die Herren das abendliche Endspiel zwischen Frankreich und Italien vor dem Bildschirm im eigenen Wohnzimmer nicht verpassen, zum anderen benötigte das derangierte Image des deutsche Fußballs dringend eine kosmetischen Korrektur – vier Tage vor der FIFA-Sitzung, in der die Entscheidung über den Ausrichter der WM 2006 getroffen wurde. Welch beklagenswertes Bild hätte ein Verband vor den Juroren abgegeben, der nicht einmal in der Lage ist, einen geeigneten Mann für die mit Millionen entlohnte Stelle als Vorturner der eigenen Querpasselite zu verpflichten?

Nägel kauend observierte das Volk die Bemühungen der Fußballintelligenzia vor dem Bildschirm – oder besser die Statements der Fernsehreporter, warum es gerade nichts zu sehen gab. Es handelte sich nämlich um eine geheime Sitzung an unbekanntem Ort. Und so kam es zu einer Weltpremiere, zur ersten Liveübertragung von heruntergelassenen Jalousien und in sich ruhenden Ginsterbüschen. Dazwischen sickerten jedoch erhellende Details durch: Um 11.05 Uhr landet die LH 929 am Flughafen Köln/Bonn, an Bord Hoeneß und Rummenigge. Um 11.45 Uhr werden die Bayern-Emissäre von DFB-Mann Niersbach in seinem Dienstwagen abgeholt. Eine knappe Stunde später, so erfuhr das atemlose Publikum, treffen sie in der Sebastianusstraße 2 in Frechen-Königsdorf ein, einem Villenviertel, in dem Erwin Himmelseher residiert, DFB-Intimus und Generalversicherer der großen internationalen Turniere. Um 13.54 Uhr fährt ein Mercedes der S-Klasse mit dem Kennzeichen LEV-RC 11 vor, exakt 49 Minuten nach Mayer-Vorfelder, aus den Sitzen schälen sich Calmund, Völler und Daum.

Die Herren tagen. Und tagen und tagen. Die für 15.30 Uhr angesetzte Pressekonferenz verstreicht, stattdessen wird im Hause Himmelseher das Mittagessen serviert: Schnitzel, Nieren und Zwiebelrostbraten. Als die Ratlosigkeit ihren Gipfel erreicht hat, lässt Hoeneß seine Augen durch den Raum schweifen. Sein Blick bleibt an der Pudelfrisur Völlers hängen: »Rudi, warum machst du es nicht?« Rudi fragt sich, warum eigentlich nicht, und nickt. Um 17.50 Uhr ruft Völler seine Ehefrau Sabrina an und bittet um das Einverständnis der Gattin. Doch Rudi Völler soll sich nur für zehn Monate als Lückenbüßer zur Verfügung stellen, erst danach, so hatte sich Leverkusens Manager Calmund ausbedungen, sei der allgemeine Wunschkandidat Daum frei für den Bundestrainerposten. Minuten später wird die Öffentlichkeit live über die berauschenden Ergebnisse der Unterhändler informiert. Von 18.12 bis 18.26 Uhr sendet die ARD die Pressekonferenz des Gremiums unter Vorsitz von Mayer-Vorfelder. 4,12 Millionen Zuschauer, kaum weniger als bei der staatstragenden Silvesteransprache des Kanzlers verfolgen das bizarre Theater auf der Mattscheibe mit.

Unverzüglich bekrittelt FIFA-Boss Sepp Blatter die Interimslösung als »Flickschusterei«. Kein beunruhigendes Signal, denn Blatter galt ohnehin nicht als Freund des deutschen Fußballs – aber als erster Helfer der südafrikanischen Bewerbung. In der Tat war die Entscheidung allein dem Zufall entsprungen. Die Alarmsirenen heulten weiter und ihr Schrillen wurde auch im Kanzleramt deutlich vernommen. Gerhard Schröder sorgte sich um die miese Stimmung im Lande. Und er sah, schon wieder wegen dieses Fußballs, ein neues Ungewitter mit weit zerstörerischerer Kraft am Horizont der Republik: das Scheitern der WM-Bewerbung. Denn die von der großen Mehrheit getragene Kampagne sollte wie ein Gesundheitsattest des nölend-kränkelnden Landes wirken. Eine Niederlage gegen die Hauptmitwerber Südafrika und England – das wäre ein GAU für die Deutschland AG gewesen. Und daraus resultierende emotionale Agonie ein Katastrophenszenario für den Kanzler des Aufbruchs und seine um Anerkennung ringende Regierung. Gerhard Schröder beschloss, anders als seine kickenden Landsleute während der deprimierenden EM-Tage, bis zum Schlusspfiff zu kämpfen. Der Kanzler machte die WM-Bewerbung zur Chefsache. Ein Glücksspiel? Jedenfalls eines mit diskret kalkulierbarem Risiko – und einem Joker, den das Schicksal derart zu umarmen pflegt, dass er immer sticht: Franz Beckenbauer.

Die Spielmacher I

Kaiserschmarrn gibt's überall: Franz Beckenbauer

Jeder kennt ihn, den Bonvivant des Fußballsports. Den Mann, der von Beruf Franz Beckenbauer ist. Ein manischer Erfolgsmensch, für den ein zweiter Platz der größte anzunehmende Unfall ist und den die vereinigte Wachstumswirtschaft schon für diese Haltung in Bronze gießt, von den Medien ganz zu schweigen. Doch was bleibt ihr übrig, der spektakelhungrigen Gesellschaft hier zu Lande – gibt es Alternativen? Was den Deutschen trotz ihres hohen Ansehens und einer Hauptrolle unter den Industriestaaten fehlt, ist Prominenz von internationaler Bedeutung. Deutsche Weltstars? Fehlanzeige! Keine Schauspieler von internationalem Rang, keine Rock- oder Popstars. Traurig aber wahr: Weltgeltung aus deutschen Landen besitzt nur die Wertarbeit. Lebloses Zeug wie die Limousine mit dem Stern, in der die Superstars aus England, Frankreich, Italien und den USA gern von einem Galadiner zum nächsten Bankett rollen. Aber sonst? Es gibt ja nicht mal mehr die Mark, auf die Land und Bewohner so stolz waren all die Jahre.

Aber es gibt noch den Sport, Fußball, Weltsport Nummer eins. Und der bringt es: Er gebar dem Land einen neuen Kaiser – ausgerechnet 1945. Man kann es als Zeichen sehen. Der Franz und der Ball, die größte deutsche Einheit, haben sich wirklich zu einem getreuen Abbild der Nachkriegsgeschichte entwickelt.

Im Münchner Scherbenviertel Giesing wuchs er auf, Sohn eines teilinvaliden Postobersekretärs. Damit er sich beim Kicken in den Hinterhöfen nicht immer die bloßen Füße verletzte, gewöhnte sich der kleine Franz diesen eleganten, leichtfüßigen Stil an. So stellt es Beckenbauer selbst dar. Sein sportlicher Aufstieg zur Ikone des Fußballs darf als vielfach besungen und bekannt vorausgesetzt werden: Der Libero Beckenbauer, seine Erfolge mit Bayern, die Flucht zu Cosmos und das letzte Hurra beim HSV, all das ist heute Allgemeinwissen. Vieles, sehr vieles ist gesagt und geschrieben worden über den bekanntesten lebenden Deutschen. Er ist ein Objekt der nationalen Massenverehrung, die Boulevardmedien sind die Oberministranten im Personenkult. Trotzdem fällt die Suche nach Beckenbauers Profil nicht leicht. Nicht mal nach irgendeinem Profil.

Das hat selbst Beckenbauer nicht gefunden. Obwohl er sich bevorzugt mit der eigenen Person beschäftigt und auch allerhand publiziert hat zu dem Thema. Doch schon das Erstlingswerk »Einer wie ich« zerhäckselte Walter Jens hingebungsvoll auf den »F.A.Z.«-Literaturseiten: »Klatsch in gefühlvoller Prosa. Beckenbauer, der Reiche und Reine, der Parzival im Kapitalismus, Die königliche Hoheit, die um wahre Werte weiß – um Wissenschaft, um Literatur, von Valentin bis Pasternak, vom Hamlet bis zum Wallenstein.« Die kaiserliche Autobiografie sei »das idealtypisch herauspräparierte Porträt eines Konformisten«. Kritiken wie diese hat Beckenbauer nie vergessen. Sie haben ihn immer getroffen. Treffen sie den Kern?

Der Kaiser – so heißt er, seit ihn ein Fotograf neben der Büste des Kaisers Franz Joseph ablichtete – lebt sein Leben mit unangestrengter Repräsentationskunst. Millionen gucken zu und bewundern alles, was er sagt und tut und lässt. Immerhin verkörperte er das Ideal eines Volks, das sich seit einem halben Jahrhundert im Spiel der Fußballnationalmannschaft selbst zu überhöhen versucht. Ein Volk, das so leicht und unbändig sein will, wie einst der deutsche Libero durch Gegners Reihen tanzte. Einer wie der Fernsehmoderator Günther Jauch, der nicht zum hemmunglosen Zweig der Berufsjubler unter den Medienschaffenden gehört, findet: »Beckenbauer hat für das Image der Deutschen im Ausland mehr geleistet als 50 Jahre Diplomatie und zehn Goethe-Institute zusammen.« Hat er das?

Die Frage führt direkt hinein ins Beckenbauer-Syndrom. Richtig undeutsch an diesem Mann war stets die Eleganz, mit der er das Spiel der Spiele spielte; wie er die Lederkugel stoppte und schlenzte. Dazu der Charme, das unverbindliche Geplauder, es ist nichts Gezwungenes in seinem Wesen. Diesen Menschen scheint nicht der geringste Druck zu belasten. Aber: Ein untypischer Vorzeigedeutscher? Eher das Gegenteil. »Vielleicht bin ich obrigkeitshörig«, hat er mal über sich selbst reflektiert, »ich hatte ja meinem Vater auch nie wiedersprochen, bin immer Konflikten aus dem Weg gegangen.«

Der Vater, der die Kickerei gering schätzte und das Vorurteil pflegte, Fußball sei ein Sport für den Pöbel, diese einschüchternde Figur hat den Lausbub früh in eine stille Opposition getrieben und in die Arme der gütigen Mutter. Als er mit sechzehn sein erstes Geld bei der Allianz-Versicherung verdiente, rechnete der Franz triumphierend aus, dass er nun »ein Viertel so reich wie der Vater« sei. Männlichkeit bemisst sich an Wirtschaftskraft, die Prämisse der fünfziger Jahre. Schon vom Großvater hatte sich der Knirps die erste Prämie seines Lebens zahlen lassen: 50 Pfennig pro Tor, in den fünfziger Jahren ein hübsches Geld. Der Opa hat es bald bleiben lassen. Für Beckenbauer aber, von klein auf unter Rechtfertigungszwang gegenüber der autoritären Vaterfigur, war das Fußballspiel fortan ein wirtschaftliches Instrument und ein Team eine berufliche Interessensgemeinschaft. Diesen – *seinen* – Fußball salonfähig zu machen, neues Publikum zu mobilisieren wurde Beckenbauers Antrieb. Sein Beruf sollte etwas Besseres sein, auch wenn er nicht mit Krawatte, sondern in kurzen Hosen ausgeübt wurde. Und so rekrutierte sich die neue Fangemeinde aus den so genannten besseren Kreisen, Beckenbauer lockte die Münchner Society ins Stadion. Außerhalb Bayerns aber wurde er zum Feindbild für viele, ein Pfau und arroganter Schnösel, der gnadenlos ausgepfiffen wurde. Während Günter Netzer aus der Tiefe des Raums in die Feuilletons der seriösen Zeitungen stürmte, empfahl sich Beckenbauer früh als Mann des Boulevards.

Den federleichten Franz als Deutschlands besten Nuntius in der Welt zu verklären entspricht dem Wunschdenken der nationalen PR-Maschine. Um ihn herum ist etwas entstanden, das es nicht wirklich gibt: Eine öffentliche Aura, destilliert aus Klatschgeschichten – das Charisma eines Kaisers. Eine Schimäre, geschaffen und behütet von der mächtigsten Koalition im Lande, natürlich optimal vermarktbar.

Beckenbauer ist sich selbst nicht geheuer. Tatsächlich hat er über die Fußballerfolge einen solchen gesellschaftlichen Stellenwert erlangt, dass er auf die Frage, wie er die eigene Wichtigkeit einschätzt, schon zur letzten Antwort greifen muss. »Ich brauche«, sagt er in solchen profunden Momenten, »nur nachts an den sternenklaren Himmel zu schauen, ich schau mir unser Sonnensystem an, die Erde ist mit der kleinste Planet, von diesem Sonnensystem gibt's noch Milliarden andere. Und da fragen Sie, wie wichtig ich bin?«

Bei Heimspielen des FC Bayern zoomt die Kamera gerne voyeuristisch in die Ehrenloge des Münchner Stadions. Dort erlebt man den Vereinschef in unbeobachteten Momenten. Wie er zürnt, tobt, schimpft, die Fäuste ballt. Oft wirkt es unverhältnismäßig, manchmal grotesk: Das perfekt Outfit des Weltmannes in der Ehrenloge, dazu die Fratze des Stehplatzpöbels. Auch ohne Originalton kriegt man in solchen Momenten jede Menge mit von der Kälte – manchmal Brutalität –, die Beckenbauer dem Fußball entgegenbringen kann. Nicht das belanglose Geplapper, mit dem er sich gern durch Interviews schummelt, sondern die Gnadenlosigkeit, mit der er seine Angestellten niederzumachen pflegt nach missratenen Spielen. In ätzendem Hohn ist dann die Rede von Profis mit viereckigen Füßen, Blinden und Volltrotteln, Flöten- und Klavierspielern, von Lachsäcken und der Uwe-Seeler-Traditionself, die mit diesen Rumpelfüßlern locker fertig würde. Und wenn ihn die Debatte ums Münchner Olympiastadion nervt? Dann, zischt der letzte deutsche Kaiser, »wird sich doch hoffentlich ein Terrorist finden, der es wegsprengt«. Franz Gnadenlos? Eher wohl, dass Beckenbauers Weltbild nicht weniger schlicht gestrickt ist als das esoterische Puzzlespiel, mit dem er zuweilen eine Gedankentiefe antäuscht, die unter den Fußball gehen soll. Ein Mittelfeldgeplänkel aus Laotse, Konfuzius und Wiedergeburt, das Klatschreporter regelmäßig in Ehrfurcht versetzt. Richtiger ist wohl, was er in einer schwachen Stunde selbst gebeichtet hat: Dass beim Fußball »elf kleine Mörder« in ihm wüten. Im Stadion schleudert Beckenbauer seine Tiraden aufs Personal hinab, und wenn sein kalter

Zorn richtig funkelt, fallen im Beiprogramm Szenen einer denkwürdigen Beziehung auf. Die Art, wie er der Frau an seiner Seite den Rücken zukehrt, wie er Tore enthemmt mit den Männerfreunden in der Ehrenloge bejubelt, während Gattin Sybille zaghaft in die Hände klatscht, oder wie er kurz vor Spielende aufspringt und – ohne Blick für die Frau, ohne sich einmal umzudrehen – aus dem Stadion stürmt, weit und unerreichbar vor ihr. Machismo pur, das könnte ein südamerikanischer Großgrundbesitzer sein.

Freilich ist es nicht opportun, in Beckenbauers Nähe kritisch zu werden. Kaum einer traut sich, offen über ihn zu reden. Es gibt zu wenige in seiner Umgebung, die ihn wirklich kennen. Dazu gehört ja, Ehrfurcht und Befangenheit abzulegen, und das erfordert einen unerschrockenen, kritischen Geist. »Ich habe Robert Schwan, ich habe meine Frau«, sagt der Kaiser selbst. »Das sind die Einzigen, die mir schonungslos ihre Meinung sagen.« So bleibt es bei Andeutungen, wenn die Rede vom wahren Beckenbauer ist und die heikle Frage berührt, ob seine Bedeutung auf etwas anderem fußt als auf dem fußballerischen Genius. In seinen kleinbürgerlich ausfallenden Momenten zeigt sich, warum Beckenbauer nie die Intellektuellen fasziniert hat. Er ist keine Herausforderung, bietet keine Reibungspunkte. Der Mann, der andere öffentlich gern mit ätzenden Bemerkungen angreift, zugleich aber größten Respekt, ja, Angst davor hat, selbst zur Zielscheibe ironischer Betrachtungen zu werden. Presseorgane, die sich aus spöttischer Distanz mit dem Fußballheros befassen, trifft rasch und umfassend der geballte kaiserliche Zorn – die sind dann »alles Zynistiker«. Freilich verfolgt er weiter jeden Artikel von den verhassten Federn.

Das deutsche Kaisermärchen beurteilt der Berliner Philosoph und Sportwissenschaftler Gunter Gebauer als überspanntes Medien- und Werbekonstrukt. Um Beckenbauer sei »ein absurdes Theater aufgebaut worden«, der Gipfelpunkt noch gar nicht abzusehen: »Diese Wahrnehmungsstörungen um ihn herum, die zum Beispiel den Eindruck enstehen ließen, Beckenbauer habe tatsächlich die WM 2006 ins Land geholt – unfassbar. Solche Bewerbungen sind hochpolitische Angelegenheiten, das wissen wir spätestens seit der Bewerbung Berlins um die Sommerspiele 2000. Da arbeiten Regierungen samt ihren Botschaften dran. Es wäre blauäugig zu glauben, da geht es nur um Fußball. Es geht es um Wirtschaft, um die Wahrung internationaler Einflusssphären, um die Aufteilung von Macht. Es ist absurd, nun zu glauben, da reist ein Franz Beckenbauer mit dem Golfschläger durch die Welt und zieht mal rasch eine Fußballweltmeisterschaft an Land. Solche Vorstellungen hatte man im 19. Jahrhundert von den Botschaftern – die fahren irgendwohin, und schon hört der Krieg auf.«

Das Phänomen Beckenbauer löst sich für Gebauer in dessen verfilztem Beziehungsgeflecht auf: »Er ist mit jedem im Bunde, der Macht besitzt. Mit Stoiber, Schröder, Kirch. So einer kann gar nicht stürzen. Er hat ja keine echten Feinde und wird niemandem wirklich gefährlich.« Da liegt Desinteresse, das leise Verzweifeln der Geisteswelt am letzten deutschen Kaiser auf der Hand: Es gibt keine Höhe, keine Tiefe, keine Kanten. Alles ist Luft. »Er hat eine Rundheit wie der Ball.«

Beckenbauer hat dabei nie abgehoben. Was so leicht gar nicht ist: Als Heiliger der Unterhaltungsindustrie mit einem weltweit hohen Bekanntheitsgrad sind schon andere durchgeknallt. Beckenbauer hat's lieber bodenständig: Ärmel rauf, Krawatte weg, bei Rotwein und Zigarre im Kitzbüheler Stanglwirt. Und wenn er sich zwischendurch öffentlich als profunder Grübler übt und hofft, in einem künftigen Leben ein Kind auszutragen, na gut, dann bringen die Medien auch das. »Früherer Teamchef plant Comeback als Frau«, teilte die »F.A.Z.« dazu mit.

Beckenbauer hat die Philosophen gern auf dem Nachtschränkchen liegen. Im richtigen Leben inspirieren ihn Manager wie Robert Schwan, Lobbyisten wie Fedor Radmann oder die Unternehmer und Berater, die ständig seinen Weg kreuzen. Der Mann, dem jeder einen Gebrauchtwagen abkaufen würde, ist zur Allzweckwaffe der Gewerbetreibenden geworden. Einer für alle Fälle. Es ist ja nicht das anonyme, gesichtlose Gesamtgebilde Marktwirtschaft, das ihn so bestrickt, es sind diese gescheiten, furchtbar wichtigen Herren im Nadelstreif mit tadellos sitzenden Krawatten. Maßanzüge der Macht, die den Exfußballer vielleicht nicht nur für seine Ausstrahlung schätzen, sondern auch für seine Verführbarkeit. Er ist der pflegeleichte Superstar. Man muss ihn nicht überzeugen, mit Argumenten eindecken, es gibt keine ehernen Prinzipien zu durchbrechen. Die Werbefigur Beckenbauer ist ein professioneller Arbeiter: Pünktlich, engagiert, ambivalent bis zur Wurschtigkeit. Die nächste Firma, derselbe Herr.

Auf die Geschäftswelt läßt der nette Kaiser so wenig kommen wie auf seinen Lordsiegelbewahrer Schwan. Der Mann, der Beckenbauer schon in jungen Jahren den Doppelpass mit der Wirtschaftswelt beibrachte, kehrte nach jahrzehntelanger Absenz vom Vereinsgeschäft aus den Kletterwänden der Alpen sogar selbst noch einmal ins Bundesligageschäft zurück und lenkte für Bertelsmann-Ableger Ufa die Geschicke beim Bundesligisten Hertha BSC. Eine Arbeit, die der Uropa aller deutschen Fußballmanager nebenher betrieb, so wie damals in den sechziger Jahren, als er noch Tomaten und Sellerie auf dem Münchner Viktualienmarkt verkaufte. Schwan ist mit seinem Klienten alt und immer reicher geworden, wohnt nur ein paar Häuser weg von den Beckenbauers. Er hat den Libero des FC Bayern zur nationalen Werbemarke gemacht. Allerdings zu einer, die mit dem Zeitgeist der Straße geht. Jederzeit, mit jedem beliebigen Zeitgeist, wer immer sich das leisten kann. Ob Bier, Betonröhren, Bonbons, Benzin, Flügelschrauben, Tee oder Schokolade oder Fertigtüren – Schwan war nie wählerisch.

Deshalb hat der Manager, kein gelernter Marketingfachmann, nie mit den Begriffen Exklusivität und Originalität operiert. Er hat auch nie versucht, über eine Verknappung des Werbeguts Beckenbauer, diesen als weltweite Premium-Marke zu positionieren. Dabei könnte Beckenbauer diese optimal verkörpern. In der Modewelt, im weiten Feld der Luxusaccessoires. Aber Schwan hat gern flott bei jedem unterschrieben, dessen Angebot stimmte.

Beckenbauer nennt Schwan »Ruach«, das ist die tirolerische Umschreibung für Menschen, die dem Geld und dessen Erwerb stark zugetan sind. Man kann es auch geizig nennen, oder geldgeil. Geld war das Erste, was der 19-jährige Beckenbauer 1964 vom neuen Bayern-Manager Schwan mitbekam, als dieser eines Tages beim Bayern-Training vorgestellt wurde. »Ab heute gibt es Prämien für Punkte«, verkündete Schwan. Vor Freude haben Franz und Kameraden die Bälle in die Luft geschossen. Und gleich den Siegeszug in die Bundesliga angetreten, wo der Jungnationalspieler rasch die Führung in der Geldrangliste übernahm. Schwan bewegte den DFB-Ligaausschuss sogar zu einer Sondermaßnahme für das aufstrebende Genie Beckenbauer: Ausnahmsweise wurde dem FC Bayern die Aufstockung des Spielergehalts auf 1400 Mark brutto erlaubt. Zudem wurde auch damals schon ein bisschen was nebenbei bezahlt. Und als Beckenbauer der erste Werbevertrag vorlag, der ihm 1000 Mark jährlich für das Anpreisen einer Frisiercreme bot, da ließ er ihn auf Schwans Geheiß kräftig nachbessern. Wenig später hat der junge Franz im Fernsehen Päckchensuppe von Knorr gelöffelt und schließlich eine Schallplatte besungen, na ja, aber sie birgt noch heute ein Stück Lebensplanung: »Gute Freunde kann niemand trennen.«

Geld blieb der Motor der Beziehung von Beckenbauer und Schwan. 1965, als Beckenbauer vor seinem ersten Länderspiel in Schweden den großen Fritz Walter treffen durfte, beäugte er das nationale Fußballidol bereits aus bemerkenswert kühler Distanz. Gefühle setzte das Zusammentreffen nicht frei, es keimte sogar Mitleid, zumindest Irritation über einen, der es trotz allen fußballerischen Ruhmes wirtschaftlich nicht geschafft hatte. Beckenbauer beschrieb das so: »Ich merkte, dass wir doch ziemlich verschiedene Charaktere sind. Vielleicht ähnelte unsere Spielweise, unsere Technik einander; aber er besaß noch etwas vom Mannschaftsgeist von 1954, er glaubte an Kameradschaft und Nationalehre. Für mich ist eine Fußballmannschaft eine Interessengemeinschaft. Titel sind dazu da, dass sie gewonnen werden. Das ist für mich nicht nur ein sportliches Ziel, sondern auch eine wirtschaftliche Notwendigkeit. Wenn ich Lehrling in einer Eisenhandlung bin, will ich eines Tages Meister werden. Ich glaube, Fritz Walter hat das immer etwas anders gemacht. Er war im Fußball ein Weltstar, aber ein Geschäftsmann war er wohl nie.« Ein frühes Credo. Es waren damals schon die Geschäftsmänner, die dem abgebrochenen Allianz-Kaufmann Beckenbauer mächtig imponierten, nicht die weltfremden Helden des Sports. Uwe Seeler, Schnellinger, Szymanik und Kameraden konnten den Novizen Beckenbauer nicht mal bei seinem Länderspieldebüt beeindrucken, als sie sich vor dem Spiel in der Kabine zum Schwur versammelten. Vielleicht gut, dass sie nicht wussten, was dem Youngster Beckenbauer da durch den Kopf ging, als sie sich alle die Hände drückten: »War ich nun im Stockholmer Rasunda-Stadion, oder befand ich mich im Theater? Sollte anschließend Fußball gespielt werden, meinetwegen für Deutschland und den Botschafter, für Uwe und für Schimmi, auch für Schön und Cramer, vor allem aber für mich, oder sollte ein Theaterstück aufgeführt werden?« Nur ein Jahr später, vor dem WM-Finale 1966 in London, klärte er den 22-jährigen Kollegen Wolfgang Overath über die Zukunft auf: »Wenn wir Weltmeister werden, dann kommen doch erst einmal die großen Zahltage.« Er habe seinen Schwan an der Hand, und »wenn das Turnier vorbei ist, machen wir vielleicht etwas zusammen. Er will ja mein Manager werden. Das kann nicht schaden. Er weiß besser, wie der Hase läuft.« Die Jahre und Turniere vergingen, das Thema blieb. 1974, WM-Trainingslager Malente: »Es war nicht viel, was wir an Gesprächsthemen hatte. Wir, 22 junge, durchtrainierte Männer, dachten mehr an Geld als an Frauen.«

Für seinen Geldbeschaffer Schwan hat er höchstes Lob. Es ist von Anfang an eine funktionale Beziehung; überhaupt fällt auf, dass Beckenbauers private Kontakte auch wie geschmiert als Berufsbeziehungen funktionieren. Etwa der Golfkamerad Radmann, mit dem er die WM-Geschäfte stemmt, oder der Münchner Sportchef der »Bild«-Zeitung, der sein Trauzeuge ist.

Es gab auch schwierige Zeiten im Leben der Lichtgestalt. Damals, als »Bild« noch Gegner war, die Ehekrise mit Brigitte und immer mehr angebliche Liebesaffären ans Licht zerrte und als auch noch beim Finanzamt München I ein Steuerstrafverfahren eröffnet wurde, das ihn am Ende rund eine Million kostete. Oder später, als ihr Schweizer Steuersparmodell aufflog, die gemeinsame Firma Rofa (aus Robert und Franz). Die Rofa Sport Management AG hatte der Schweizer Anwalt Hans Hess für Schwan und Beckenbauer gegründet, er war nach deren Verkauf Präsident der Tochtergesellschaft ISL Marketing AG, die die Aktivitäten der Rofa weltweit vermarktete. 1987 wurde gegen Hess, Regierungsrat im Schweizer Kanton Obwalden, der Beckenbauer in Steuerfragen vertreten hatte, von der kantonalen Steuerverwaltung eine Buße von rund 150 000 Mark verfügt. Die Berner Bundesbehörden warfen ihm vor, er habe einem »unbekannten Kunden« geholfen, 800 000 Franken Einkommensteuer zu hinterziehen. »Der Unbekannte«, berichtete damals die »Welt«, »ist aber kein anderer als der in München lebende Beckenbauer-Manager Robert Schwan.« Beckenbauer hat stets beteuert, die Anlagen seien ohne seine Kenntnis errichtet worden. Aber schon in den Gründerjahren, 1977, hatte die Schweizer Fremdenpolizei einen anderen Eindruck gewonnen. Nach deren Angaben hat Franz nach der Vertragsunterzeichnung bei Cosmos New York am 24. Mai in München »zusammen mit Schwan und einem Münchner Filmkaufmann eine vermögensbildende Gesellschaft gegründet«. Erst Finanzminister Otto Stich waren die extremen Sonderkonditionen im Steuersparkanton aufgefallen: Lokale Politiker hatten ihre Steuerstars, Beckenbauer und den Tennisspieler Guillermo Vilas, per Pauschalabkommen privilegiert. Insgesamt 22 Millionen Franken Ausfälle beklagte Stich für den Bund.

Die Rofa, also, wurde an einen Gönner, den Adidas-Chef Horst Dassler verkauft, der auf den Ruinen der Fiskal-Oase seine Sportmarketingagentur ISL aufbaute. Diese war bei der WM 1986 in Mexiko offizieller Vertragspartner der FIFA und blieb es bis zur letzten WM 1998 in Frankreich. Die Wirtschaftspresse berichtete: »Mutter der ISL ist die Finanzholding Rofa Sport Management AG aus Sarnen im schweizerischen Kanton Obwalden, die vom Weltfußballverband für 45 Millionen Franken sämtliche Rechte an der Stadionwerbung bei der Fußballweltmeisterschaft in Mexiko erwarb. Starthilfe für die Rofa gab der heutige Teamchef der bundesdeutschen Fußballnationalmannschaft, Franz Beckenbauer. Dann aber verkauften Beckenbauer, ein enger Freund der Familie Dassler, und sein Manager Robert Schwan laut ISL ihr ganzes Aktienpaket an eine Gruppe privater Investoren. Schwan erklärte an Eides statt, nie Gesellschafter der Rofa gewesen zu sein.« Hoppla.

In den achtziger Jahren war es erneut Schwan, der verhinderte, dass Beckenbauer den Weg eines jeden ehemaligen Fußballstars ging – den in die allmähliche Vergessenheit. Dabei hatte der Kaiser bereits über freudlose Anschlussberufe nachgedacht. Über ein Traineramt oder gar die Möglichkeit, als Schiedsrichter zu arbeiten – vorausgesetzt, der DFB würde diesen Job für Profis umgestalten. Dann hatte er sich, als »Bild«-Kolumnist und Dauergolfer, sukzessive von der Branche gelöst. Aber plötzlich sah Schwan die Chance, den teuren Klienten noch einmal groß rauszubringen: Die deutsche Nationalelf war kläglich bei der EM in Frankreich gescheitert, Bundestrainer Jupp Derwall stand unter Beschuss. Journalist Beckenbauer schickte in jenem Sommer 1984 seine Kolumne von Paris nach Hamburg, stieg ins Flugzeug, flog heim – und musste anderntags lesen, was Schwan über seinen Kopf hinweg mit Bild ausgeheckt hatte: »Franz: Bin bereit« stand in fetten Lettern auf der Titelseite. Beckenbauer glaubte, »mich trifft der Schlag«. Er überdachte sogar kurz das vereinbarte Prinzip, dass Bild in seinen Texten nach Belieben herumfuhrwerken durfte. Franz bietet sich selbst an – war das nicht peinlich? Wer Karriere machen will, darf nicht zimperlich sein. Beckenbauer flog zurück nach Paris und versöhnte sich mit DFB-Boss Neuberger, den er vier Jahre zuvor noch einen »Denunzianten und Pharisäer« geschimpft hatte. Dann hatte er den Job. Auch wenn er schon derart weit weg vom Fußball war, dass er erst einmal an den Kiosk gehen und den Kicker kaufen musste. »Da habe ich nachgelesen, was in der Bundesliga los ist, wer da überhaupt spielt. Ich hatte doch keine Ahnung mehr.«

Aber Fußball im Blut. Nach dem erfolgreichen Putsch seiner Verbündeten Schwan und Bild strebte Teamchef Beckenbauer mit wachsender Kompetenz und beachtlicher Arbeitswut neuen Grenzen entgegen. Damals outete er sich aber auch als Cheftheoretiker jenes deutschen Rumpelfußballs, den er heute, aus der Distanz des Connaisseurs und Sportpolitikers, vernichtend geißelt. Als DFB-Teamchef erklärte er die Kunst des Ballspiels für kontraproduktiv – sofern es deutsche Mannschaften betrifft. »Der Deutsche kann keinen brillanten Fußball spielen wie der Brasilianer oder der Franzose. Das ist ein Ausfluss seines Grundcharakters.«

So fließt er, der Deutsche. Schon in Teamchefzeiten hat Franz viel reflektiert über den Homo teutonicus im Allgemeinen – und das Resultat fix auf den Fußballer im Besonderen übertragen. »Der Deutsche«, hieß es dann etwa, »muss arbeiten, um erfolgreich zu sein, das ist wie im täglichen Leben, wie in der Politik.« Diesen deutschen Minimalismus hat er selbst verinnerlicht: »Wennst gewinnen willst, darfst nicht angreifen.«

Vielleicht war schon der Spieler Beckenbauer so. Das Leitbild für Ästhetik war seine persönliche Spielweise, weniger das Spiel, das er kreierte. Helmut Böttiger stellt das in seiner Günter-Netzer-Biografie »Manager und Rebell« geradezu rabiat dar: »So begabt Beckenbauer als Fußballspieler auch war: Er benutzte seine Fähigkeiten nur dazu, die Liberorolle freier zu gestalten. Er orientierte sich an den Sachzwängen, sein Spiel war von der Angst geprägt, sich zu vergessen, sich dem Rausch der Sinnlichkeit hinzugeben. Er lehnt alles Künstlerische ab, mit seinem Ruch des Abseitigen, des Fremden. Der deutsche Fußball, dem Beckenbauer im Verlauf der siebziger Jahre seinen Stempel aufgedrückt hat, hasst gemeinhin das Überfliegerische, er operiert mit gesundem Menschenverstand. Beckenbauer ist ein Symbol diese deutschen Elends.«

Die heimische Wirtschaft sah und sieht das anders. Das vermeintliche deutsche Elend ließ sich unter Teamchef Beckenbauer fortan immer besser vermarkten; der trieb seine Mannen mit steiler Stirnfalte zu neuen Erfolgen und Schwan zog munter Verträge an Land. Mit Sportartiklern und den nun stark ins Werbegeschäft drängenden Autofirmen. Der Goldrausch der Sportvermarktung hatte begonnen.

Aber erst in den neunziger Jahren rollte der Rubel richtig, da griff Schwan für Beckenbauer die neuen Medien ab. Gleich, ob Bertelsmanns RTL oder die konkurrierende Kirchgruppe, zum Zuge kam stets derjenige, der gerade am besten drin war im Geschäft mit Fußball und Champions League. Es ist die konsequente Fortsetzung jenes Vertrags, den Schwan und Beckenbauer zu Urzeiten mit der unvermeidlichen »Bild«-Zeitung abgeschlossen hatten. Denn »Bild« macht Image. »Bild« gehört dem Volk. Und so muss auch der Kaiser seinem Volk gehören.

Bis zum WM-Titelgewinn 1990 in Italien galt der Teamchef hauptsächlich als Deutschlands bestverdienender Golfspieler nach Bernhard Langer. Das ganz große Geld kam später, erst nach dem freudlosen Intermezzo als Trainer und Direktor bei Olympique Marseille.

Immer enthemmter nutzte Beckenbauer das Beziehungsgeflecht aus Werbetätigkeit, reger Medienpräsenz und ehrenamtlicher Vereinsarbeit – erst als Vizepräsident, seit 1994 als Klubchef. Beraten hat ihn weiterhin Schwan. Das vergisst er nicht, Schwan gegenüber ist Beckenbauer dankbar und treu. Seine erste Frau Brigitte, seine über alles geliebte Mutter Antonia und der Robert sind die Menschen, die ihm etwas beigebracht haben im Leben. Heute ahnt der Gefühlsmensch Franz wohl, dass ihm der schlaue, fast erblindete Achtzigjährige eher schadet als nutzt, wenn er weiter, nur immer weiter um jede verflixte Mark kämpft. Andererseits will er den greisen Strategen nicht seiner wichtigsten Impulse berauben. Aber der listige Radmann schickt sich schon an, in die Rolle des geschäftlichen Betreuers zu wachsen. Beckenbauer schart gern Leute um sich, die ihm, der schon als Spieler selten das Trikot befleckte, den Weg frei räumen wie einst Katsche Schwarzenbeck. Sie gehen ran, volle Pulle, schüchtern andere ein und geben ihm Sicherheit: dem ewigen Libero und freien Mann in allen Lebenslagen.

Dass Beckenbauer für das Fußballvolk der Größte ist, rechtfertigen seine Leistungen in diesem Sport. Aber die Werbewirtschaft und der bunte Teil der Medien haben daraus einen Unfehlbarkeitsmythos formuliert und ihn fix auf alle Lebensbereiche ausgedehnt. Da passte die Nummer mit der WM 2006 bestens ins Programm: Der Kaiser als Heilsbringer. Auch Beckenbauers publizistische Stoßtruppen laben sich weiter am Kaiserschmarrn. Dank der WM konnte ihr gemeinsamer Unterhaltsvertrag gleich um sechs Jahre verlängert werden.

Schon deshalb wird ihm jeder Aussetzer verziehen, die ständigen Meinungswechsel, für die ein anderer an den Pranger gestellt würde. Beckenbauer muss allgegenwärtig sein wie eine lebendige Boulevardzeitung, die reine Leere verkündend. Hauptsache, er sagt irgendwas. »Das Wichtigste sind die Hausaufgaben: Der deutsche Meistertitel!«, ruft er heute, morgen brummt er: »Was ist schon so eine Scheißmeisterschaft? Wir legen keinen Wert auf Titel.« So hat dem journalistischen Amokläufer Beckenbauer in punkto Fachkritik Günter Netzer längst den Rang abgelaufen. Seit der kommentiert, weiß der sportinteressierte Teil des Publikums, wie spannend und zuweilen logisch die Zusammenhänge im Fußball sein können. Von Beckenbauer kennt man derlei nicht. Netzer und sein ARD-Pendant Gerhard Delling haben den Grimme-Preis für ihre Analysen erhalten, den Oscar unter den deutschen Fernsehprädikaten. Das Duo Beckenbauer/Jauch, über die Jahre immer schwiemeliger daherplappernd, schafft es zu Würdigungen bei Harald Schmidt oder Stefan Raab.

Aber Beckenbauers Imagewerte werden davon nicht berührt. Geht es um ihn, jubelt die sonst kategorisch um propere Außenwirkung bemühte Großindustrie hemmungslos mit. Es stört sie nicht, dass Beckenbauer Deutschlands einzige Einmannholding ist, in der verschiedenste Profitcenter unkoordiniert und ressortübergreifend draufloswursteln: Er wirbt für Autos und Strom und Baumärkte und Pay-TV und Bücher und Telefone und »Jo is denn heut scho Weihnachten?«.

Für ihn immer. Mit gut einer Million im Monat verdient der Werbefranz ungefähr doppelt so viel wie sein unmittelbarer Verfolger auf der nationalen Fußball-Großverdienerskala. Der aber ist aktiver Profi, heißt Stefan Effenberg und führt mit acht Millionen Mark per annum die Gehaltstabelle beim FC Bayern und in der Bundesliga an. Auch diese Sonderstellung ist beispiellos. Man stelle sich vor, der alte Jack Nicklaus verdiente heute noch immer mehr als Tiger Woods, Jackie Stewart mehr als Michael Schumacher, Rod Laver mehr als Andre Agassi, Pele mehr als Ronaldo. Nur in Deutschland ist das so, in Beckenbauers »own country«. Die Wirtschaft muss sich mit der anarchischen Werbefigur arrangieren. Mehr noch, sie lädt ihn zu atemraubenden Dribblings quer durch ihre Produktpaletten ein. In flotter Folge durfte er für die Automarken Lancia, Audi, Mercedes, Mitsubishi und Opel trommeln – das kann sich nur Beckenbauer leisten. Während die Fußballstars des FC Bayern vertraglich gebunden sind, den teuren Klubsponsoren die Reverenz zu erweisen und nicht fremdzugehen, macht der Präsident fröhlich die Ausnahme. Und was er will: Klubchef Beckenbauer wirbt für E-Plus, zufällig direkter Konkurrent seines Vereinssponsors Viag mit der Marke Genion. Na und? Er tritt hier mit Claudia Schiffer auf; ein später Versuch, noch zur Premium-Marke zu werden. Die gemeinsame Telefonwerbung spielt auf Deutschlands erfolgreiche WM-Bewerber an, weshalb solche Folgegeschäfte durchaus dem diplomatischen WM-Dienst zuzuordnen sind.

Aber die Duldsamkeit der Werbebranche ist nicht endlos. Sogar dieses Gewerbe, das mit Pawlow'schen Reflexen auf Personenkult dressiert ist, kennt Grenzen der Geduld und der Vertragsfreiheit. Das erfuhr Multiwerber Franz im Herbst 2000, als er gleich zwei

Hauptsponsoren des FC Bayern verprellte. Der Vorgang erlaubt einen Einblick in des Kaisers flexible Werbephilosophie: Pfeif auf das Produkt, die Botschaft heißt sowieso nur Franz.

Es war nach einem Champions-League-Spiel im Herbst 2000. Um Mitternacht wurde das Münchner Olympiastadion für ein Kamerateam abgesperrt. Dann drehte der Präsident des FC Bayern, der sich mit seinem Meisterklub für viele Millionen als Werbeträger des Autoproduzenten Opel sowie des Energiekonzerns E-On (Viag) verdingt hat, munter einen neuen Reklamespot. Allerdings einen für E-Ons Konkurrenten Yello – und dazu präsentiert er sich – wenn schon, denn schon – mit einem Smart von Mercedes. Gefilmt wurde in dem Stadionrund, das sonst mit den Opel-Logos des Bayern-Sponsors zugepflastert ist. Natürlich modelte Beckenbauer dazu eigene Floskeln um, jene besondere Kaisermasche, die einen Stammplatz im Werbejargon hat. »Jo geht denn des so einfach?«, fragt er angesichts des tollen Stromangebots, und beschließt den Spot mit der nächsten Kopie seiner selbst: »Sparn mer mal.«

Der grobe Unsinn dieses Werbegeknatters gipfelte darin, dass Yello-Geschäftsführer Michael Zerr seinen Werbeträger für eine Tugend lobte, die der soeben völlig ad absurdum geführt hatte: Beckenbauer stehe »für Vertrauen und Glaubwürdigkeit«, deshalb habe man ihn in die neue Kampagne integriert. Dem Fachblatt »Werben und verkaufen« war das doch zu dick aufgetragen. Es recherchierte und fand prompt einen »Haken an Beckenbauers Glaubwürdigkeit: An seinem Wohnsitz in Kitzbühel kann der Kaiser keinen gelben Strom beziehen. In Österreich darf Yello noch keine Haushalte mit Strom versorgen.«

Bayern-Sponsor E-On aber stand gewaltig unter Strom. Der Energiekonzern beschwerte sich und überlegte, den Vertrag zu kündigen. Wobei in Vermarkterkreisen mit besonderer Süffisanz registriert wurde, dass den Viag-Kontakt Beckenbauers Berater Radmann pflegte, die Yello-Schiene Beckenbauers Berater Schwan. Auch der treue Hauptsponsor Opel ließ Verärgerung anklingen über den Seitenwechsel des Reklameträgers. »Natürlich waren wir nicht glücklich drüber«, sagte Sportpromotion-Chef

Dieter Meinhold. »Wir haben das auch beim Verein angesprochen. Es hätte mit Beckenbauer ja statt eines Smart ein Opel Corsa im Bild sein können.« Opel aber verzieh. Zumal eine interne Marktstudie ergeben hatte, dass sich der Werbewert des FC Bayern für den Konzern in einem dreistelligen Millionenbereich bewegt.

E-On indes war nicht so leicht zu beruhigen. Der FC Bayern musste dem Unternehmen eine Wiedergutmachung anbieten und die Energiemanager griffen beherzt zu: Erstmals wurde ein Werbespot mit zwei konkurrierenden deutschen Teams gedreht. So kam es, dass sich der FC Bayern und die Kicker von Borussia Dortmund an einem Sonntag im April für vier Stunden gemeinsam vor der Werbekamera tummelten. Dieser Termin barg ungeahnte Brisanz in sich: Es war ausgerechnet der Tag nach jener skandalösen Samstagabendschlacht im Westfalen-Stadion, als beim 1:1 der beiden Teams drei Spieler vom Platz geflogen waren. Im Sommer 2001, zu Beginn der neuen Saison, wurde der Spot ausgestrahlt – dass es eine Entschädigung ist für die kaiserlichen Alleingänge, sieht man ihm nicht an. Für das Publikum ist ohnehin belanglos, wen oder was Beckenbauer gerade bewirbt – letztlich ist es nur er selbst. Und so frisst sich die kaiserliche Shoppingtour durch alle Kanäle, in jeder Variation. Alles ist Blabla im kaiserlichen Werbesegment, selbst sein Telefonwerbespruch »Jo is denn heut scho Weihnachten?« kann exzessiv ausgereizt werden. Wie sinniert Beckenbauer im letzten Winterkatalog des Bertelsmann-Buchklubs, dem er seit drei Jahrzehnten die Treue hält? »Bald ist Weihnachten.« Er hält Günter Grass' »Mein Jahrhundert« in der Hand, als suche er zwischen den 420 Seiten ein Ventil zum Aufpumpen, lästerten die Feuilletonisten der Münchner »Abendzeitung«: »Hauptsache, die ›Kommunistenschüssel Olympiastadion‹ ist bald weggesprengt und Beckenbauer kann 2006 die WM im Münchner Beckenbauer-Stadion mit einer Lesung eröffnen.«

So wahllos wie bei den Werbepartnern ist der Kaiser bei der Auswahl seiner Medienpartner. Kirch, Springer, Bertelsmann – wichtig ist ihm nur, das Organ ist tüchtig auf Personenkult spezialisiert. Der Ertrag dieser Gegengeschäfte ist bekannt. Gebetsmühlenhaft geht die Rede vom goldenen Türöffner, magischen Handaufleger – und siehe, der Budenzauber wirkt: Kommt der Kaiser mal ohne Ticket zum Flughafen, fliegt er trotzdem mit. Das schafft sonst keiner im Land. Ein Segen, dass der Hobbyesoteriker nicht auf dumme Gedanken kommt und seine eigene Sekte gründet. Die neuen Franziskaner würden ihm folgen. Rudi Assauer, Manager des FC Schalke 04, fasste das Phänomen so zusammen: »Beckenbauer kann vierzehn Tage vor der Wahl eine Partei gründen und würde Kanzler werden.« Kabarettist Ottfried Fischer setzt eins drauf: »Er ist der Einzige, der es schaffen könnte, der PDS in Bayern ein Direktmandat zu verschaffen.«

Der Politik-Franz

Das Zentralgestirn der sportiven Unterhaltungsindustrie war auch ein Glücksfall für den FC Bayern, dem er in wechselnden Funktionen Titel bescherte. Zu Beginn seiner Präsidentschaft sah es so aus, als könne man den Kickerkonzern gleich in 1. FC Beckenbauer umtaufen. Landesvater Edmund Stoiber wollte sich 1994 unbedingt das Verdienst an die Brust heften, den wie immer zickigen Kaiser – »Nein, ich werde niemals Präsident!« – vom Gegenteil zu überzeugen. Stoiber, Chef des Bayern-Beirats, hatte sich zuvor bereits gerühmt, Beckenbauer auf die Trainerbank zurückgelockt zu haben. Im Windschatten der Fußballlegende mimt der CSU-Chef selbst gern den Obertrainer des Rekordmeisters. So, wie einst sein Ziehvater Franz-Josef Strauß mit dem Kaiser Schau lief. Zuletzt blitzte Stoibers Sachverstand in der Champions League 2001 auf, als er den brasilianischen Angreifern Giovane Elber und Paulo Sergio internationale Zweitklassigkeit attestierte. Dann sicherte Sergio das 1:0 der Bayern in Manchester, Elber das 1:0 in Madrid und hastig ruderte der Beiratschef zurück: »Meine Aussage bezog sich darauf, dass Spanien, England und Italien heute unbestritten attraktivere Konditionen bieten als die Bundesliga.«

Die CSU ist Beckenbauers erklärte politische Heimat. Spätestens seit 1978 stößt das auf Gegenliebe. Damals spielte Beckenbauer für Cosmos und der DFB sträubte sich, beim US-Verband seine Freigabe für die WM 1978 in Argentinien zu erwirken. Was die CSU-Abgeordneten Dionys Jobst und Richard Stücklen derart erboste, dass sie eine Anfrage in den Bundestag einbrachten: »Ist die Bundesregierung bereit, sich einzuschalten, dass der Rekord-Nationalspieler Franz Beckenbauer vom amerikanischen Fußballclub Cosmos für die deutsche Nationalmannschaft zu den Spielen bei der WM in Argentinien freigegeben wird, ohne dass dadurch die deutsch-amerikanische Freundschaft weiter Schaden nimmt?« Herr, wirf Hirn herunter. Ein Krieg gegen die USA konnte knapp vermieden werden. Der DFB nahm Beckenbauer nicht mit zur WM, zur großen Genugtuung von Präsident Hermann Neuberger (»Vergesst Beckenbauer!«), und die Nation lief nicht gerade Sturm dagegen. Warum geht der Kerl auch nach Amerika? Das Hamburger »Abendblatt« schrieb: »Auf den für Muskeln und Sehnen giftigen Kunstrasen Amerikas schleppt sich Beckenbauer dem Ende seiner Karriere entgegen. Über ihm ein Himmel, von dem es Dollars regnet.«

CSU-Spielmacher Stoiber setzt wie Schröder auf glamouröse Fußballhelden. Die sind in Deutschland ideale Multiplikatoren fürs Wahlvolk. Schon Helmut Kohl schaltete sich ungeniert in die Personalpolitik des DFB ein wie 1994, nach der Schlappe bei der WM in den USA, als er Vogts telefonisch zum Weitermachen bewegte. Nachfolger Schröder, ein Virtuose im Umgang mit der Fußballprominenz, hatte die wichtigste Nebensache sogar in seiner Regierungserklärung verankert. Und natürlich weiß auch der verkappte Kanzlerkandidat Stoiber, welche ungeheure Medienmacht vom Fußball ausgeht. Wenn er das Amt in Berlin anstrebt, dann braucht er den Volkssport. Und er braucht Kirch, den heimlichen Besitzer des deutschen Fußballs. Der steuert die Medien, auf die das Volk hört. Da trifft es sich ganz gut, dass Stoibers CSU wiederum die Bayerische Landesbank steuert, an deren Tropf Kirch hängt.

Es war, ist und bleibt also immer von Vorteil, einen Beckenbauer als Präsidenten zu haben. 1994 kostete es Stoiber wie jeden Mann der Macht geringen Aufwand: Er lud den Guru von Giesing zum Werbegespräch in die Staatskanzlei und machte ihm in der beeindruckenden Umgebung das neue Amt schmackhaft. Als das vollbracht war, sorgte Stoiber in gewohnter CSU-Strategie über stille Absprachen dafür, dass es bei der Hauptversammlung des Vereins ja keinen Gegenkandidaten gab.

Es begann die sportpolitische Ära des Kaisers. Aber diesmal dauerte es, bis er zu neuem Glanz fand, wenigstens zu gewissen Erfolgen. Der FC Bayern verwandelte sich zwar flugs in den FC Hollywood, die sportliche Abteilung aber blieb jahrelang auf dem Schleuderkurs, den sie schon unter dem Vizepräsidenten Beckenbauer gefahren hatte. Mit dem Starkolumnisten der Regenbogenpresse an der Spitze war kein konzeptionelles Arbeiten möglich, keine personelle Kontinuität. Das Programm hieß schlicht: Beckenbauer. Das Team des FC Bayern aber gewann erst wieder ein Gesicht und Identität, als Beckenbauer mit Beginn seiner WM-Botschaftertätigkeit das Feld an der Klubspitze de facto räumte und Karl-Heinz Rummenigge und Uli Hoeneß die Geschäfte übernahmen. Diese beiden waren es vor allem, die den Verein zum Champions-League-Gewinner machten.

Und zuvor, als sich der Kaiser reinkniete? Da wurden Trainer geheuert und gefeuert – erst der Novize Sören Lerby (»zu unerfahren«), dann der grau melierte Golfer Ribbeck (»Mein Freund Erich«), darauf Giovanni Trapattoni (»der beste Trainer der Welt«), dann Otto Rehhagel (»der beste Trainer Deutschlands«). Herausgesprungen ist in jener Zeit nur ein Meistertitel, 1994 unter dem Interimscoach Beckenbauer, sowie der Sieg im UEFA-Pokal 1996, gleichfalls unter: richtig, Beckenbauer. Danach war wieder Trapattoni dran, weil der plötzlich gut deutsch sprach. Tatsächlich bescherte er dem Land nun ein paar geflügelte Worte (»Struuunz!« – »Flasche leer!« – »Habe fertig!«). Zwar wurde das teure Ensemble endlich wieder Meister, aber das italienische Experiment musste erneut abgebrochen werden. Dann kokettierte der

Kaiser sogar mit Daum. Und erst 1998 wurde mit Ottmar Hitzfeld ein Trainer gefunden, der den Champions-League-Gewinn mit Borussia Dortmund bereits im Gepäck hatte und genug Souveränität besaß, um nicht kuschen zu müssen vorm Wilden Kaiser.

Beckenbauers vegetative Führungsstrategie beschäftigte allmählich die Experten. Heinz Goldmann, ein führender Berater für Unternehmenskommunikation und Menschenführung, analysierte in der »Welt am Sonntag« dessen Defizite. »Es verwundert die Art, wie Beckenbauer als Präsident den Verein führt. Besonders bedenklich ist, dass er die Mannschaft regelmäßig scharf und bisweilen beleidigend attackiert. In der freien Wirtschaft habe ich es noch nie erlebt, dass sich ein Vorstandsvorsitzender öffentlich negativ über sein Unternehmen äußert. Und die Doppelfunktion Vorstandschef und Fachkolumnist für TV und Zeitungen wäre undenkbar. Diese muss zwangsläufig zu geschäftsschädigenden Interessenskonflikten führen – die Medien erwarten pointierte und damit auch negative Äußerungen, wenn sie einen Experten wie Beckenbauer verpflichten.« Im Prinzip, meinte der Experte, müsse »bei der jetzigen Situation in München jeder Trainer scheitern. Einen Ausweg sehe ich nur, wenn sich Beckenbauer als Medienfigur zurücknimmt, zudem auf völlige Harmonie mit seinem Trainer setzt.«

Irgendwann begann die Chefrolle zu nerven. Beckenbauer war an die Grenzen der Unterhaltungsgesellschaft gestoßen, von der er prächtig lebt. Statt souverän die Themen und Probleme des Klubs zu moderieren, fing er an, das Amt zu karikieren. Ohne es zu merken. Mit ständig wechselnden Meinungen und dank der permanenten Kungelei mit »Bild« mutierte er zum Maulwurf in der eigenen Chefetage. Mal wurde der Trainer, dann wurden die Spieler attackiert, plötzlich wurden Transfers diskutiert, ehe sie abgeschlossen waren. Beckenbauers Vorstandskollegen, mussten sich jedes Mal den Mund fusselig dementieren. Das kann geschäftsschädigend sein – schließlich schraubt jede veröffentlichte Kaufabsicht sogleich den Preis der Wunschkandidaten hinauf. Der Kaiser wollte dann seine Medienpolitik ändern, kündigte an, dass er die wöchentliche »Bild«-Kolumne auf monatliche Erscheinung umstellen und sich bei Bayern-Spielen gar nicht mehr ins RTL-Studio setzen würde. Beides war nicht von Dauer.

Aber auch die Basis murrte. Nachdem er auf der Jahreshauptversammlung 1997 ein neues Stadion versprochen hatte, wurde er im Jahr darauf von den Mitgliedern ausgepfiffen – jetzt wollte er plötzlich wieder im Olympiastadion bleiben. Und er legte sich mit dem DFB an. Den Ligaausschuss taufte er öffentlich in »Lachsack« um und wies seinen Vizepräsidenten Fritz Scherer an, nicht mehr zu kandidieren für das schäbige Gremium. Wenig später hatte er sich's anders überlegt. Nun kandidierte er selbst für das Amt des DFB-Vizepräsidenten. Auch bei dieser Ernennung mischten sich erste Pfiffe in den artigen Applaus. Dabei vermochte Beckenbauer die Feierabendfunktionäre zu beruhigen, die befürchteten, dass er den Durchmarsch an die DFB-Spitze plane: »Ich kann mit Sicherheit ausschließen, eines Tages nicht DFB-Präsident zu werden.«

Beim FC Bayern war es vor allem Geschäftsräson, die die Troika Beckenbauer-Rummenigge-Hoeneß zusammenhielt. Aber auch hier rückten die Einschläge näher, als der wild gewordene Kaiser während einer spielerischen Baisse im März 1998 zu einem internen Rundumschlag ausholte. Ohne Profiverträge, attestierte Beckenbauer seinen Angestellten öffentlich, »würdet ihr unter den Isarbrücken pennen«. Wieder mussten Hoeneß und Rummenigge das Personal vor der nachschwappenden Medienhäme abschotten. »Seitdem«, sagt ein Bayern-Nationalspieler, »nehmen wir den nicht mehr ernst.« Erste Klimastörungen wurden auf der Chefetage vermerkt. Hartnäckig, immer lauter ging die Rede über zwei V-Leute, die in der Geschäftsstelle an der Säbener Straße sitzen und Beckenbauer angeblich live über jeden Schnitzer, jeden seltsamen Vorgang informierten – im Bedarfsfall auch mit zwanzig Telefonanrufen am Tag. Die Luft wurde dicker. Sah so aus, als hätte die Lichtgestalt die Zeit der größten Strahlkraft hinter sich. Das fand auch der »Spiegel«, der die Stimmungslage in dem facettenreichen Porträt eines neuen Trashkunstwerks namens »Firlefranz« auffing. Seitenlang wurde ein mediengesteuerter

Hofnarr vorgeführt, den keiner ernst nimmt und der sich rasant zum Sicherheitsrisiko für den Verein entwickelt. Tatsächlich ging es auch getreuen Untertanen auf den Wecker, wie sich der Kaiser in allen Spalten, auf allen Kanälen über die Runden quasselte, wie er den deutschen Fußball »an der Spitze« sah und zugleich »meilenweit von der Spitze entfernt«, und natürlich, »wenn wir nicht aufpassen, werden wir auf dem Niveau von Albanien wach«. Dass er sich vorm Spiel »ein frühes Tor« wünschte, um nachher zu beklagen, das Tor sei »zu früh« erzielt worden, gehörte dazu.

Franz in der Sackgasse. Das nagte. An ihm und am kaiserlichen Hofstaat, der fürstlich von den Brosamen lebte. »Ich mache den Job nicht gut«, klagte sich Beckenbauer selbst an, zum Ende der ersten Amtszeit als Vereinspräsident. »Das ist ein Fulltimejob, und ich habe keine Zeit.« Aber was tun? Heiliger Strohsack. Sollten die Schaufelräder der größten Onemanholding Europas stillstehen, das große Lebenswerk plötzlich austrudeln, einfach so über die Seitenauslinie? Schon drängte sich eine persönliche Gretchenfrage auf. Eine, die ihn schon einmal beschäftigt hatte, gegen Ende der aktiven Karriere: Was bleibt, neben Umsatzrekorden und prallvollen Trophäenschränken, am Ende übrig für seinen Sport, und vor allem für ihn?

Er sah sich um nach seinesgleichen. Was er fand, spornte an: Der Brasilianer Pele war Sportminister seines Landes geworden, der Franzose Michel Platini engagierte sich in der WM-Organisation 1998, andere wie der Italiener Gianni Rivera waren Parlamentsabgeordnete. Auch er musste weg von den kurzen Hosen, vom Bolzplatz und dem Schweißgeruch der Umkleidekabinen. Tempi passati! Ging er nicht längst sowieso aus und ein in Ministerien, Staatskanzleien und Opernhäusern? Hatte er nicht schon einmal die ganze Nation auf Kurs gebracht mit seinem politischen Grundbekenntnis? 1985, als vor dem ersten WM-Qualifikationsspiel unter seiner Regie als DFB-Teamchef im Kölner Stadion die Nationalhymne erklang, erlebten 25 Millionen Zuschauer vor dem Bildschirm und 60 000 auf den Rängen eine vaterländische Renaissance: Alle elf Spieler sangen das Deutschlandlied. Das gab's noch nie. Zuvor waren die Profis mit schwarzrotgoldenen Jacken aufs Feld gelaufen und Toni Schumacher hatte gar schwarzrotgoldene Torwarthandschuhe übergestreift. »Es gibt überhaupt keinen Grund, dass wir nationale Gefühle oder Symbole verbergen«, erklärte Beckenbauer damals den patriotischen Energieschub und die Vergangenheit für beendet: »Ich selbst zähle zur ersten Nachkriegsgeneration, da hatten wir schon manche Schuldgefühle. Aber die Nationalspieler von heute haben mit den alten Geschichten wirklich nichts mehr am Hut.« Endlich ist da einer, der die Dinge beim Namen nennt. Am liebsten wäre ihm gewesen, wenn hinfort stets der Operntenor Peter Hofmann die Hymne vorm Anpfiff gesungen hätte. Ihm – der einst als DFB-Kapitän den Herberger-Schwur in der Kabine abschaffte.

Der Ruch des Stammtischpolitikers klebt an ihm. »Wer sich gegen unsere WM-Bewerbung ausspricht, ist ein Feind von Deutschland«, hatte er schon im März 1997 verkündet – stramm im Geiste seines Kombattanten Radmann, dem nachgesagt wird, rechts von ihm sei nur noch die Wand. Bei anderer Gelegenheit verhöhnte er einen osteuropäischen Klub als »Dombrowski oder wie der Kas da heißt«. Immerhin: 1995 erhob der Kaiser auch seine Stimme gegen das Vorhaben des DFB, an Hitlers Geburtstag, und just im Berliner Olympiastadion, ein Länderspiel gegen England auszutragen. In diesem Wust aus Heimatsentimentalität und historischem Flachpassspiel war der neue Kurs rasch geortet: Es ging Richtung Politik.

Hier führte er, erstmals in seiner Karriere, sogar selbst den Anstoß aus. Beckenbauer war es, der 1997 die Frage aufwarf, ob Deutschland einen Sportminister brauche. Und er beantwortete sie gleich: »Selbstverständlich. Es wäre höchste Zeit, dass der Sport mit seiner heutigen Bedeutung und sozialen Aufgabe ein eigenes Ministerium hätte.« Die Anschlussfrage, wer sich am besten eignen würde für diese Position, klärte sich von selbst: »Ich bin entscheidungsfreudig, kann mit Leuten umgehen, ich scheue mich nicht vor Konsequenzen.«

Doch mit federnder Eleganz im englischen Tuch allein war wenig zu gewinnen unter Verbandsfunktionären und Dunkelmännern. Als einer der Ersten grätschte ihn der Präsident des Deutschen Sportbunds ab. Manfred von Richthofen mokierte sich öffentlich über Beckenbauers hochfliegende Ambitionen und der zog sich rasch in den Schmollwinkel zurück: »Wenn der schon dagegen ist, dann fehlen mir die Argumente.«

Als Nächstes rasselte der aufstrebende Politnovize mit DFB-Chef Egidius Braun zusammen. Der scheidende FIFA-Chef Joao Havelange war 1998, bei der Suche nach europäischen Thronfolgern gegen seinen Intimfeind Johansson, auf den Dreh verfallen, Beckenbauer als Kandidaten zu ködern. Weil dieser sofort kokett reagierte (»Die FIFA hat ja meine Telefonnummer«), lief erwartungsgemäß die nationale Medienmaschinerie heiß. Beckenbauer als Weltfußballpräsident – wäre das nicht der ultimative Vermarktungsknüller, der größte Renner der Saison? Die tumultartigen Reaktionen zeigten, wie schwer der Stand für Realisten im Unterhaltungsgewerbe Profifußball geworden ist. In diesem Fall für Leute wie Braun.

Beckenbauer, stellte Braun empört klar, »hätte keine Unterstützung, wir haben uns mit den europäischen Fußballverbänden auf Johansson geeinigt«. Und überhaupt: Der Kaiser, dieser Werbepartner viel zu vieler Herren, müsse erst einmal das verbandspolitische Einmaleins erlernen, um die Eignung für eine solche Tätigkeit zu erlangen. Das klang frevelhaft. Zumal ja gerade das Wirken der FIFA-Oberen keineswegs den Verdacht förderte, dass es dazu einer besonderen Eignung bedarf.

Doch Braun wusste, der plötzlich um berühmte Nachfolger bemühte FIFA-Boss wollte nur ein Störfeuer gegen Johansson entfachen, den Beckenbauer bis dahin unterstützt hatte. Er sah keinen Anlass, die Wahlkampagne für Johansson wegen eines billigen politischen Spaltungstricks in Frage zu stellen. Es habe ihm, sagte Braun später, schlaflose Nächte beschert: »Sich öffentlich mit der deutschen Lichtgestalt anzulegen war nicht leicht.«

Havelanges Kalkül ging auf. Denn der gekränkte Beckenbauer düpierte nun postwendend Braun und dessen europäische Kollegen. Er rückte – wie erwünscht – vom Kandidaten Johansson ab, in dessen Wahlkampfbroschüre er mit einem persönlichen Statement für den Schweden eingetreten war. Plötzlich plädierte der Kaiser für dessen Rivalen Sepp Blatter. Er lobte den Generalsekretär, Havelanges rechte Hand, als sehr gute Wahl und ignorierte sogar, dass Blatter nie ein Freund der Deutschen und schon gar keiner der deutschen WM-Bewerbung war. Aber diese Aufgabe oblag ihm zu der Zeit noch nicht.

Den anfänglichen Rückschlägen und Reinfällen zum Trotz war das neue Reich gefunden. Es musste nur erobert werden. Der Kaiser wollte am großen Rad der Politik drehen und er sprang los, als sich die nächste Einstiegsluke öffnete: Der ewige Hoffnungsträger der Nation sollte die WM 2006 nach Deutschland holen.

Der Medien-Franz

1963, als Nachwuchstalent in der Jugendnationalelf, hatte der Teenager einen ersten Zusammenstoß mit den Sportautoritäten. Zwar waren Altbundestrainer Sepp Herberger, Nachfolger Helmut Schön und Assistent Dettmar Cramer vom Spiel ihrer DFB-Schüler angetan; die siegten 2:1 gegen die Schweiz und beide Tore erzielte Beckenbauer. Trotzdem ging Cramer auf den jungen Helden los. Denn während alle anderen, auch die hohen Trainer, nach dem Abpfiff in der Kabine verschwanden, verweilte Beckenbauer im Kreis der Reporter; sogar dem Fernsehen gab er ein Interview. »Was stellen Sie sich vor, wer Sie sind?«, schimpfte Cramer, »Puskas, di Stefano oder gar Pele? Herberger und Schön waren entsetzt über die Flegelei, dass ein Jugendlicher schon Fernsehinterviews gibt!«

Die Liebe zur Kamera blieb. Zwar floppte Beckenbauers erstes Leinwandprojekt in eigener Sache. »Libero«, der Film zum Franz, ging schon bei der Premiere baden. Als Kaiser von Bayern aber dreht er den Spieß später um und kreierte eine Mischung aus Hollywood und Disneywelt in seinem Klub. Für den Medienliebling der Nation war das kein Problem mehr.

Weil einen aber das Big Business rund um den Ball auffrisst, widmet der rastlose Medienschaffende dem Sport an sich immer seltener ein paar Grundsatzgedanken – die dann merkwürdig nostalgisch ausfallen. »Es gibt keine Freude mehr im Fußball«, klagt er. »Die Torschützen schreien heute einen Frust hinaus, als ob sich Wut entladen müsste. Alles wirkt nur noch verbissen: Der Umgang mit den Schiedsrichtern, den Zuschauern, den Gegenspielern. Ich frage mich: Geht es heute um zu viel? Spielt zu viel Geld eine Rolle? Ist Profifußball kein Sport mehr?«

Dabei kennt Beckenbauer die Wahrheit. Doch seine Antworten sind so platt wie die Spruchweisheiten der vereinigten Vermarkterallianz: Dass Wachstum eben keinen Stillstand kennt und die inneren Gesetzmäßigkeiten von gestern heute nichts mehr taugen, dass man nur über immer mehr Geldressourcen sportlich konkurrenzfähig bleibt. Und so betreibt er mit Volldampf das große Täuschmanöver der Wirtschaft, jenen reflexionslosen Marketingrap, dass der Fußball ohne ständig steigende Geldzuflüsse nicht überleben kann. Das ist die Geschäftslüge des Profisports. Aber wer, wenn nicht Straßenfußballer wie Beckenbauer, können unterscheiden zwischen dem Volkssport Fußball, der auch ohne immer mehr Millionen existieren wird, ja, der kaum einen Pfennig braucht – und dem Showspektakel andererseits, das bei stockenden Einnahmen tatsächlich irgendwann auf der Strecke bleibt.

Beckenbauer sieht die konkrete Bedrohung, die von Geistern ausgeht, die er ruft und deren Geschäfte er als Frontmann betreibt. Aber er geht das Problem in der bewährten Zweifaltigkeit an. Einerseits wirbt er für das Pay-TV von Leo Kirch, dem er auch die Fußball-WM 2006 ins Land holte. Zum Jahresende 2000 saßen Kirchs Spielmacher wieder zusammen. Geschäftsführer Dieter Hahn, Beckenbauer, Netzer von Kirchs Schweizer Vermarktungsagentur CWL und der »Bild«-Sportchef Alfred Draxler. Es galt, den nächsten Geschäftscoup einzufädeln: Die so genannte *zeitnahe* Berichterstattung von der Bundesliga ab 20.15 Uhr, die Kirch zur Saison 2001/2002 durchdrückte. Beckenbauer und Netzer, sonst der scharfsinnigste Fußballanalytiker des öffentlich-rechtlichen

Fernsehens, sollten dabei den Bereich der öffentlichen Meinungsbildung steuern. Und »Bild« sollte das machen, was es am besten kann: Druck.

Dazu der Bayern-Boss, der vom eigenen Fernsehkanal träumt, der DFB-Vorständler, der den »Verteilungswahn« in der Liga rügt – das ist das eine Gesicht. Andererseits gibt er sich als Mann des Sports und des Volkes aus, der mit gespitztem Zeigefinger davor warnt, dass dem Fußball bei einer schleichenden Übernahme durch die Pay-TV-Sender die Basis wegbricht. »Ob das dem Fußball gut tut? Ich weiß es nicht. Ich halte die Entwicklung für nicht unbedenklich. Fußball ist ein Massensport, wir leben von der Masse, und wir dürfen die Masse nicht aussperren.« Die Frage sei doch: »Wie reagiert der Fernsehzuschauer? Es ist schon möglich, dass durch eine Entwicklung in Richtung Bezahlfernsehen ein Teil der Kundschaft verloren ginge.«

In der Tat. Und dann findet die neue Spaßgesellschaft rasch Möglichkeiten, sich preisgünstigeren Spektakeln zuzuwenden als einem demnächst von Kirch verschlüsselten Spitzenfußball. Freizeitwissenschaftler wie der Hamburger Sozial- und Zukunftsforscher Horst Opaschowski halten den drohenden Strukturwandel durch das Pay-TV für eine existenzielle Bedrohung: »Der Boom würde zum Bumerang werden. Das wäre der Tod des Bundesligafußballs als Massensport. Eines bedingt das andere. Fußball bleibt nur im Gespräch, wenn die Informationen überall ankommen. Wird das Geld als Barriere eingeschaltet, verliert er seine Massenattraktivität und die Zuschauer würden auf andere Trend- und Eventsportarten ausweichen. Der größte Konkurrent des Fußballs ist ja die gesamte Konsum- und Freizeitszene drumherum. Erinnern wir uns: Mitte der achtziger Jahre war der Fußball fast out, die Stadien leer. Dann setzte das Privatfernsehen ein und machte daraus eine Show. Ohne Ereignischarakter ginge es wieder bergab.«

Eine schlüssige These. Der Ereignischarakter aber wird noch durch andere Zukunftsmodelle bedroht, auch an ihnen findet der Kaiser Gefallen. Etwa an der immer wieder diskutierten Superliga auf europäischer Ebene, die im Stillen seit Jahren von Medienkonzernen wie Murdoch und Berlusconi vorbereitet wird. Und Kirch? In einer Europaliga muss der Abstieg für die teilnehmenden Fußball-Börsenklubs schon aus Gründen der wirtschaftlichen Absicherung ausgeschlossen werden. Im Klartext: der Wettkampfcharakter wird abgeschafft. Im Endeffekt treffen verschiedene Aktiengesellschaften aufeinander und kicken herum, und falls nicht gerade alle Teams von Bayern bis Barcelona, von Manchester bis zur AC Mailand AG gleichauf an der Tabellenspitze rangieren, kann das Ganze hübsch öde werden. Beckenbauer ist überzeugt, dass die Superliga zwangsläufig kommt. »Wir kriegen die Europaliga. In wenigen Jahren haben wir sie.«

Wenn dank Kirch hunderttausende, später Millionen Kinder ohne die ständige Bundesligabegleitung aufwachsen, der größten Themenklammer dieser Gesellschaft, weil das Ereignis verschlüsselt oder zu Operettenligen ohne echte Wettkampfidee eingedampft wird, wirkt sich das auf den Zulauf für die Sportart aus. Dann schlägt die Stunde der nicht am Fußballboom beteiligten Bereiche der Sportartikelindustrie: Die werden sich für die neue Marktlücke ein paar hübsche Ersatztherapien einfallen lassen. Das Interesse an anderen Sparten und Wettkämpfen wird wachsen, schon seit Sommer 2001 ist die Bundesliga ja für Kinder kaum noch im frei empfangbaren Fernsehen zu erleben, weil sie erst nach acht Uhr übertragen wird. Wenn aber Kirch und Co. den Fußball nicht mehr als Vehikel fürs Pay-TV brauchen, werden sie ihn fallen lassen.

Beckenbauer mahnt für die Galerie, wenn er sagt: »Fernsehen bringt zwar immer mehr Geld, aber die Klubs müssen aufpassen, dass nicht auch Geld durch Fans, Zuschauer und durch verprellte Sponsoren verloren geht.« Sein Rezept, flach wie ein frisch gebügeltes Bayern-Leibchen: »Wir müssen miteinander reden. Deshalb hat uns der liebe Gott die Stimme gegeben. Sonst würden wir ja bellen.« Er will Spielmacher für Kirch und Springer bleiben. Im kaiserlichen Einmannsyndikat herrscht totaler Kabelsalat, der Mann funkt auf allen Frequenzen. So, wie es der Publizist Horst Vetten vor Jahren beschwor: »Franz Beckenbauer auf dem Beckenbauer-Kanal. Es moderiert Franz Beckenbauer. Gast im Studio: Franz Beckenbauer. Anderntags bespricht »Bild« die Sendung. Rezensent? Erraten!« Witzig. Aber in Wirklichkeit ist dies eine Verluderung der journalistischen Sitten. An der sich wenige stören, kaum jemand reibt. Wenige haben den Mut, sich öffentlich quer zu legen. Einer wie Hans-Jochen Vogel, der als ehemaliger Münchner Oberbürgermeister enttäuscht ist von Beckenbauers ambivalentem Kurs in der Stadionfrage. »Jede denkbare Haltung« hätte der Klubchef verkörpert, Vogel kommt zu dem Schluss: »Er hat heute eine Position inne, für die seine Ressourcen nicht mehr ausreichen. Er hält sich für eine Persönlichkeit, die der Gesellschaft Orientierung gibt und von einem sehr hohen Podest herunterschaut auf Bürgermeister, Politiker, erst recht auf Leute, die ein Architektur-Geschichtsbuch in die Debatte einführen wollen. Der Gedanke, dass ihm widersprochen werden könnte, ist ihm fremd geworden. Er hat mit einigen Bereichen der Realität die Verbindung verloren.« Schlimm sei, so Vogel in der »Zeit«, dass ihn schon niemand mehr zu kritisieren wage. Das besage »nicht nur etwas über den Herrn, sondern auch über unsere Gesellschaft«.

Beckenbauers Liebe zur Regenbogenpresse hat auf die ganze Branche abgefärbt, am stärksten auf seinen kleineren Wiedergänger beim FC Bayern und in der Nationalelf. Lothar Matthäus, fränkischer Dampfplauderer und vom »Spiegel« zum »Kaiserle« ernannt, trat 1997 in die Fußstapfen des Gönners Franz – er publizierte seine Sicht auf das Fußballgeschäft. »Mein Tagebuch« hieß der literarische Flachpass, mit dem sich der Weltfußballer des Jahres 1990/91 an jenen Teamgefährten beim FC Hollywood zu rächen versuchte, die ihn hatten entmachten wollen. Zur Hand gingen Matthäus zwei Vertreter des Springer/Kirch-Imperiums. »Bild«-Chefreporter Ulrich Kühne-Hellmessen und der stellvertretende Premiere-Sportchef Tom Bender packten den Weltschmerz des Hobbydichters zwischen die Buchdeckel; Tag für Tag hatte Loddarmaddäus den Stift gezückt, manchmal das Auto am Seitenstreifen geparkt, um spontane Eingebungen festzuhalten. Er erteilte widerborstigen Kameraden Absolution und spendete familiäre Lebenshilfe für Mitspieler. Einige verließen zum Saisonende Lothars Intrigantenstadl, die Kollegen Klinsmann, Witeczek und Ziege waren nicht amüsiert. Und Markus Babbel besprach das Werk stellvertretend: »Unverbesserlich. Menschlich wird es mit ihm nichts mehr.« Beckenbauer, der als »Bild«-Kolumnist und Premiere-Mitarbeiter die große inhaltliche Vorlage geliefert hatte, reagierte hart. Schon nach Lektüre des Vorabdrucks wurde der Kapitän des Amtes enthoben. Im Jahr darauf allerdings griff der Klubchef selbst auf Matthäus' Ghostwriter zurück. Premiere-Mann Bender schrieb auch Beckenbauers WM-Erlebnisse in Frankreich nieder: »Tour de Franz«.

Den WM-Organisator will Beckenbauer bis zum Schluss geben. Weil aber bis 2006 viel Zeit rumzukriegen ist, erhebt sich die bange Frage: Wird das Volk doch noch des Kaisers überdrüssig? Der Ruhm des erfolgreichen WM-Konquistadoren erwies sich diesmal als überraschend kurzlebig. Als die Affäre um Christoph Daum und Uli Hoeneß losbrach, wurde ihm sein ständiger Kurswechsel zum Verhängnis. Heute links herum, morgen rechts herum – Beckenbauer entzog sich konsequent dem Verdacht, über eine eigene Meinung zu verfügen. Und dann wurde die Affäre mit einer Sekretärin im Fanartikelshop des FC Bayern ruchbar: Der Kaiser wird trotz Sybille, trotz der vermeintlichen Reife des weltgereisten Mittfünfzigers ein viertes Mal Vater. Wieder drohte der Umschwung. Beckenbauer war in aller Munde, zumindest der weibliche Publikumsteil war entrüstet.

Prompt begann es auch wieder beim FC Bayern zu ächzen. Nach einer 0:3-Pleite gegen Lyon in der Champions League hob Beckenbauer zur Brandrede an und im Nu offenbarten sich die alten Verwerfungen im Führungszirkel. »Das ist Uwe-Seeler-Traditionsmannschaft, das ist Altherrenfußball« donnerte der Kaiser erst live im Fernsehen, dann im feinen Salon Tête d'Or des Hilton-Hotels. 500 Vereinssponsoren und Edelfans hatte er vor sich, die feixend seinen Sticheleien folgten, der Mannschaft kehrte er den Rücken zu. Nicht nur unter den Kickern, auch unter Präsidiumskollegen stieß die Fundamentalkritik auf großen Verdruss. Manager Hoeneß floh das Bankett früh, Rummenigge teilte in den Interviews der folgenden Tage offen die Besorgnis des Managers: Beckenbauer würde mit seinen öffentlichen Attacken auf die Kompetenz der Spieler und seiner sarkastischen Aufforderung an jeden einzelnen, sich bei ihm zum Nachhilfeunterricht zu melden, die Autorität von Trainer Ottmar Hitzfeld untergraben.

Es rumorte in den Medien: Der Kaiser gab wieder den Kleinbürger. »Dem Fußballer an sich haftet nach dieser Woche mehr denn je das Image des tumben Proleten an – dank Beckenbauer«, fasste die »Welt« einen Eindruck zusammen, den bis auf »Bild« alle widergaben. Und die gedemütigten Profis? »Zum gegebenen Zeitpunkt«, kündigte Torwart Oliver Kahn an, würden sich diese »als Mannschaft verständlich machen – da können Sie sicher sein.«

In brenzligen Gemengelagen setzte Springer stets zum Befreiungsschlag an. »Bild« und der Kaiser spielten Doppelpass. Die Gerüchte um sein viertes, uneheliches Kind köchelten schon seit Monaten. Karikaturen zeigten Beckenbauer mit Babyschnuller, das kickende Personal lästerte hinter vorgehaltener Hand über den »Kindsvater«. Aber »Bild«, die Fotos der Mama schon in der Schublade, hatte eisern dicht gehalten. Dann plötzlich umschrieb der weit von Beckenbauer entfernte »Mannheimer Morgen«, was am Biertisch der viel gereisten Kollegen bei einem Länderspiel gezielt kolportiert worden war: Das Ding mit dem Kind. Manager Schwan rückte der Zeitung mit einer Klagedrohung zu Leibe.

Aber die Wolken wurden dunkler und dicker, das Unwetter grollte bereits. Hatte sich Beckenbauer nicht gerade wieder in der Daum-Affäre als Moralapostel aufgespielt? Wollte er nicht demnächst als Bayern-Präsident wiedergewählt werden? Sollte er nicht in diesen Tagen bei der ARD-Sportgala für sein Lebenswerk geehrt und in die Arena der Legenden aufgenommen werden? Im letzten Moment durchbrach er mit Feuerdeckung von »Bild« das beredte Schweigen. Franz gestand den Seitensprung. Es blieb ihm ja nichts anderes übrig, und das Volk verzieh. Auch dem blieb nichts anderes übrig: Denn Springers Stoßtrupp peitschte die Affäre des 55-jährigen Romeos binnen zwei Tagen durch. Das war

Rekord. Und im Sinne der Beteiligten: In Lichtgeschwindigkeit war die größte Klatsch- und Tratschstory um die unverbesserliche Lichtgestalt vom Tisch. Thema erledigt.

Aber zum Glück für »Bild« und Beckenbauer gab's ja noch Boris Becker. Genauso berühmt, aber weniger verehrt. Was für ein Blitzableiter.

Ein laues Skandälchen, ein Rumoren in der Presse, das bisschen Knarzen im eigenen Dachgebälk wirft den Kaiser nicht mehr aus der Bahn. Er weiß: Im Grunde ist er unfehlbar. Die Massenmedien im Lande gehören Kirch, Springer und Bertelsmann und Beckenbauer paktiert mit allen. Es ist eine einzigartige Konstellation, die man erst richtig begreift, wenn wirklich der Ernstfall eintritt. Kein Deutscher sonst hat diese Phalanx der Macht hinter sich; kein Kirch, der sich ständig den Rechercheuren konkurrierender Medien entzieht, kein Industrieführer, der wie Daimler-Boss Jürgen Schrempp täglich am Aktienkurs gemessen wird, erst recht kein Politiker – der Medienmarkt ist parteipolitisch aufgeteilt in Freund und Feind.

Wie einzigartig diese Unantastbarkeit im eigenen Beziehungsgeflecht ist, lässt sich gut im Vergleich mit der anderen Ikone der deutschen Sportnation feststellen. Mit Boris Becker. Was der im Ernstfall von der Öffentlichkeit um die Ohren kriegt, lässt den beruhigenden Schluss zu, dass er die Medien nicht im Griff hat, auch wenn er der begehrteste Gesprächspartner neben Beckenbauer ist. Der Presserummel um Beckers Seitensprung war grotesk. Er währte Monate, führte ihn unter anderem auf die Titelseite des »Spiegel« und in ein abendfüllendes Fernsehverhör mit Reinhold Beckmann – von der täglichen Präsenz des Besenkammer-Quickies auf Seite eins von »Bild« ganz zu schweigen.

Der FIFA-Franz

Beckenbauer hat diese Probleme hinter sich. Und mit Kirch im Rücken stehen keine zu erwarten. Nicht einmal durch die irrwitzige Konstellation, dass er der Diener aller großen Medienherren hierzulande ist. Bei Kirchs Konkurrent Bertelsmann, genauer bei dessen Sportrechtevermarkter Ufa, steht er auch unter Vertrag. Schon, weil sich diese Verbindung als für die Zukunft besonders gewinnträchtig erweisen kann, halten alle Seiten still. Es geht um den letzten, den ganz großen Wurf. Es geht um Beckenbauers sportpolitische Endstation. Darum, dass er Präsident des Weltfußballverbandes FIFA wird.

Seine Äußerungen dazu fallen in der bekannten Ambivalenz aus. Aber je öfter er gefragt wird, umso mehr offenbart Beckenbauer, dass ihm das Amt mehr bedeutet als einer dieser zahllosen Posten im Fußball, die er immer wieder angenommen hat, weil er darum gebeten, manchmal angefleht worden war. »Ich schließe solche Perspektiven nicht aus«, sagt er, oder: »Wenn die FIFA etwas will, setzen wir uns zusammen.« Was übertragen so viel heißt wie: Jawohl, ich will das machen. Endlich ein Amt, das mir seit langem vorschwebt. »Er kommt auf den Geschmack«, sagt DFB-Vorständler Horst R. Schmidt.

Also schaun mer mal, wie das Ding zu drehen wäre. Die Grundsatzanforderung erfüllt der Kandidat: Er muss kapieren, dass er nur Kaiser oder Sportfürst sein kann, wenn ihn die Mächtigen aus Medien und Industrie wirklich wollen. Er muss den Big Spendern aus der Wirtschaft Respekt bekunden, das Spiel nach ihren Regeln spielen. Beckenbauer hat dieses Prinzip früh begriffen. Er hält sich selten mit inhaltlichen Fragen auf. Warum soll er Debatten führen, gar eine anstrengende Streitkultur pflegen, wenn sich im Balltretergeschäft mit plattem Werbepathos und Schaun-mer-mal so viel mehr erreichen lässt? Er ist auch nie als Rebell verdächtig geworden, hat nie den Anwalt der Fußballanhänger gemacht, das Wort gegen die schleichende, abgekartete Übernahmestrategie der Wirtschaft gerichtet. Von so einem steht nichts zu befürchten. Schon gar nicht, wenn er im steuergünstigen Kitzbühel residiert.

Stufe zwei. Beckenbauers Netzwerk ist hocheffizient. Vor allem der Schulterschluss mit Asiens starkem Mann Chung Mong Joon, der ihm die WM 2006 gewinnen half, bietet sich für den Sturm auf den FIFA-Thron aufs Neue an. Beckenbauer hat Daimler im

Rücken, der Südkoreaner Chung gehört zur Besitzerfamilie von Daimlers Partner Hyundai. Autokonzerne sind ideale Operationsbasen für die erforderliche detaillierte Überzeugungsarbeit, hart am Funktionär. Ihre weltweiten Netzwerke sind perfekte Tentakel für die Lobbytätigkeit, die solche Unternehmungen stets begleiten. Hinzu kommt, dass beide Partnerfirmen neben den Kontakten viel Erfahrung einbringen für das diskrete Postengeschacher. Beide haben das Marktsegment Automobil im Weltfußball geblockt für die nächsten Jahre und operieren besonders nahe an den Sportpolitikern: Hyundai ist bei der WM 2002 Ausrüster (mit Option), Partner Daimler dann wohl bei der WM 2006. Und schließlich: Beide Konzerne haben sich bereits mit großem Einsatz hinter den Kulissen in WM-Bewerbungskampagnen durchgesetzt. Die Infrastruktur steht. Dass ein Autokonzern derlei Entscheide notfalls allein stemmen kann, hat die Fiat-Stadt Turin beim Bewerb um die Olympischen Winterspiele 2006 bewiesen. Da wurden plötzlich afrikanische Funktionäre mit Fahrzeugen für den heimischen Sportbetrieb regelrecht zugeparkt, und als Mitglied von Samaranchs nobler Ethik-Kommission konnte der Fiat-Grande Gianni Agnelli besonders elegant Lobby machen unter den Kollegen. Zum Dank kassierte die Fiat-Stadt die Spiele – und der olympische Ethiker und Chefbewerber Agnelli eine IOC-Ehrenmitgliedschaft.

Autos, das ist die eine Schiene. Daneben verläuft eine nicht minder wichtige: Die Finanz- und Verbandspolitik. Zufällig haben Beckenbauer und Chung auch Verträge mit der Ufa. Die vermarktet exklusiv – hier den Kaiser, dort Chungs nationalen Fußballverband. Zusätzlich hat die Ufa Heerscharen anderer Nationalverbände im Gefolge. In Europa vermarktet sie mehrere Dutzend Nationalmannschaften, dazu rund 300 Profiklubs. Viele graue Mäuse sind darunter, eher exotische Teams und Verbände von Albanien bis Zypern, die froh sind, wenn sie von irgendwem ein paar Taler sehen. Der Grund, warum sich dieses Geschäft auszahlt, liegt im Wahrscheinlichkeitsprinzip: Jede große Nationalelf, ob Frankreich, England, Spanien, Italien, Deutschland, tritt immer wieder in einem dieser Länder an, während WM- oder EM-Qualifikationen. Dann liegen die Rechte bei der jeweiligen Heimmannschaft. Und somit bei der Ufa. Wenn die mit ihren Fußballzwergen auf acht oder zehn große Gegner pro Jahr kommt, rechnet sich der Einsatz schon.

Natürlich hat der allmächtige Zahlmeister Ufa in all diesen Klubs und Verbänden ein wichtiges Wort mitzureden. Wer zahlt, schafft an. Deshalb fiele es der Agentur im Bedarfsfall leicht, einen Masterplan zu erstellen, um das gewaltige Heer der Hintersassen, all ihre vertraglich angebundenen Verbände, für den Kandidaten Beckenbauer zu mobilisieren. Wenn im Sommer 2006, am Vorabend der Fußball-WM in Deutschland, der neue FIFA-Präsident gewählt wird, ist es nicht wichtig, ob Spanien, Frankreich und Brasilien für ihn stimmen. Genauso wichtig ist, wen Liechtenstein, San Marino oder die Ukraine wählen – im FIFA-Parlament hat jeder Verband nur eine Stimme. Die Fußballzwerge entscheiden die Personalwahlen des Weltsports. Wer in der Lage ist, dort einen Masterplan zu erstellen, wird nicht zu schlagen sein.

Beckenbauer sagt wenig Konkretes zur FIFA-Präsidentschaft. Es wäre dumm, dies jetzt zu tun. Er wird immer der beste Kandidat der Medien sein und die politische Entwicklung arbeitet für ihn. Präsident Blatter ist angeknockt durch Enthüllungen aus der Vergangenheit, durch taktische Fehler und törichte Wahlversprechen für Afrika, die er nicht einlösen konnte. Schon 2002, am Vorabend der WM in Südkorea und Japan, könnte ihn ein starker Gegenkandidat stürzen. Chung hat bei der Wahl 2002 ein Heimspiel und spekuliert darauf, über eine vierjährige FIFA-Präsidentschaft seinem Ziel in der Heimat näher zu rücken: Er will Staatspräsident in Südkorea werden, nicht Chef eines Sportverbands. Da drängt sich ein Doppelpass mit Beckenbauer auf, der vier Jahre später zu Hause auch eine Fußball-WM hat, zuvor kann er als Organisationschef brillieren. Also schmiedet Blatter, der amtierende FIFA-Boss, bereits seinen Überlebensplan, wenn er verkündet, dass er sich Beckenbauer als Nachfolger wünsche. Ein taktischer Zug, wie ihn schon Havelange nutzte. Vielleicht macht der Kaiser den Deal mit ihm, wenn es 2002 eng wird bei der FIFA-Wahl in Fernost: Die nächsten vier Jahre noch einmal der Sepp, 2006 übernimmt der Franz. Der Vorteil wäre, er hätte Blatters FIFA während der nächsten Jahre an der langen Leine – was ihm als Organisationschef höchst gelegen sein kann.

Die Ufa hat schon vorexerziert, wie das Spiel geht. Beckenbauers Manager Schwan war Fußballchef von Bertelsmanns Gnaden. Er präsidierte dem Aufsichtsrat von Hertha BSC Berlin und durfte die Vereinsgeschicke an der Spree sogar von Kitzbühel aus lenken. Aber die Agentur hat auch schon versucht, am ganz großen Rad mitzudrehen: 1998, als es um die Havelange-Nachfolge ging, unterstützte sie den Kandidaten Johansson. Es galt ja, das System Havelange/Blatter abzulösen, in dem stets die ISL zum Zuge kam und damit ihr Vermarktungspartner Kirch. Damals merkten die Bertelsmänner, dass es wenig bringt, wenn man die Spielregeln einhält. Noch zwei Tage vor der Präsidentenkür in Paris gab die UFA einen Umtrunk im Meridien-Hotel für ihre Geschäftspartner, auch Johansson schaute vorbei, die Verbände kamen zusammen und führten letzte informelle Gespräche – wie eine brave Gewerkschaft, die vor der Kanzlerwahl letztmals ihre Vertreter einschwört. Dass das Spiel anders läuft, fanden zum Beispiel die Vertreter von fünf kaukasischen Fußballverbänden heraus, die von Kandidat Blatter noch rasch in dessen Suite empfangen worden waren. Dort sei ihnen allerlei versprochen worden – vor allem ihnen persönlich.

Die Vermarktungsagentur als Königsmacher ist also ein reales, erprobtes sportpolitisches Szenario – aus Sicht der Unternehmen liegt derlei sowieso auf der Hand. Warum hilflos zuschauen, wenn man es selber richten kann? Geschäftskontakte sind da, um genutzt zu werden. So hat sich Ufa-Mann Beckenbauer bereits in der Rolle als WM-Bewerber auf dem Firmengelände bewegt: Zufällig werden die Spiele der Nationalteams von Thailand, Südkorea und Quatar ja ebenfalls von den Bertelsmännern vermarktet. In Thailand vermarktet die Ufa zudem alljährlich den King's Cup, in Südkorea alle zwei Jahre den Korea Cup. Exklusiv, versteht sich.

Die Ufa, Beckenbauers stiller Masterplaner, der künftig auch die kaiserlichen Privatgeschäfte managen soll, ist dabei, sich zum Global Player im Sportrechtehandel aufzuschwingen. Sie ging einen Bund mit dem französischen Konzern Vivendi ein. Bedeutende Sendergruppen gehören nun zusammen, es entstand ein Gemeinschaftsunternehmen, das mit einem Umsatz von über einer Milliarde Mark zu den größten Sporthändlern der Welt zählt. Bertelsmann betreibt mit seiner RTL-Gruppe kommerzielle Radio- und Fernsehkanäle in halb Europa, die andere Hälfte wird vom französischen Mischkonzern Vivendi und dessen Bezahlfernsehen Canal plus abgedeckt – so soll man sich das in Zukunft vorstellen. Zu den Sportagenturen von Bertelsmann und Vivendi gesellte sich noch der französische Rechtehändler Jean-Claude Darmon, der gleichfalls etliche Klubs und Verbände vermarktet. Nun machen sie es gemeinsam: TV-Rechte, Trikot- und Bandenwerbung, alles, was es sonst gibt. Ufa-Chef Bernd Hoffmann, Generaldirektor der neuen Allianz, gab die Losung vor: »Bei jedem attraktiven Sportereignis werden wir mit ganzer Power angreifen.« Dass Hoffmann das Unternehmen schon als »geborenen Nachfrager für alle großen Sportvermarktungsrechte« preist, wird Leo Kirch ungern hören – das klingt eindeutig nach Kampfansage. Da kann nur gut sein, dass er mit Beckenbauer seinen Besten im Feindeslager hat.

Aber halt. Schwer zu sagen, wer – außer ihm selbst – bei Beckenbauer Priorität genießt. Wo steht der Mann eigentlich, wenn seine Strategen und Geldgeber demnächst herzhaft aufeinander einschlagen? Nirgendwo und überall: Hier der Kaiser, da die Lichtgestalt, dort der WM-Organisationschef, daneben der Bayern-Präsident und der DFB-Vorständler, dazwischen stehen einige Werbepappkameraden und über allem schwebt der künftige Präsident der FIFA: Franz Beckenbauer. Aber wo ist der Mann? Wo ist sein Herz?

Die Sonne strahlte, die Autos waren geschmückt mit Blumen und Wimpeln, Hubschrauber drehten sich am weißblauen Himmel über Bayern freudeknatternd im Kreise. »Sie müssten jetzt wunschlos glücklich sein«, rief ihm ein Münchner Sportreporter zu, als er mit seinen Bayern-Helden, mit der Champions-League-Trophäe und der Meisterschale unterm Arm im Triumphzug durch die Stadt gerollt war, vorbei an den Hunderttausenden, die ihm mit glänzenden Augen zujubelten. Wunschlos glücklich? »Ach«, antwortete Beckenbauer, »mir fehlen so sehr meine beiden Schäferhunde. Es glaubt ja kein Mensch, wie mir die zwei Seelen abgehen.«

Der Strippenzieher: Horst Dassler

Es war ein Deutscher, der das System des Gebens und Nehmens im Weltsport schuf. Ein korruptes Netzwerk, das bis heute funktioniert. Und es war derselbe Meister, der all die berühmt-berüchtigten Figuren mit Druck und Deals in ihre Ämter hievte, die erst vor kurzem in Rente gingen. Sie traten grollend und widerstrebend ab wie Joao Havelange, der korruptionsumwitterte FIFA-Boss nach 24-jähriger Amtszeit. Oder wie Samaranch, der stramme Gefolgsmann der Franco-Diktatur, der sich als Pate des IOC neu erfand und 21 Jahre lang mit eiserner Hand herrschte. Für ihn war es logisch, dass er zum Amtsende bei der Session im Sommer 2001 in Moskau seinen Filius ins IOC hievte: Juan Antonio Samaranch junior. Wieder andere starben gar auf dem Thron. Wie Primo Nebiolo, der Chef des Leichtathletik-Weltverbands IAAF. Unter demokratischen Gesichtspunkten ist der Weltsport bis heute ein Absurdistan.

Der Meistermacher aus Deutschland, dessen Strategien und Kreaturen noch immer die Szene beherrschen, heißt Horst Dassler. Ein fränkischer Schuster, Sohn des Adidas-Gründers Adolf Dassler, hatte dieses Absurdistan geschaffen und bis zu seinem jähen Tod 1987 alle Fäden in der Hand gehalten. Dassler hatte den 3-Streifen-Familienbetrieb nach Differenzen mit den Eltern in den sechziger Jahren verlassen, um im Alleingang Adidas France im Elsass hochzuziehen. Vater Adolf und Onkel Rudolf Dassler hatten bei Olympia 1936 in Berlin noch gemeinsam dem amerikanischen Wunderläufer Jesse Owens die Spikes eingeschraubt. Später verkrachten sich die Brüder, Rudolf stieg aus und gründete die Konkurrenzfirma Puma. Fern der verfeindeten Familienstämme, die sich über das Flüsschen Aurach hinweg aus vollen Rohren befehdeten, schickte sich Horst an, den Weltsport zu erobern. Rasch wurde das Örtchen Landersheim bei Straßburg zur Zentrale und er selbst zur Schlüsselfigur einer neuen, revolutionären Wirtschaftspolitik. Denn der Herr über das Turnschuhreich war ein manischer Manipulator, getrieben von sportpolitischen Allmachtsfantasien. Der »wirkliche Boss des Sports«, wie ihn die IOC-Direktorin Monique Berlioux widerwillig nannte, der »Sugar Daddy des Sports«, wie das »Wall Street Journal« beeindruckt festhielt. Früh hatte Dassler erkannt, dass man mit der Vermarktung von Sportveranstaltungen leichter und mehr Geld verdienen kann als mit dem drögen Verkauf von Schuhen und Leibchen. Man braucht dazu im Grunde nur eines: das Recht für die Vermarktung. Das kriegt man, wenn man die Sachwalter dieser Rechte, ehrenamtliche Funktionäre, für sich gewinnen kann. Am besten also, man sucht sich seine Pappenheimer gleich selber aus. Von dieser genialen, skrupellosen Schlichtheit war Dasslers Erfolgsprinzip. Es baut auf die menschliche Gier und Verführbarkeit, deshalb wirkt es bis in die Gegenwart.

Der fränkische Majordomus des Weltsports, ein ebenso charmanter wie misstrauischer Mann, der lieber anderen als sich selbst beim Reden zuhörte, führte mit deutscher Gründlichkeit Kartei über jeden wichtigen Sportfunktionär. Verzeichnet waren darin sogar die Körpermaße für die Ausstattung mit Sportbekleidung, aber verzeichnet waren auch besondere Vorlieben und Abneigungen der Kundschaft. Im Bedarfsfall verriet die Kartei, die der Adidas-France-Chef gegenüber Vertrauten als dem KGB überlegen rühmte, sogar den bevorzugten Frauentyp eines Funktionärs. Dasslers Unternehmungen, so berichtete der »Spiegel« 1986 in einer eigenen Titelstory über den Guru, würden vom schon erwähnten Branchenblatt »Sport intern« aufs Engste begleitet. Als Meinungsmacher der Sportszene komme dem verkappten Pressedienst elementare Bedeutung zu, warnte der »Spiegel«. »Dassler versorgt Huba mit exklusiven Informationen und kauft ihm zugleich einen stattlichen Teil seiner Auflage ab, um den Dienst weltweit unter seine Familie zu verteilen.«

Auch Lord Denis Howell, britischer Sportminister und später Leiter einer Untersuchungskommission zu Misständen im Spitzensport, malte in seinem Report ans Parlament das Bild eines manischen Geheimniskrämers. »Dassler litt an einer Paranoia«, schrieb er. »Er dachte immer, es wollte ihm jemand an den Kragen. Deshalb war er immer sehr vorsichtig. Er hat seine Gegenspieler ausspioniert und notfalls bestochen. Alles war Intrige, alles war verdächtig.«

Tatsächlich war Dassler fasziniert von der Geheimdiplomatie. So sehr, dass sich nach seinem Tod zeigte, wie heillos er sich beim Strippenziehen verheddert hatte. Der merkantile Bereich seiner Unternehmungen war zu kurz gekommen, die Sportartikelfirma schlitterte in die Krise. Seine Erben waren mit weniger Geschäftstalent ausgestattet. Besonders die vier Schwestern, die ihre Adidas-Anteile schon 1990 zum Schleuderpreis von 440 Millionen Mark abstießen. 2001 ging auch das Erbjuwel von Horst verloren: Die Sportmarketingagentur ISL war pleite, mitsamt dem sportpolitischen Rollkommando.

Zu Dasslers Lebzeiten blühte dieser Bereich. Sein geräuschloses politisches Wirken wurde vor allem im Ostblock hoch geschätzt. Reiste er nach Moskau, musste er nicht mal durch die Zollkontrolle. Ihm verdankten es die Sowjets nach ihrer eigener Überzeugung, dass die Sommerolympiade 1980 hinter dem Eisernen Vorhang stattfand, deshalb kurvte Dassler sogar mit Chauffeur und Stander um den Roten Platz. Er warb eine Angestellte der französischen Botschaft in Moskau als persönliche Sekretärin an, unterhielt exzellente Kontakte zu den Apparatschiks und natürlich zu anderen düsteren Eminenzen, die sich damals im Sowjetreich tummelten. Beim Botschafter Spaniens in Moskau, einem gewissen Juan Antonio Samaranch, fragte er an, ob dieser der nächste Boss des IOC werden wollte. Samaranch wollte, also half ihm Dassler bei den Moskauer Spielen auf den Thron. Er schickte einen engen Geschäftspartner als Spitzel ins Lager von Samaranchs größtem Rivalen Marc Hodler. Der Spitzel hieß André Guelfi, war einst Mitarbeiter des gaullistischen Geheimdienstes und blieb bis heute ein professioneller Hasardeur, der hierzulande als Spendenverteiler im Leuna/Elf-Aquitaine-Skandal zu trüber Bekanntheit gelangte. Guelfi trieb damals für Dassler die komplette Liste von Hodlers

Unterstützern auf. Der Rest war die übliche diskrete Arbeit am Mann. Die noblen Sporthonoratioren wurden systematisch für Samaranch abgeworben, Guelfi selbst hat das später in seinen Memoiren ausführlich geschildert.

Dassler beherrschte alles. Ein kapitalistischer Großunternehmer, der faktisch ständiger Staatsgast der Sowjetunion ist, das war ein Phänomen, erst recht zu jener Zeit. Was die Vermutung nährt, dass einstige Mitarbeiter wie der Brite Patrick Nally richtig lagen mit ihrer Einschätzung: »Horst liebte nur einen Sport – die Leute zu kaufen.« Weiter ging Leonardo Servadio, Chef der italienischen Sportartikelfirma Ellesse: Dasslers Philosophie bestünde »darin, die ganze Welt zu kaufen«. Für ihn sei es ein Klacks gewesen, genehme Funktionäre ins IOC zu hieven. Nally: »Dassler wusste genau, wie er mit den Leuten umgehen musste. Er wusste genau, wem er Geld bieten konnte und wem nicht. Er handelte auch mit IOC-Mitgliedschaften.« Warum nicht? Mit IOC-Mitgliedern handelte er sowieso.

Auch Sepp Blatter, langjähriger FIFA-Generalsekretär und später Präsident, hatte einst bei Dassler in Landersheim Quartier und Gehalt bezogen. Dies erklärte der frühere Adidas-Sanierer Robert Louis-Dreyfus, der sich dabei auf Adidas-Akten stützte. Wohingegen Blatter sagt, er habe nur den Büroraum von Dassler erhalten, aber kein Salär. Ja, sogar regelrechte Bestechungsversuche habe er abschmettern müssen, bekundete der fromme Sepp im Mai 2001 – wobei er freilich keinen Namen nannte, sondern nur »ein Sportartikelunternehmen«. Er erklärte, als er selbst massiv unter Druck geraten war im Zuge des ISL-Konkurses, der besagte Firmenchef habe sich einst bei seinem Vorgänger auf dem FIFA-Thron, Joao Havelange, darüber beschwert, dass sich der Generalsekretär Blatter nicht in einschlägige Beraterverträge einbinden lassen wolle. Dies stellt einen massiven Korruptionsvorwurf gegen den 24 Jahre lang regierenden Havelange dar: Wie ist es möglich, dass sich ein Sportunternehmer beim Weltfußballpräsidenten darüber beschwert, dass dessen engster und ranghöchster Mitarbeiter nicht bestechlich sei?

Anrüchige Verstrickungen wie diese waren die Regel, die alten Verbindungen halten bis in die jüngste Zeit. Das gilt nicht nur für Funktionäre, sondern auch für die Strukturen. Nur werden die Akten heute besser unter Verschluss gehalten und eine Stasi, deren Papiere offen gelegt werden können, gibt es ja auch nicht mehr.

Dasslers Stabsoffiziere operieren heute kaum weniger eng an der Sponsorenklientel. Auch schwadronieren sie wie einst vom Engagement und den notorisch guten Taten der Industrie für den Sport, statt von den Beraterhonoraren und verdeckten Provisionen zu erzählen, die diese Branche schmieren wie das Öl die Türangel. Trotzdem distanzieren sie sich ausdrücklich von Dasslers Methoden. Ja, dessen sportpolitische Erben tun heute so, als hätte es den großen Meister nie gegeben. Das macht stutzig, erst recht, wenn die Insider von damals beteuern, sie hätten die Durchstechereien nie richtig mitgekriegt. Abenteuerliche Wahrnehmungsdefizite, die in krassem Widerspruch zu Dasslers von feiner Menschenkenntnis gezeichneter Personalpolitik stehen.

Auch deutsche Speerspitzen der Weltfußballpolitik wie Thomas Bach und Fedor Radmann operierten einst in Dasslers sportpolitischem Schattenreich. Heute sind auch sie Opfer der alles umwallenden Unwissenheit. Zwar hatten sie einst für das Streifenimperium den delikaten osteuropäischen Raum bearbeitet. Jeder bestreitet aber, einschlägiges Königswissen über die meist schmutzige Welt der Sportpolitik erlangt oder gar angewandt zu haben. Dabei legen die wenigen, doch höchst authentischen Dokumente aus und über jene Zeit einen anderen Schluss nahe.

Der hochrangige DDR-Boxfunktionär Karl-Heinz Wehr, alias IM Möwe, hat auf hunderten von Seiten exakt über die Welt hinter den glitzernden Stadionkulissen berichtet. Wehr war immerhin einer der Kronzeugen in einer Spionage-Kooperation zwischen der Ostberliner Stasi-Hauptabteilung 20 und der 5. Verwaltung des sowjetischen Geheimdienstes KGB, in der es um die »Aufklärung der Aktivitäten der Firma Adidas« ging. Schwer beeindruckt war der Spitzel von Horst Dassler. Wehr gab dem Führungsoffizier zu Protokoll: »Adidas verfügt über eine ausgezeichnete sportpolitische Abteilung, die straff organisiert und geführt wird. Dabei verfügt diese Abteilung über ein großes Netz von Vertrauensleuten und Informanten aus dem Kreis ihrer Ländervertreter. Dadurch erhalten sie detaillierte Informationen, bis auf den einzelnen Mann zugeschnitten, und sie sind so in der Lage, in der Mehrzahl der Fälle ihre politische Linie zu verwirklichen. Die getroffenen Entscheidungen sind genau. Sie werden auf ihre Erfüllung ständig kontrolliert. Aus der Sicht der mehrfachen Beratungen meine ich heute, dass der wirkliche Lenker des internationalen Sports heute nicht Samaranch, wohl aber Dassler ist.«

Verwirrspiele und undurchsichtige Geschäftspraktiken waren die Grundstrategie des krakenhaften Vermarktungsimperiums. Dassler betrieb die Geheimwirtschaft auch, weil er lange Angst hatte, von der eigenen Familie das Handwerk gelegt zu bekommen. 1983 war er gar so weit, ganz auf die Sportpolitik und seine ISL umzusatteln und aus der Firma auszusteigen – gegen eine Abfindung von 200 Millionen Mark über fünf Jahre. Bereits Ende 1975 schrieb er sich im elsässischen Exil den Frust über die vielen kleinen Fouls im familiären Dauerclinch von der Seele, wobei er seine neue Leidenschaft klar umriss: »Um mich aus diesen lächerlichen Kleinkinderspielen frei zu machen, wurde ich gezwungen, in die Sportpolitik zu gehen, und dies unabhängig von Adidas, sowohl finanziell wie auch politisch [...] die Sportpolitik kann ich sowieso nicht von Deutschland aus machen, da sie nur zu geringstem Teil mit Mitarbeitern zusammenhängt und ich stark auf Außenhilfe von der hiesigen Regierung, Sportministerien und anderen Organisationen, die ich nicht erwähnen kann, in Frankreich angewiesen bin.« Es lebe der Sport. Zu den mysteriösen anderen Organisationen zählte der französische Geheimdienst, dessen einstiger Gewährsmann Guelfi mit Dassler enge Kontakte unterhielt. Stasimann Wehr hatte gut recherchiert.

Auch die International Sports and Leisure (ISL) hatte Dassler 1982 mit Guelfis Hilfe gegründet. Eine Stiftung, und nicht die letzte. Mutter der ISL war die schon erwähnte Rofa-Sport Management AG von Beckenbauer und Schwan in Sarnen, im schweizerischen Kanton Obwalden, die Dassler übernommen hatte und die nun von der FIFA alle Rechte an der Vermarktung der Fußballweltmeisterschaften erwarb. Die Geschäfte wurden richtig teuer. Dassler holte sich als Geldgeber für die ISL den Werbegiganten Dentsu an Bord. Fix kam eine weitere Liechtensteiner Einrichtung hinzu: Lofa hieß das gute Stück. Eine Briefkastenfirma, die Steuerlasten mindern sollte. Bald herrschte ein gewaltiges Gedränge hinter den Kulissen, Dasslers Biograph Paul-Heinz Gruppe klagt: »Es gab neben der schon erwähnten Gruppe West Nally auch noch die Rofa, die Sporis, zeitweise dann noch Sport Billy; Franz Beckenbauer spielte eine Rolle, und natürlich Guelfi, der bis zu seiner Trennung von Horst Dassler fast überall seine Hand im Spiel hatte. Jean-Marie Weber meint in diesem Zusammenhang: So zwischen 1980 und 1982 gab es im Konzern eine Situation, in der eine Katze ihre Jungen nicht wiedergefunden hätte. Es gab nur zwei, die den vollen Überblick hatten, das waren Horst und ich.« Gut zu wissen für die Gegenwart. Über Dasslers Geheimrat Weber blieb der Szene bis vierzehn Jahre nach dem Tod des Paten der Schatten des dubiosen Kontakthändlers erhalten. Es flossen Beraterhonorare und es gab mindestens eine neue Stiftung.

Noch kurz vor seinem Krebstod hatte Dassler mit einer aufstrebenden Größe im Fußballbusiness gemeinsame Pläne geschmiedet. Franz Beckenbauer erzählte dem Biografen Gruppe: »Ich hatte einige Ideen über meine Tätigkeit bei Adidas, insbesondere bei ISL. Er fand meine Überlegungen sehr gut, und wir haben darüber gesprochen, wie wir das gemeinsam verwirklichen könnten. Nach seinem Tod fiel meine Idee ins Wasser, weil Horst der einzige Mensch gewesen wäre, mit dem man so etwas hätte machen können. Er hat wohl wirklich bis zur letzten Minute nur ans Geschäfts gedacht.«

Die neue Marketingmasche der ISL bestand darin, solventen Weltfirmen wie Coca-Cola und McDonald's umfangreiche Exklusivpakete anzubieten. Sie erhielten für ihre Millionen nicht nur ein Plätzchen auf der Werbebande, sondern weitgehende Rechte. Die schlossen sämtliche Nutzungsmöglichkeiten der WM-Symbole für ihre Markenartikel ein, dazu Freikontingente bei den Wettspielen,

Sonderkonditionen für ihre Firmengäste, Optionen auf neue Verträge.

Ab 1985 betreute die ISL auch das Sponsorenprogramm des IOC. Dieses Schnäppchen war der Firma 1983 bei der IOC-Session in Neu-Delhi ohne öffentliche Ausschreibung zugeschanzt worden, zwei Jahre später wurde der Vertrag über zunächst 300 Millionen Dollar für die Spiele in Calgary und Seoul präsentiert. Landersheim, die sagenumwobene Zentrale von Adidas France, war Dreh- und Angelpunkt, erst nach Dasslers Tod verlagerte sich das Geschehen in die Schweiz, an den Luzerner Stammsitz der ISL. Deren oberster Geheimrat Jean-Marie Weber pflegte weiter die vertraulichen Kontakte. Und musste schließlich alles auf die FIFA setzen, nachdem 1996 das IOC ausgestiegen war. Es beschwerte sich über die Serviceleistungen, gründete einen eigene Marketingagentur und übernahm gleich ein paar wertvolle Mitarbeiter.

Die FIFA aber hielt der ISL trotz dieses Misstrauensvotums die Treue. Eine Nibelungentreue, die bis zum Untergang der Firma währte. 1996 schanzte der Weltfußballverband seiner alten Hausagentur sogar die Fernsehrechte zu. Obwohl die bisherigen Partner, der öffentlich-rechtliche Rundfunkverbund in Europa (EBU), für Qualität und feste Zahlungen garantiert hatte und obgleich die Luzerner Firma erst den Münchner Filmhändler Leo Kirch ins Boot hieven musste, um die Nummer überhaupt stemmen zu können. Pikanterweise durfte Kirch nur Co-Lizenznehmer sein, hatte zunächst aber allein für die Gesamtsumme von 3,4 Milliarden Mark zu bürgen.

Schon damals hatte die Branche den Prozess der Rechtevergabe höchst misstrauisch beäugt. Eric Drossart, Vizepräsident der International Management Group (IMG), die zusammen mit der Bertelsmann-Tochter Ufa um die WM-Rechte für 2002 bot, schrieb im April 1996 an Generalsekretär Blatter, dass er sich betrogen fühlte im Zuge dieser Ausschreibung: »Es fällt mir schwer zu glauben, dass die FIFA aufrichtig versucht, unser Angebot in einem fairen Wettbewerb zu behandeln.« Im Jahr zuvor bereits hatte die IMG eine Startsumme von einer Milliarde Dollar für das Gesamtpaket TV-

und Marketingrechte 2002 offeriert und ausdrücklich erklärt, dieses Gebot sei nur vorläufig und besitze viel Spielraum nach oben. Gegen Ende des Bietprozesses erfuhr Drossart plötzlich, dass es gar nicht mehr um das Gesamtpaket 2002 ging, sondern um die Fernsehrechte für 2002/2006. Einfach so. Die Marketingrechte sollten nun eineinhalb Jahre später in einem gesonderten Verfahren vergeben werden (und landeten natürlich bei der ISL). Eine vernünftige Planung für interessierte Firmen war bei so einer willkürlichen Ausschreibung unmöglich geworden. Wütend schrieb Drossart an Blatter, dessen Zwischenbescheide an ihn seien nur »kosmetische Übungen« gewesen, um die FIFA gegen »künftige Vorwürfe der unfairen und unsauberen Wettbewerbsführung zu schützen«. Es fiel ihm »sehr schwer, zu einem anderen Schluss zu kommen als dem, dass hier zwei Sorten von Regeln angewendet werden. Eine für das EBU-Konsortium und die ISL, eine für alle anderen.« Was Drossart da noch nicht wusste: Die EBU würde bald zürnend zu den Protestlern stoßen, weil auch sie von der Seilschaft FIFA/ISL (plus Geldgeber Kirch) ausgebootet wurde. Die Attacken des IMG-Chefs aber zeugten schon damals von einem guten Gespür für künftige Probleme. »Mir scheint«, schrieb Drossart, »die FIFA hat für den Fußballsport und ihre Mitglieder eine Fürsorgepflicht, ihr kommerzielles Eigentum zum besten Vorteil dieses Sports und seiner Mitglieder umzusetzen. Momentan ignorieren Schlüsselfiguren der FIFA jedoch diese Anforderung, indem sie Wettbewerber abschrecken.«

Bei der Vergabe der Marketingrechte wiederholten sich die Ungereimtheiten. Auf wundersame Art erneuerte sich im Sommer 1997 eine Verhandlungsoption der ISL, obwohl die nach offiziellen FIFA-Angaben bereits am 29. Februar 1996 ausgelaufen war. Diesmal reagierte unter anderem die Schweizer Agentur Team, Gründer der erfolgreichen Champions League, entsetzt, als sie am 30. Juli 1997 von Blatter erfuhr, »Angebote von dritter Seite« seien erst nach Ablauf der exklusiven Verhandlungsrunde mit der ISL willkommen. Welche exklusive Verhandlungsrunde? Hatte die FIFA nicht sechzehn Monate zuvor alle Agenturen zum Bieten aufgefordert? Die Teammanager legten Havelange/Blatter ihre

Empörung schriftlich dar: »Dieser neue Kurs scheint im Gegensatz zu stehen zu Ihren früheren Mitteilungen. Offen gesagt, diese ganze Prozedur im Zusammenhang mit der Vergabe der Marketingrechte hinterlässt den Eindruck, dass das FIFA-Generalsekretariat vorhat, die betreffenden Rechte zu vergeben, ohne die Möglichkeiten des Markts zu sondieren.«

Die Branche schäumte, auf der Chefetage der ISL aber knallten frühzeitig die Korken. Dass sie die Marketingrechte 2002/2006 – deren offizieller Vergabetermin der 3. Dezember 1997 war – bereits im Sack habe, teilte die Firma am 8. September 1997 intern mit. Und feierte ihren Management-Geheimrat Jean-Marie Weber, wie das Sitzungsprotokoll ausdrücklich festhält. Ein Vierteljahr vor der amtlichen Vergabe konnte Weber die Kollegen schon in Partylaune versetzen – zu einer Zeit, da die ahnungslosen Konkurrenten noch fleißig boten. Das Verwaltungsratspapier zu jener Sitzung dokumentiert das unlautere Spiel von ISL und FIFA: »Weber berichtet, dass die Verlautbarungen der FIFA in der Presse ein abgeschwächtes und – mit Rücksicht auf die interne politische Situation – diplomatisches Zeugnis darüber ablegen, was die FIFA wirklich beschlossen hat, nämlich die Verträge mit der ISL definitiv abzuschließen und anlässlich der nächsten Sitzung des FIFA-Exekutivkomitees vom 3. Dezember 1997 in Marseille genehmigen zu lassen. Die Mitglieder des FIFA-Exekutivkomitees können Fragen stellen, doch den Vertragsabschluss mit ISL nicht mehr verhindern.« Eine Passage wie aus dem Drehbuch eines Mafiafilmes. Alles steckt drin: Die Irreführung der Presse durch die FIFA mit falschen Verlautbarungen, der Deal unter Bossen, die Umgehung der demokratischen Kontrollorgane im Weltfußball, der Exekutive. Kein Wunder, dass darin vorzugsweise Vertreter von Tropeninseln und Zwergstaaten Aufnahme finden.

Am 18. Juli 2000, ein knappes Jahr bevor die ISL an ihrem Expansionsdrang erstickte und Bankrott ging, hatte sie sich die alte Wahrheit des Sports gerade neu in ihren »Strategieplan 2000 bis 2006« geschrieben: »Unser Geschäft wurde auf der Grundlage spezieller persönlicher Verbindungen geschaffen. Über die Jahre haben wir ein Netzwerk enger professioneller Verbindungen mit den meisten der großen Sportverbände aufgebaut.« Das war das Vermächtnis. Die ISL-Manager hatten das Spiel des Strippenziehers Horst Dassler bis zum bitteren Ende praktiziert. Sie hatten, als sie an die Börsen wollten und die Geldflüsse der Firmen bereinigen mussten für das Going-public, die vorgeschriebene Transparenz für Anleger, sogar eine Stiftung in Liechtenstein etabliert, Nunca. Das ist das spanische Wort für Niemals, es wirkt geradezu poetisch für eine Einrichtung, mit der hohe Funktionäre des Weltsports geschmiert werden sollten. Dies wurde intern so mitgeteilt, unter anderem von Weber selbst, und als die Sache ruchbar wurde, sah sich auch Blatter schweren Attacken ausgesetzt. Horst Dasslers Tochter Suzanne, eine Aktionärin der Firma, war von den Managern stets geschickt auf Distanz gehalten worden und hatte nichts mitbekommen von all den Umtrieben. Als sie von Nunca erfuhr, und Blatter das Schmiergeldkonstrukt als mutmaßliche Familieneinrichtung der Aktionäre bezeichnete, erwirkte sie eine Verfügung gegen den FIFA-Boss. Auch die UEFA begehrte Aufklärung über die verschwiegenen, undemokratischen Verfahrenspraktiken des Weltverbandes. Kann es wirklich sein, dass einem stets um persönliches Königswissen bemühten Sportführer wie Blatter fremd war, was da alles ablief und sogar unverblümt im Strategieplan der ISL steht? »Es gilt, die komplexen politischen und emotionalen Querbeziehungen innerhalb der Sportindustrie zu verstehen und zu respektieren.«

Bestochen, geschmiert wird überall im Sport. Das globale Netzwerk aber schufen der fränkischer Schuster und seine Lehrlinge. Mit deutscher Perfektion. Dass ihn heute keiner mehr erwähnt, verrät nur, dass seine Schüler das Personalgeflecht der Sportpolitik noch immer wie Ameisensoldaten kontrollieren. Unauffällig, höchst effizient.

Der Lobbyist: Thomas Bach

Seit der erfolgreichen WM-Bewerbung häuft es sich dort, wo die wahren deutschen Fußballtriumphe zelebriert werden, dass ein kleiner, untersetzter Geschäftsmann mit Brille und Schnauzbart in der vordersten Reihe steht. »Das ist Doktor Thomas Bach, unser deutscher Vizepräsident im IOC«, raunt der RTL-Kommentator ergriffen, als während des Champions-League-Endspiels FC Bayern gegen Valencia die Kamera über die Ehrentribüne schwenkt – da, gleich unterhalb von Präsident Beckenbauer, reißt unser Doktor jubelnd die Arme in die Höhe.

Und als sich die deutsche WM-Bewerbertruppe für 2006 nach der Schlusspräsentation in Zürich zum Gruppenbild formiert, mit Kanzler und Kaiser, Netzer und Becker, irren ausländische Reporter und Fotografen durchs Zunfthaus zur Meisen und bitten deutsche Kollegen um Amtshilfe: »Sorry, wer ist der Mann, der da neben Claudia Schiffer sitzt?«

Eine gute Frage.

Thomas Bach ist der Weltstar unter Deutschlands Sportfunktionären. Die tragende Rolle hatten früher Persönlichkeiten wie Willi Daume inne, der große Visionär, der die Olympischen Spiele nach München brachte und stets regen Anteil nahm an den Grundsatzdebatten im Lande. Heute gibt es keine Charismatiker mehr in diesen Spitzenämtern, der Geldsport gebiert schemenhafte Gestalten. Dröge Juristen, Lobbyisten, undurchsichtige Geschäftsmänner ohne Vision, ohne Programm. Niemand kennt Doktor Bach, keiner weiß genau, was er alles treibt im Sport. Er ist unscheinbar, aber immer mittendrin, hockt wie die Spinne im Netz des Sport-Establishments. Kein Ausschuss, kein Kuratorium, kein Festakt ohne unseren Mann im Olymp. Der Wirtschaftsanwalt aus Tauberbischofsheim ist Deutschlands Erster im Olymp, obwohl die Karriere noch nicht lange währt. 1992, mit 38, schwor Bach den olympischen Fahneneid. Versprach, dass er, ohne auf persönliche Vorteile zu schauen, der olympischen Bewegung dienen wolle. Doktor Bach, der mit den Fechtern 1976 in Montreal Mannschaftsgold geholt hatte, opfert sich dem edlen Ideal. Ohne jeden Eigennutz zog er deutsche Firmen heran, die das reiche IOC mit Equipment und Dienstleistungen unterstützten: DaimlerChrysler und Lufthansa. Bach habe an dieser teuren Sponsorenverbindung unentgeltlich mitgewirkt, ein wenig hölzern bestätigt Daimler-Sprecher Matthias Kleinert das altruistische Phänomen in Zeiten harter Kapitalwirtschaft: »Die Vereinbarung der Zusammenarbeit zwischen uns und dem IOC ist nur in ein paar Paragrafen gekleidet worden.« Ob Bach fürs Mitwirken an der Einkleidung bezahlt worden sei? Schon »die Frage«, findet Bach-Intimus Kleinert, ein alter Fuchs im Sportbusiness, sei völlig abwegig. Für ihn ist sie »neu und überraschend. Von unserer Seite aus nicht.« Für die IOC-Seite kann Kleinert natürlich nicht sprechen. Und die kennt in Finanzdingen ohnehin keine Transparenz.

Bach lässt auf derlei nahe liegende Fragen lieber einen Kanzleikollegen antworten. Was dann so klingt: »Die Tätigkeit von Herrn Dr. Bach als Bindeglied zwischen dem IOC und DaimlerChrysler bzw. Lufthansa ist ehrenamtlich.« Unterlegt wird die fromme Nachricht mit einer unbarmherzigen Drohung: »Nach diesen Bestätigungen sollten Sie zu einer sachlich richtigen Darstellung und damit zur Vermeidung von rechtlichen Weiterungen in der Lage sein.«

Reine Mildtätigkeit befeuert auch Bachs Wirken für die Kranichlinie. »Dr. Thomas Bach, Mitglied des IOC-Exekutivkomitees, stellte den Kontakt zwischen Lufthansa und IOC her«, bestätigt zwar die Pressestelle des Konzerns. Aber die Nachfrage, ob es einen Vertrag gibt mit dem fleißigen Lobbyisten oder zumindest eine Kommissionszahlung für die ja erbrachte, der Imagewerbung in hohem Maße dienliche Leistung, zerschellt an der industriellen Schweigemauer: »Dazu geben wir keinen Kommentar.« Im Sport ist es wie im Geschäftsleben: Man muss einfach an das Gute im Menschen glauben.

Als im Sog des IOC-Korruptionsskandals sogar Bachs Leib- und Magenblatt, die »F.A.Z.« gewisse Interessenskonflikte entdeckte bei einem Industrielobbyisten, der Olympia regiert, ließ sich Bach zu einer Einschätzung herbei: Diese Konflikte gibt's für ihn nicht. »Gäbe es dennoch ein Problem, würde ich es nach international üblichen Ethikstandards lösen, nämlich durch Offenlegung.« Zugleich legte er offen, dass sich das IOC von ihm verspreche, »dass ich meine Beziehungen zu Wirtschaft und Politik einbringen kann. Das ist auch einige Male gelungen«. Natürlich nur zum Besten für die Ärmsten: »Dazu gehören Hilfslieferungen für Hungernde in Ruanda mit Unterstützung der Bundesregierung. Dazu zählen das Engagement von DaimlerChrysler innerhalb des Olympic-Solidarity-Programms, Sportstätten für Unterprivilegierte zu bauen, beispielsweise in Kwazulu-Natal in Südafrika. Ähnliches gilt für die Lufthansa oder die deutschen Sparkassen.« Es gibt so viel Gutes zu tun.

Bach kam 1985, mit kaum 32 Jahren, zu Horst Dassler und Adidas. Der Pate fand Gefallen an dem jungen Mann. Aber offenbar wollte er ihn nur als gutes Gewissen in sein trübes internationales Tagwerk einbinden – glaubt man Bach, bleibt keine andere Interpretationsmöglichkeit. Denn Dassler, der Mann, der Stimmen kaufen ließ, machte den Jungen zum Direktor für internationale Promotion. Und zu nichts sonst, betont Bach.

Was so stehen bleiben müsste, gäbe es da nicht besagten Stasispitzel Karl-Heinz Wehr. Ihm verdankt sich eine atemberaubende Dokumentation darüber, wie Dasslers Stab den Weltsport korrumpierte. Was IM Möwe von einer Sitzung der sportpolitschen Abteilung in Luzern am 24. Juli 1986 berichtete, taugt ebenfalls fürs Mafiadrehbuch. Dasslers Strategen kartelten damals aus, wie der Firmenmitarbeiter für Asien, der Pakistani Anwar Chowhdry, zum AIBA-Präsidenten gekürt werden sollte, anstelle des Amtsinhabers Donald Hull. Bach ist als Teilnehmer dieser Mauschelrunde aufgelistet, die auch besprach, wie Wehr zum Generalsekretär gemacht werden könne. Laut Wehrs Bericht mussten dafür einige Dutzend Stimmen, etwa aus der »riesigen Reserve des afrikanischen Raums«, gekauft werden. Insgesamt 37 Delegierte jetteten deshalb auf Adidas-Kosten zur Kür nach Bangkok. In Luzern hatte man detailliert geplant: »Die Bezahlung von Tickets, die Bezahlung des Aufenthalts in Bangkok, materielle Zuwendungen in Form der Sportbekleidung und Sportgeräte, das Problem von persönlichen Tagegeldern nach Abschluss der Wahl, d.h. Zuwendungen an jene, die zu wählen hatten in Höhe von 200 bis 1000 Dollar [...] Es wurden auch Fragen besprochen bezüglich der Unterbringung in den Hotels, wo man ebenfalls nach diesem Modus verfahren wird, dass man jene, die klar sind, in einem bestimmten Flügel und jene, die absolut dagegen sind, in einem bestimmten Flügel unterbringt und wo man mit bestimmten Sicherheitskräften überwachen wird, welche Bewegung zwischen den einzelnen Parteien stattfinden wird. Man sieht, dass sich diese Leute offenkundig in solchen Wahlfragen auskennen.« Das respektierte selbst die Stasi.

Der Coup in Bangkok gelang. Chowhdry gewann und Wehr wurde Generalsekretär. Auf rund 200 000 Mark schätzte der Spitzel den Betrag, den Dassler für die Inthronisierung seines Angestellten lockermachen musste. IM Möwe hat stets verlässlich gezwitschert, alles trat genau so ein. Zudem ahnte damals ja niemand, dass das Stasi-Material einmal publik werden würde. Als das nach der Wende geschah, hat Wehr natürlich eilig abgeschwächt: Seine Berichte würden »auf reinen Gerüchten beruhen«. Eine Schutzbehauptung. Wehr hat vor allem über konkrete Zahlen, Fakten, Namen, Vorgänge berichtet. Auch die Wahlen in Bangkok verliefen exakt so, wie von ihm prognostiziert.

Trotzdem soll ein Detail nicht mehr stimmen. Zufällig das einzige, das bis heute von höchster sportpolitischer Brisanz ist. Spitzel Wehr hatte auch Bach als Konspirateur aufgelistet – das war eine Sinnestäuschung, behauptete er nach der Wende. Interessanterweise hatte diese Bewusstseinstrübung sogar chronischen Charakter, sie übermannte ihn in mindestens drei Fällen (Luzern, Landersheim, Paris). Als die Stasiberichte 1996 publiziert wurden, stritt auch Bach alles ab. Sie seien »sportpolitisch wie kommerziell unstimmig«, plädierte er in eigener Sache, der Boxsport hätte keine attraktiven Marktziele für Adidas geboten. Wehr aber hatte auch das stimmig erklärt – für jeden, der es nicht von selbst plausibel findet. Es ging Dassler ja hierbei wie in vielen anderen Fällen keineswegs um den

Verkauf von Boxstiefeln oder textile Absatzfragen, sondern um den Ausbau seiner politischen Macht. Er wollte seinen Lohnempfänger an einer Weltverbandsspitze postieren, was besonders im Hinblick auf Wahlen hilfreich ist. Bach aber, mit einer kritiklosen Presse am Rockzipfel, konnte das Thema flugs vom Tisch wischen: Ihm gegenüber habe Wehr »dementiert – er sagte mir, er kenne mich erst seit etwa Anfang 1987«. Also bitte. Zweifelt noch wer?

Die hauchdünne Verteidigungslinie hielt er bei. Dabei hat Dasslers politischer Stab genauso gearbeitet wie von Wehr beschrieben. Bleibt die Frage, wie jemand wiederholt über eine Person berichten kann, die er gar nicht kennt.

Dassler war der heimliche Chef des Weltsports, so hatten nicht nur Stasi und KGB ermittelt. Der fränkische Schuster herrschte und der fränkische Firmenanwalt Bach, heute Vizepräsident des IOC und erfolgreicher WM-Helfer, war zeitweise »Dasslers rechte Hand«, wie Walther Tröger erklärt, der deutsche NOK-Präsident und IOC-Kollege. In seiner Dassler-Biografie schreibt Paulheinz Gruppe: Bach habe im Herbst 1985, sofort nach seinem Eintritt bei Adidas, »in direktem, täglichen Kontakt zu HD«, dem Chef, gestanden. Bach sei als »Leiter der Stabsstelle Internationale Beziehungen« und »Hauptabteilungsleiter Promotion« mit dem »Kontakt zu Sportlern und Verbänden« betraut worden. »Ich fühlte mich nicht Adidas verpflichtet, sondern Horst Dassler persönlich«, wird Bach selbst zitiert. Dem Puppenspieler persönlich also. Bleibt noch die Frage, ob für Dasslers Chef der Internationalen Beziehungen Augen- und Ohrenschützer zur Dienskleidung gehörten.

Mitte der neunziger Jahre lähmte eine Fusionsdebatte den deutschen Sport. Vordergründig ging es um die Verschlankung der aus Deutschem Sportbund (DSB), NOK und Sporthilfe bestehenden Struktur, doch im Kern wollten die Fusionsbefürworter klären, wer künftig der Boss im deutschen Sport ist. Hinter den Versuchen von Sportpolitikern und der Werbewirtschaft, sein NOK unter ein Dach mit dem Sportbund zu zwingen, musste Tröger bald die diskrete Regie von Sportsfreund Bach erkennen. Es wurde gezetert und gezankt, Sponsoren zogen sich zurück. Sogar auf die Ringe, die das

NOK hält, wurden Übernahmeversuche gestartet. Die Schlüsselrollen in der angriffslustigen Wirtschaft hatten Repräsentanten von Daimler und Lufthansa inne. Ende 1996 landete Tröger einen Befreiungsschlag: Er verbat sich beim NOK-Konvent in Chemnitz »die unfreundliche Übernahme« durch den DSB. Bach, Mitinitiator der Fusionsdebatte, erklärte beleidigt, er habe dies doch nur »in meiner Rolle als IOC-Botschafter im NOK« getan. Ein schreiender Interessenskonflikt auch hier: Darf sich ein Schweizer Privatklub wie das IOC derart in die Sporthoheit demokratischer Staaten einmischen?

Er darf, fand Doktor Bach. Folgt man aber dieser Linie, müsste er dann nicht seinen Sitz im deutschen NOK-Präsidium abgeben, den er (der nie von einer Basis gewählt wurde) als IOC-Mitglied automatisch hält? Schließlich gerät er in Fällen wie diesen mit sich selbst in Konflikt: Das IOC des Vorständlers Bach will das NOK des Vorständlers Bach entmachten. Für die Medien ist auch das okay. Wer sonst im Sport genießt einen so pastoralen Ruf wie er? Dafür, dass es so bleibt, ist vorgesorgt. Für die Sparkassen hält Bach nicht nur fleißig Vorträge, er sitzt auch im Kuratorium des hochdotierten Fairplay-Preises für Sportjournalismus. Eine interessante Betätigung für einen Mann, der von diesem Journalismus ja selbst direkt betroffen ist. Und der nach Samaranch-Muster gern aus dem Hintergrund die Dinge steuert. Etwa über Kamingespräche mit auserwählten Presseleuten – Doktor Bach, der über das sportjournalistische Fairplayprinzip in Deutschland wacht, filtert sorgsam Informationen und sortiert kritische Journalisten aus seinen Gesprächszirkeln aus. Aber Interessenskonflikte? Gibt's auch hier nicht.

Doktor Bach, unser Mann im Olymp, hat nach Samaranchs Pensionierung im IOC nicht mehr die besten Karten. In der Heimat, Stichwort Fusionsdebatte, wird er bisher mehr als Schatten übergeordneter Sport- und Wirtschaftsmächte wahrgenommen. Trotzdem besinnt er sich zunehmend auf den nationalen Markt, will künftig auch hier seine diskreten humanitären Leistungen erbringen. Zum Beispiel für Stuttgart, das die olympischen Sommerspiele 2012 haben will und zufällig Stammsitz von DaimlerChrysler ist, für den

Bach regelmäßig wohltätig auftritt. Da dieser DaimlerChrysler auch Topsponsor des deutschen Fußballs ist, hat man sich gleich wiedergetroffen, als es um die Fußball-WM 2006 ging. Ehrensache, dass Bach auch der deutschen WM-Bewerbung half. Franz Beckenbauer hatte ihn geholt, als Vertrauten für die Untiefen der Sportpolitik. Sepp Blatter war ja ein höchst fintenreicher Gegner. Doktor Bach erwies sich auf der Zielgerade als derart nützlich, dass er im Bewerbungsfinale einen Stammplatz in der Grundformation erhielt, neben Kanzler und Kaiser. Wie er das schaffte? Geht die Öffentlichkeit konkret nichts an. Auf Anfrage jedenfalls faselte der DFB, als hätte er einen Titel zu viel gefeiert: »Dr. Bach hat uns signalisiert, bei seinen vielfältigen Terminen und Reisen, vornehmlich bei Gesprächen im internationalen Bereich, für Verständnis und Sympathie für Deutschland als WM-Austragungsort im Jahr 2006 zu werben. Konkret kann das bedeuten, Gründe für Deutschland zu nennen.« Gegen Honorar? »In keiner Weise.«

Wenn er nicht gerade nach Gründen und Signalen für Deutschland und den Sport sucht, ist Bach eine Zugnummer für die Parteifreunde der FDP. Als er im Herbst 1997 mit Außenminister Klaus Kinkel auf Fernosttournee ging, geschah dies nicht als Zaungast, sondern an der Spitze einer 15-köpfigen Gruppe deutscher Wirtschaftsführer. »Wir wollen Aufträge für deutsche Firmen akquirieren«, sprach der sportive Wirtschaftsemissär vor dem Trip nach Japan, Südkorea und Thailand, »die Globalisierung der Märkte ist schließlich keine Einbahnstraße.« Auch wenn es manchmal so scheint. Freund Kinkel tummelt sich heute zur Verwunderung nicht weniger Kollegen im Sportausschuss des Bundestages. Man bleibt vernetzt.

Auch mit Genscher, Mischnick und besonders den früheren FDP-Wirtschaftsministern Hausmann und Friderichs ist Bach eng. Mit seinem großen Förderer, dem im Flick-Parteispendenskandal verurteilten Friderichs, betrieb Bach sogar eine gemeinsame Firma. Auch wurde der Parteifreund nach Dasslers Tod Adidas-Aufsichtsratschef und bemühte sich eine Zeit lang um den Vorsitz in der Deutschen Sporthilfe – doch da war die Spendenaffäre hinderlich.

Müßig zu erwähnen, dass Deutschlands höchster Sportpolitker im Beruf als Industrielobbyist kein Problem damit hat, seine weltweiten olympischen Kontakte klar und sauber vom Erwerbsleben zu trennen. Auch wenn es manchmal anders scheint. Etwa in seiner Beratertätigkeit für die Expo 2000, wo er die federführende Marketingagentur HF&P detailliert beriet, wie solche Weltereignisse mit olympischem Fachwissen gestemmt werden. Wird da nicht ehrenamtliches Know-how verkauft? Oder beim maroden Baukonzern Philipp Holzmann, wo er als Berater für rund 250 000 Mark Jahressalär tätig war und zudem – kein Konflikt? – im Aufsichtsrat der besonders problematischen Tochter Arena saß. Ein Exvorständler sowie ein ehemaliger Justitiar der Firma erklärten, was auf der Hand liegt: Bach sei wegen seiner glänzenden sportpolitischen Kontakte verpflichtet worden, man habe über sein Beziehungsgeflecht den kommerziellen Betrieb der Arena-Veranstaltungskette ankurbeln wollen. Klingt einleuchtend. Die offizielle Version aber kommt von der Konzernspitze auf Anfrage und klingt anders. Danach bezog sich Bachs Arbeit »ausschließlich auf die Gebiete der Rechts- und Wirtschaftsberatung«. Soll keiner glauben, der deutsche IOC-Vizepräsident würde seine olympische Kompetenz zu versilbern suchen, etwa in Form diskreter Transfers von Know-how und Kontakten. Nein, so etwas würde er sofort »nach international üblichen Ethikstandards lösen, durch Offenlegung«. Und hat er je etwas offen gelegt? Nein. Also war da nie was.

Dass der Baurechtsexperte ein Mann für alle Lebensfragen ist, verrät schon der Titel von Bachs Dissertation: »Der Einfluss von Prognosen auf die Rechtssprechung des Bundesverfassungsgerichts«. Die Wirkung subtiler Einflussnahme auf Entscheidungsprozesse, das Soufflieren von Meinungen, die Kunst des Einflüsterns, das Bearbeiten, Manipulieren, Umdrehen von Entscheidungsträgern – kurz: Lassen wir das. Deutschland kann stolz sein auf seinen frömmsten Mann in der sportpolitischen Arena. Keiner wird ihn so schnell bremsen. Doktor Bach, der offizielle Wohlfahrtsbeauftragte der Deutschland AG, ist nicht zu fassen.

Der Pate: Leo Kirch

Verloren, fast ein Pflegefall. Hilflos tastet er sich voran, dreht suchend den Kopf, streckt die Arme aus, orientiert sich an einer Umgebung, die er nur schemenhaft erkennt. Er sieht ja fast nichts, ist ganz aufs Gehör angewiesen. Es fällt schwer, sich hinter dieser hilfsbedürftigen Erscheinung den vielleicht mächtigsten Mann der Republik vorzustellen. Das Pokerface, den größten Glücksspieler des Landes, der mit einem Vermögen von zwölf Milliarden Dollar Rang zwanzig hält auf der »Forbes«-Liste der Superreichen dieser Welt. Den Mann, der den Fußball in seine Gewalt gebracht hat, den Paten des deutschen Kickerkartells. Und doch, man muss es glauben. Folgt man den Aussagen, die dieser Herr und seine Mitarbeiter 1989 im Zuge einer Korruptionsermittlung vor der Münchner Staatsanwaltschaft machten, dann ist er, der das Spiel mitsamt den Spielmachern gekauft hat, so gut wie blind. Ein harmloser alter Herr, fremder Führung ausgeliefert.

»Bereits um die Zeit 1984/1985 war das Sehvermögen von Herrn Kirch empfindlich gestört«, bezeugte ein Assistent der Geschäftsführung. »Er war zwar durchaus in der Lage, allein eine Reise zu unternehmen, da er ein Gespür dafür entwickelt hatte, wo er hinmusste. Er orientierte sich weitgehend an Mitreisenden. Große Schwierigkeiten hatte er mit dem Erkennen von Personen. Dies gelang ihm auch damals meistens nur anhand der Stimme. Seine Öffentlichkeitsscheue ist darauf zurückzuführen.« Löst sich so das größte deutsche Societygeheimnis? Lebt er deshalb wie eine Kobra, immer im Verborgenen?

Die Sekretärin erklärte: »Schreiben, die Herr Kirch nicht lesen kann, lese ich ihm vor.« Kirch reise sogar mit besprochenen Kassetten, weil er keine Unterlagen bei sich trage, ergänzte damals der Assistent: Kassetten, »die er entweder in die Manteltasche stopfte oder in einer Plastiktüte mit sich trug«. Einer mit Plastiktüten und ausgebeulten Manteltaschen – werden so weltweite Filmdeals gemacht? Kirch selbst, der mit dem Augenschmaus für Millionen zum Geschäftsmilliardär wurde, erklärte zu seinem Sehvermögen, »dass es so beeinträchtigt ist, dass ich Sie aus einer Entfernung wie hier von circa zwei Metern nicht erkennen kann. Dies war auch 1984 so«. Wenn's drauf ankommt, raunen Insider, sehe der Patron doch etwas besser.

1984 ging es um eine Aktentasche. Um den Vorwurf, Kirch habe im Züricher Hotel Dolder eine Mappe voll mit Bestechungsgeld für den damaligen Fernsehdirektor des Bayerischen Rundfunks, Helmut Oeller, übergeben. Damit der BR bei ihm gut 300 Spielfilme für 46 Millionen Mark erwerbe – und um so die Front der übrigen ARD-Sender aufzuweichen. Deren Direktoren waren gerade erstmals selbst nach Hollywood gereist, sie wollten ihre Ware günstiger einkaufen – und den profitierenden Zwischenhändler Kirch umgehen. Die Ermittlungen wurden nach zehn Monaten eingestellt. Kirch, erklärte die Münchner Strafverfolgungsbehörde, habe für die Zeit der angeblichen Geldübergabe ein »glaubhaftes Alibi« präsentiert. Er war an jenem Tag zwar in Zürich, zur Tatzeit allerdings beim Essen mit Stephan Sager, einem Mitarbeiter seines TV-Abonnementkanals Teleclub.

Trotzdem blieb der Ruch haften, dass Kirch damals eine Phalanx der ARD gegen ihn dank eines Deals mit CSU-Medienpolitikern gesprengt habe. Sein im Zwist geschiedener Topmanager Bodo Scriba schilderte 1989 dem Staatsanwalt, wie er im Herbst 1984 das Millionengeschäft zwischen der ARD und der US-Filmgesellschaft Metro-Goldwyn-Meyer über den Ankauf von mehr als tausend Filmen verhindern sollte, um Kirchs Provisionen zu retten. Scriba wollte auf Kirchs Geheiß gar ein »Memorandum gegen das geplante Geschäft ARD/MGM« verfasst haben. Empfänger sei BR-Direktor Oeller gewesen, der damals mit dem Geschäft der ARD bestens vertraut war. Ihm, Scriba, seien die Vertragsentwürfe des ARD-Deals zugespielt worden mit dem Auftrag, rechtliche Bedenken dagegen vorzutragen. Am Ende machte die ARD das Geschäft zwar trotzdem allein, aber die Amigos vom BR scherten aus und lieferten ihre Millionen bei Kirch ab. Der Medienmogul mauerte, als ihn der Staatsanwalt mit Scribas Vorwürfen konfrontierte. Das sei »in dieser Form nicht richtig«. Ausschließen wollte er aber nicht, »dass ich [...] auch die eine oder andere Information von Herrn Oeller bekommen habe«. Anstatt hier einzuhaken, ließen die Ermittler den Fall auf sich beruhen. Wie so oft, wenn deutsche Staatsanwälte gegen die Mächtigen im Lande vorzugehen hätten: Kirch, Kohl, Strauß und Strauß, Leuna, die CDU. Und so hat es in besonderem Maße mit der Justiz zu tun, wenn das Ansehen Deutschlands in der Welt in den letzten Jahren derart gelitten hat, dass es auf dem Korruptionsindex von Transparency International (TI) im Vergleich zu den Vorjahren von Rang 14 auf 20 herabgesunken ist – unter 91 erfassten Staaten. Deutschland wird von Geschäftsleuten und Investoren zunehmend als korrupt wahrgenommen. Den größten Schaden richtet nach Angaben von TI die Tatsache an, dass die deutsche Justiz die vielen Korruptionsskandale oft nur zögerlich angehe.

Damals, in den Ermittlungen gegen Kirch, waren dubiose Zeugen und Prozesshansel angetreten. Anteil an der Affäre hatte zudem der Springer-Konzern, der sich noch verzweifelt dagegen wehrte, dem Kirch-Imperium einverleibt zu werden. Der listige Filmhändler gab bei seiner Einvernahme zu Protokoll, Springer-Aufsichtsratschef Bernhard Servatius habe ihm bei einem Sat-1-Empfang angekündigt, eine Woche bevor Kirchs Räume durchsucht wurden: »Nächste Woche werden Sie den Fangschuss erhalten!« Servatius bestritt diese Äußerung, aber der Springer-Verlag war stets auffallend gut informiert über Stand und Fortgang der Ermittlungen. Es passt ins Sittenbild dieser ehrenwerten Mediengesellschaft, dass mit Scriba ein ehemaliger leitender Mitarbeiter Kirchs und neuer Springer-Partner die Vorwürfe gestützt hatte.

Kronzeugen aber, Nestbeschmutzer, Verräter sind selten in der Kirch-Saga. Da galt es ein Zeichen zu setzen. Und Kirch rächte sich brutal. Im April 1998, diesmal wurde unter anderem wegen Steuerhinterziehung gegen ihn ermittelt, sagte er bei der Staatsanwaltschaft München: »1991 habe ich erfahren, dass Herr Bodo Scriba über seine Firmen Filmpakete an ARD und ZDF verkaufen wollte. Da Herr Scriba ein Initiator des Ermittlungsverfahrens wegen Bestechung gewesen war und mir darüber hinaus mit seiner Firma Capitol auf unschöne Weise Konkurrenz gemacht hatte, sah ich eine günstige Gelegenheit, Vergeltung zu üben. Ich habe deshalb im April 1991 meinen Freund Stephan Sager gebeten, Herrn Scriba ebenfalls ein Angebot zu machen, um so die Verhandlungen, die Scriba mit ARD und ZDF führte, zu verzögern und letztlich zum Scheitern zu bringen. Da mir persönlich das Filmpaket zu teuer war, war ich an einem Erwerb nicht interessiert. Die Bemühungen des Herrn Sager, die Verhandlungen Scriba/ARD/ZDF zu stören, hatten Erfolg.«

Ein Blick durchs Schlüsselloch. Ein seltener Beleg für Kirchs Geschäftspraktiken, die gern verklärt werden, bei genauer Betrachtung aber statt strategischer Kunst oft nur skrupellose Vernichtungsmethoden aufweisen: Vergeltung üben, Strohmänner einschleusen, mit Tricks und Trug die Geschäfte der Konkurrenz blockieren. Dieses Repertoire beherrscht der fränkische Weinbauernsohn wie wenige im Land. Damals, nachdem die Korruptionsermittlungen niedergeschlagen waren, verspürten die gescheiterten Widersacher nur noch nackte Angst vor der Rache des Patriarchen. Bei der Bilanzpressekonferenz im Sommer 1990 klagte Springer-Chef Peter Tamm öffentlich, Kirch biete ehemaligen Springer-Bediensteten größere Geldbeträge für »belastendes Material gegen führende Mitarbeiter und mich«. Es gibt wenige graue Eminenzen in dieser Republik, die die Paten von »Bild« so ins Zittern bringen können.

Dem 1926 in Würzburg geborenen Leo Werner Kirch gelang es, aus kleinen Anfängen ein weltweit operierendes Medienimperium aufzubauen. Er begann als Spielfilmlieferant für die öffentlich-rechtlichen Sender, wurde bald Branchenführer. Mit seinen aus wenigen Spitzenfilmen und viel Ramsch geschnürten Filmpaketen ließ sich Kirch von ARD und ZDF zwischen 1965 und 1975 seinen Aufstieg finanzieren. Wie sein fränkischer Landsmann Horst Dassler scheute auch Kirch konsequent die Öffentlichkeit – Aufmerksamkeit hätte diese beispiellose Berufsvita kaum vertragen.

Schließlich durfte keiner wissen, wie er seit den sechziger Jahren den deutschen Markt für TV-Rechte übernahm. Das geschah auch über Strohleute, Treuhänder und Tarnfirmen. Dritte sind oft im Spiel, wenn Kirch pokert. Die Mediengesetze der Republik konnte er nur im Verborgenen umgehen. Ebenso bedurfte es strengster Geheimhaltung, sich gegen den Willen der Mehrheitsaktionärin Friede Springer mit 40 Prozent in den Springer-Konzern einzukaufen. Bei seinen Geschäftsaktivitäten hat der Machtmensch stets eine Kunst offenbart, die ihm im Sporthandel besonders dienlich sein sollte: Ein extremes Gespür für die Eitelkeiten anderer Menschen – und wie er sie für sich selbst ausschlachten konnte.

Das Muster der Geheimhaltung wird auf fast allen Ebenen praktiziert, womöglich weiß der Mogul selbst nicht genau, was ihm heute gehört. Der Lizenzhandel, die Geschäftsbasis, wird rundrum abgeschirmt. Einerseits durch Engagements in anderen Medien wie der Presse oder dem Filmgeschäft, anderseits durch eine komplette Wertschöpfungskette, die Kirch steuert, kontrolliert und im Zweifelsfalle besitzt. Heute verfügt er über das Pay-TV, private TV-Stationen (Sat 1, Pro 7, Kabel 1, N 24, DSF) sowie fast den halben Springer-Verlag. Auch in Österreich und der Schweiz wuchert das Imperium, und mit dem Medienkonzern des rechtspopulistischen italienischen Staatschefs Silvio Berlusconi kooperiert er eng. Die Verklammerung von Fernsehen und Politik wird allmählich symbiotisch. Diese ungesunde Vereinnahmung, wie sie der Operettenfürst Berlusconi in Italien bereits praktiziert, nimmt auch in Deutschland erkennbar zu.

Natürlich setzt Kirch seinen Einfluss auf Fernsehen und Zeitungen politisch ein, boxt seine Interessen durch mit Hilfe eines verschachtelten Konzerns, der selbst für Insider weitgehend abgeschottet ist und als Bedrohung für eine demokratische Gemeinschaft gelten muss. Je mächtiger der Filmhändler wird, desto weniger greifen gesellschaftliche Kontrollinstanzen. Gewaltenteilung? Da lacht einer wie Kirch. Ein Monopol, sagte er einmal, sei sein größter Traum. Mithin stellt sein Lebensentwurf die größte Bedrohung für jede funktionsfähige demokratische Gemeinschaft dar – der Mann regiert ja über Medien, die Arterien der Informationsgesellschaft. Deshalb, und weil außer Maßlosigkeit, Profit- und Machtgier keine anderen Motive erkennbar wurden in Kirchs Geschäftsvita, wirft sich die Frage auf, wie bekömmlich derartige Schattenkarrieren sind für eine Gesellschaft und ihre Wirtschaft. Man sieht zwar noch immer fasziniert auf die Erfolgsgeschichte des Leo Kirch, ohne aber das Ende kennen zu können, ohne seine Methoden genau zu prüfen.

Mit dem sechzehn Jahre herrschenden Helmut Kohl verbindet Kirch eine enge Freundschaft. 1999, nach dem Abschied von Kanzleramt und CDU-Vorsitz, war Kohl auf Einladung von Kirch wiederholt mit dessen Flugzeug gereist: Bern, Wien, Salzburg, Innsbruck und Frankfurt. Kirch habe die Trips »aus seinem Privatvermögen bezahlt«, die Reisen standen natürlich »in keinem Zusammenhang« mit seiner früheren Tätigkeit als Bundeskanzler, hielt Kohl fest.

Da es um Kohl ging, um Kirch und ehrenwerte Geschäfte, überboten sich die Schlagzeilenmacher von »Bild« darin, aus der Affäre keine zu machen. »Kohl: Keine Privatflüge als Kanzler« lautete 1999 der Balken zum Thema. Während das Blatt die Freiflüge jedes anderen Politikers in fetten Zeilen geißelte, kam Kohl ungeschoren davon. Aber was soll sie tun, Deutschlands dünnste Zeitung, wenn der Spender (der Flugreisen) zugleich Großaktionär im eigenen Verlag ist?

Sporadisch lehnte sich Springer auf gegen die Rolle als Kirchs Vollstreckungsorgan. Trotzdem entwickelte sich »Bild« im Verbund mit Sat 1 flott zur Kohl-Postille. Man berichtete Seichtes wie das »offene Gespräch mit Helmut Kohl am Ufer des Wolfgangsees«, nicht über dunkle Spender und schwarze Konten, sondern über »christliche Tugenden« und die Moral.

Aber auch Kirch hat Gründe, Kohl dankbar zu sein. Der Kanzler war stets zur Hand, wenn der Filmhändler bei seinen risikoreichen Deals mit dem Abofernsehen in Bedrängnis geriet. Etwa im August 1995, als der Regierungschef einen bösen Brief an den Aufsichtsrat der Deutschen Telekom schickte, weil der Staatsbetrieb beschlossen hatte, beim Kabelfernsehen nicht Kirchs d-box als Empfangsgerät für das Pay-TV zu nutzen (später entschied sich die Telekom doch für die d-box). Oder Ende 1997: Da drängte Kohl den Präsidenten der EU-Kommission, Jacques Santer, eine von Kirch mit Telekom und Bertelsmann geplante Pay-TV-Allianz zu genehmigen. Das half am Ende freilich weder Kirch, noch hat es Kohl geschadet. Privat harmonierten die beiden Machtmenschen überdies. An Kohls Geburtstag ersteigerte Kirch einmal für 431 000 Mark ein goldenes Burda-Bambi und schenkte es Hannelore Kohl für deren Wohltätigkeitsverein.

Kein kleiner Schlawiner

Ermittlungen, die frühzeitig ausgetreten wurden, sind im Umfeld ebenso virulent wie vage Bestechungsvorwürfe. Einer der getreuesten Kirch-Partner, ZDF-Intendant Dieter Stolte, riet einmal einem Journalisten: »Ich hoffe, Sie schildern Herrn Doktor Kirch nicht als einen kleinen Schlawiner. Als einen Mann, der mit Rotweinflaschen oder Tausendmarkscheinen in der Hand durch die Gegend läuft und Leute besticht.« Nein, so einfach dürfte es kaum gewesen sein, die Medienmacht in Deutschland so zu akkumulieren, dass der Vorgang Vergleichbares sucht in Industrienationen. Empfindlich reagierte Stolte, wenn er selbst zu sehr in die Nähe des Geschäftspartners gerückt wurde. Etwa 1989, als ARD/ZDF die Endspiele der Wimbledon-Sieger Boris Becker und Steffi Graf an den Kabelsender RTL plus mit seiner damals noch bescheidenen Reichweite verloren hatten. »Bild«, noch Anti-Kirch, attackierte Stolte: Wimbledon sei den Mainzern zu teuer, aber für »Leo Kirchs gesammelte Schinken« seien genug Millionen da. Das Volk sah sich betrogen um die Gala seiner Tennislieblinge. Dann hielt auch noch RTL-Chef Helmut Thoma in einer Fernsehdebatte den ZDF-Vertretern Brisantes vor: »Sie zahlen dem Herrn Kirch Millionen. Der fliegt schon mit dem Jet und insgesamt drei Yachten herum, die so generell von allen möglichen Intendanten, Hauptabteilungsleitern und

Direktoren bevölkert werden.« Stolte stellte hastig öffentlich klar, er habe das Schiff des Zaren »nie betreten«.

Geheimnisvolle Verbindungen zur DDR-KoKo, treuhänderische Konstruktionen, die den wahren Umfang des Kirch-Imperiums immer wieder verschleiern, stille Kanäle zur Katholischen Kirche, die Nähe zum schattenhaften Milliardär und Metro-Chef Otto Beisheim in der Schweiz, der ihm einst ebenso aus einer schweren Bredouille half wie Berlusconi, das Raunen, die Indizien um das Reich eines Schwarzen Raubritters sind uferlos. Und oft genug die Furcht. Aber natürlich leidet jeder unter einem Verschwörungssyndrom, der es wagt, Kirchs Geschäftsstil als das anzuprangern, was er in weiten Teilen ist: Klandestine Machenschaften. Beispiele, die zeigen, wie das System funktioniert, führen zum Sport. Zum Fußball, dessen Flugbahn Kirch heute fast in Alleinregie bestimmt. Am Anfang: Ein Lächeln. Es folgt eine Überdosis Charme, dann eine homöopathische Menge Kooperationsbereitschaft, zugleich werden nun Firmen aktiviert, Scheinofferten verfasst, Anteile auf stillen Umwegen erworben, Strohmänner und Zwischenhändler mobilisiert, diskrete Abhängigkeiten geschaffen und schließlich Personen und Besitzverhältnisse umgedreht. Am Ende steht Kirch, der doch nur ein kleines Stück vom Kuchen haben wollte, als der Boss da.

Und reißt die Filetstücke an sich. Meist läuft es nach diesem Muster ab. Am 27. März 1998 legten Kirch und Bertelsmann der EU-Kommission ein gemeinsames Papier vor, um den Widerstand gegen ihre Fusion im Bereich des Bezahlfernsehens zu brechen. Das Papier legt dar, wie »eine von der Kommission im Bereich der Sportrechte fehlerhaft unterstellte Vormachtstellung von Premiere ohnehin durch gesetzgeberische Maßnahmen verhindert« werde. Dann wird die Hand voll WM- und EM-Spiele mit deutscher Beteiligung aufgelistet, Halbfinale und Endspiele dieser Wettbewerbe sowie im DFB-Vereinspokal bzw. in den europäischen Klubwettbewerben, dazu die Olympischen Spiele – macht alles in allem ein gutes Dutzend Fußballspiele, die laut Gesetz im freien Fernsehen verfügbar sein müssen. Ist es nicht gemein, dem armen Bezahlfernsehen da noch eine Vormachtstellung anzudichten?

Die Wirklichkeit, knapp drei Jahre später: Sogar Olympia hat Kirch heute im Sack. Mal wieder im Zuge eines Tauschgeschäfts – für den Erwerb der Rechte an der Fußball-WM 2002/2006 ließ er sich von ARD/ZDF verschiedene Sportarten abtreten. Das IOC, genauer dessen Vizepräsident Thomas Bach, ließ viel Wohlwollen anklingen. Ein tolles »Zusatzangebot« sei doch dieses Bezahlfernsehen. Kirch hat sich also durchgesetzt, allein, denn die EU-Wettbewerbshüter waren ihm 1998 nicht auf den Leim gegangen und hatten die Kooperation mit Bertelsmann verhindert.

Im Premiere-Papier an die EU taten Kirchs Advokaten, als hörten sie das Wort Bundesliga zum ersten Mal: »Die Rechte für die nächsten Spielzeiten beginnend mit der Saison 1998/99 werden nicht – wie von der Kommission unterstellt – ›von Premiere erworben werden‹, der DFB gibt die Rechte in jedem Fall nur saisonweise ab. Für die Saison 1998/99 wurden die Rechte noch nicht vergeben.« Nur wenige Monate später hätten die Premiere-Händler der EU mitteilen müssen, dass sie die Rechte nun wider Erwarten doch gekriegt haben, und das nicht mal »saisonweise«, sondern gleich bis 2003. Und weiter: »Die KirchGruppe hält nicht, wie von der Kommission unterstellt, die Weltrechte für die Fußballweltmeisterschaften 2002 und 2006.« Auch das war zu dem Zeitpunkt richtig – schon 2001 aber wurde diese angeblich abstruse Unterstellung der EU Realität: Kirch vermarktet die Fernsehrechte an der Fußball-WM allein, exklusiv in aller Welt – 2002 bis 2006.

Die Fußballfans liefen Sturm gegen die Verlegung der Bundesliga-Sendung »ran« auf Samstagabend. In manchem Haushalt würde die Konkurrenz zwischen Bundesligaberichten und samstäglichem Spielfilm oder Unterhaltungsshow den Familienfrieden gefährden. Zudem sollten die kleinsten Fußballfans um diese Zeit allmählich zu Bett gehen. Aber man konnte ja nachmittags, live und in voller Länge, zusehen – freilich gegen Aufpreis. Kirchs Kalkül ist einfach, aber brutal: Ändert euer Freizeitverhalten, Sportsfreude – oder macht den Geldbeutel auf! Parallel dazu tobte in der Formel 1 der Krieg um die Macht. Auch den Autorennsport hat Kirch über die üblichen klandestinen Wege an sich gerissen, an der

Formel-1-Holding Slec ist er inzwischen mit satten 75 Prozent beteiligt. Autohersteller und Rennställe befürchten, Kirch werde die Rennen ab 2004 nur noch in seinem Pay-TV senden. Wo sonst? Kirch dementiert. Was sonst?

Damals, als es darum ging, die EU als armseliger Bittsteller zu beeindrucken, hat Premiere rasch noch ein paar Sünden gebeichtet – allerdings die der Konkurrenz. Dick unterstrichen legt das Papier dar, dass das raffgierige ARD/ZDF sogar »sämtliche Spiele im DFB-Pokal« ausstrahle, also zumeist Knaller wie FC Bayern Amateure gegen Hamborn 07 oder Babelsberg gegen Greuther Fürth. Diese alles »überragende Stellung der öffentlich-rechtlichen Anstalten ARD und ZDF im Bereich der Sportrechte«, wie das Papier hervorhebt, ist heute ins Gegenteil verkehrt – obwohl die EU damals hart geblieben war und ein Bündnis der jammernden Bittsteller verbat.

Kirchs Prinzip, um den kleinen Finger zu bitten, um dann die Hand, möglichst den Arm, am besten den ganzen Verhandlungspartner in die Gewalt zu kriegen, hat der Fußball in vielfältiger Weise erlebt. Nicht nur im Zusammenhang mit dem Fernsehen. Schon des Filmhändlers frühere Sportrechteagentur ISPR hatte die Bundesligaklubs im Visier. 1999, als die EU-Kommission prüfte, ob der DFB ein Kartell ausübe, wenn er die Bundesliga zentral ans Fernsehen verkauft, und die Kommission damit die Einzelvermarktung der Vereine in greifbare Nähe rückte, fing das Wettrüsten der Agenturen an. Wie die Geier stürzten sie sich auf die Eliteklasse: Bertelsmanns Ufa, die SportA von ARD/ZDF und die ISPR von Kirch und Springer. Die in München ansässige Firma, einst von Boris Beckers Berater Axel Mayer-Wölden installiert, bot diversen Bundesligisten gestaffelte Preise an für die »exklusiven weltweiten medialen Verwertungsrechte an den Heimspielen der ersten Fußballbundesliga«. Die Agentur garantierte einen Basisbetrag pro Saison, der sich um jeweils eine halbe Million Mark für jeden weiteren Verein erhöhen sollte, sobald der bei ISPR unterschrieb. Jeder Verein, der bei der ISPR anheuerte, sollte ein Eigeninteresse dran haben, anderen Klubs dasselbe schmackhaft zu machen. Die ISPR modelte den neuen Kunden gleich zum eigenen Agenten in der Liga um. Werder Bremen etwa griff entschlossen zu – und Manager Willi Lemke zögerte auch nicht, anderen Vereinen die ISPR als TV-Vermarkter ans Herz zu legen. Mit jedem weiteren Vertragspartner stieg schließlich auch das Honorar des SV Werder. Nach außen, in der Öffentlichkeit, trat der fromme Senatspolitiker natürlich weiter streng für die Beibehaltung der Bundesliga-Vermarktung durch den DFB ein.

Bei der blieb es schließlich auch. Die Vertragsentwürfe der ISPR aber zeigen, wie radikal die Vermarkter vorgehen, wenn man sie lässt. Die Liga sollte damals gekauft werden; das Papier ist ein Dokument der obwaltenden Geschäftsgier. So wird der Verein »verpflichtet, der ISPR pro vertragsgegenständlicher Saison mindestens zwei Freundschaftsspiele gegen national oder international attraktive Gegner (inkl. TV-Signal in guter Qualität dieser Spiele) zur freien Verwertung zur Verfügung zu stellen«. Kräftig geknebelt wurde im TV-Bereich. Scheinheilig blieb dem Verein zwar das Recht, »den Live-Sender in Deutschland zu bestimmen«. Aber dieses Recht war nichts wert: »Sollte die Lizenzsumme des ausgewählten Senders niedriger als das höchste Gebot eines dritten Senders sein, so wird die Drittofferte auf die von ISPR zu zahlende Minimum-Garantie angerechnet.« Das hätte elefantöse In-Sich-Geschäfte innerhalb des Kirch-Imperiums ermöglicht. Klubs, die sich gegen die Verschlüsselung im Pay-TV gewehrt hätten, wären finanziell in Bedrängnis geraten. Wer etwa mit ARD/ZDF abschließen wollte, hätte nach diesem Entwurf an Kirchs ISPR den Differenzbetrag zu der (wohl überhöhten) Summe zahlen müssen, die Kirchs Premiere geboten hätte.

Auch in die Spielervermarktung wollten die Agenten vorstoßen. »Die ISPR erhält auf ihren Wunsch die exklusiven Vermarktungsrechte an Bild und Namen von mindestens zwei von ISPR jeweils zu bestimmenden Spielern. Die von der ISPR ausgewählten Spieler müssen für die ISPR frei vermarktbar sein.« Die Handelsware Mensch hätte nichts zu melden gehabt. Stattdessen würde die ISPR »kostenlos ein auf die Spieler individuell abgestimmtes Marketingkonzept ausarbeiten. Die jeweiligen Spieler werden an den Erlösen aus ihren Vermarktungen, die über 250 000,– p.a. per Spieler hinausgehen, nach einem zwischen dem Verein und der ISPR noch näher zu vereinbarenden Erlösmodell finanziell beteiligt.«

Damit die Agentur wirklich alles kontrolliert, heckten die Rechtedealer eine Klausel aus, um beliebig in die Planung von Klub und Liga hineinfunken zu können. Vordergründig ging es darum, dass sich Klub und Vermarkter »in ihren wechselseitigen Interessen bestmöglich unterstützen«. Konkret hatte das so auszusehen: Der Verein »wird sich nach besten Kräften bemühen, der ISPR optimale Vermarktungserlöse zu ermöglichen (dies betrifft auch die Festsetzung der Spieltage und Anstoßzeiten). Die ISPR wird den Verein ihrerseits nach besten Kräften darin unterstützen, seine sportlichen und wirtschaftlichen Ziele zu erreichen.« Da klingt klar durch, wo die Reise hingeht, das letzte Hurra einer verramschten Branche: Nicht mehr der Sport und die Verbände, nein, die glatten Makler von der Agentur regeln den Spielplan, legen die Anstoßzeiten fest und tun ihr Bestes zum Erreichen der »sportlichen« Ziele. Was das heißt, wenn etwa verschiedene Klubs derselben Agentur versuchen, ihre sportlichen Ziele gegeneinander durchzusetzen? Welchem Vertragspartner hilft die Agentur dann »nach besten Kräften«, welchen verrät sie?

Bei Kirch ging's immer voran. Der Sport geriet wie von Zauberhand in seine Geschäftsfelder: Schnell wurde aus einem früheren Konkurrenzsender, Tele 5, ein weiterer Kirch-Sender in Gestalt des Deutschen Sportfernsehens (DSF). Ohne dass dabei die Lizenz verloren ging, wie es das Mediengesetz gefordert hätte. Die Marschroute war klar, als es Mitte der neunziger Jahre hieß, das Abofernsehen sei der Profitmarkt der Zukunft mit Milliardengewinnen: Alles auf Rot, wir spielen volles Risiko. Doch die Sache kam nicht in die Gänge. Probleme mit dem Kartellrecht und der bis heute unzulänglichen Decodertechnik auf der einen, vor allem die beharrliche Verweigerung der Fernsehkonsumenten auf der anderen Seite machen Premiere zu schaffen. Die Deutschen wollen nicht zusätzlich zahlen. Sie kaufen Kich auch nicht das Pathos von der scheinbaren Selbstbestimmung des Publikums ab, das irgendwann einmal zwischen 500 Kanälen wählen kann. Da kann ihnen Kirch sogar seinen besten Spielmacher auf den Hals hetzen. Nicht mal die Lichtreklame Beckenbauer vermochte den Umschwung zu erzwingen. Des Kaisers einfühlsam weichgezeichnete Werbespots mit – ausgerechnet – der Fußballjugend prallten am störrischen Kunden ab.

Kirch nutzt seinen Kaiser ausdauernd als Allroundwaffe. Sogar 1999, als er den US-Finanzmarkt anpeilte, um seinem kränkelnden Sender mit Hilfe amerikanischer Investoren eine Zweimilliardenmarkspritze zu verpassen. Streng vertraulich erarbeitete das Bankhaus Morgan Stanley Dean Witter eine Offerte. Namentlich und prominent hervorgehoben wurde darin die Anbindung des Senders an »Franz Beckenbauer, der deutsche Fußballer des Jahrhunderts, der acht Spiele der laufenden Bundesligasaison co-kommentiert«. Die Zinsen für das Projekt wären trotzdem zu hoch gewesen, die Sache zerschlug sich. Rupert Murdoch stieg bei Kirch ein, mit 3,5 Milliarden Mark sowie Anteilen an seinem britischen Pay-Kanal BSkyB. Murdoch sitzt Kirch nun auch im Genick. Aber der weiß dieses Problem in politisches Kapital umzumünzen: Bevor Murdoch oder irgendein US-Multi von einem gescheiterten Kirch den deutschen Markt übernimmt, werden die Politiker, und nicht nur die konservativen im Lande, den Hasardeur in Unterföhring lieber weiter mit Geld füttern – von Banken, die auch der Steuerzahler finanziert.

Kirchs schwarzes Imperium hängt am Tropf von Kreditinstituten, die die CSU steuert. Auf die Amigos ist Verlass. Wenn es eng wird für Kirch, springt die halbstaatliche Bayerische Landesbank ein und ermöglicht mit großzügigen Krediten und Bürgschaften, dass dessen Großmannsträume doch noch Realität werden. Im Verwaltungsrat der Landesbank sitzt das halbe bayerische Kabinett. 1997 beteiligte sich das Kreditinstitut des Freistaats an einem Milliardenkredit, damit Kirch sein Pay-TV aufziehen konnte. 1999 ermöglichte die Landesbank mit einer Bürgschaft über 1,6 Milliarden Mark Kirch die Übernahme des Pay-TV-Senders Premiere von Bertelsmann, nachdem die Deutsche Bank gezögert hatte. Und 2001 gab die Landesbank grünes Licht für Kirchs Formel-1-Deal.

Heute verblüfft nur noch die Stümperhaftigkeit, mit der diese von der politischen Opposition als »Freundschaftsgeschäfte« beklagten Deals immer wieder eingefädelt werden – offenbar glaubt die bayerische Landesregierung immer noch, sie könne Kirch permanent frisches Geld zuschießen, ohne dass daraus eine öffentliche Affäre würde. Bricht die aber los, scheuen sich die Verantwortlichen nicht, Satzungen zu verbiegen und Geldspritzen für Kirch als »Unterstützung regionaler Strukturpolitik« zu verkaufen.

Zum Beispiel 1997. 3802 zumeist klein- und mittelständische bayerische Unternehmen hatten im Jahr zuvor Konkurs anmelden müssen, ohne dass die Landesanstalt für Aufbaufinanzierung (LfA) – eine Anstalt des öffentlichen Rechts – ihren regionalen Förderauftrag erfüllte. Gut, dass man nun den 3803. Betrieb retten wollte mit einer Finanzspritze von einer halben Milliarde Mark – auch wenn der Betrieb gar kein regionaler war, sondern Kirchs europaweites Imperium. Die Chuzpe der Regenten von Bank und Freistaat war grenzenlos. Die Amigos behaupteten, der Staatskredit sei nicht zur Behebung von Kirchs gigantischen Schulden gedacht, er diene bloß der Erweiterung von dessen Finanzspielraum. Schließlich habe Kirch, wenn er dem Digitalfernsehen zum Durchbruch verhelfen wolle, eine Menge Kapitalbedarf. War die Argumentation schon dreist, erklärte sie nicht einmal die Kernfrage: Wieso sollen ausgerechnet die Steuerzahler Kirch bei einem Coup unterstützen, der einzig den Zweck verfolgt, ihnen künftig per Decoder und Filmabrufgebühr massenhaft Geld aus der Tasche zu ziehen? Für eine Ware, die sie bislang per Antenne und Kabel wesentlich billiger beziehen konnten? Der Deal mit der LfA platzte in letzter Sekunde, das Geschäft wurde aber auf anderen Wegen gerettet.

Kumpanei, Begünstigung, Vetternwirtschaft. Die deutsche Fernsehpolitik bewegt sich längst auf dem Kellerniveau, auf das die Programme seit Einführung des Privatfernsehens zusteuern. Kirchs politische Handlanger stecken Geld ins digitale Fernsehen und privilegieren so ihren CSU-Freund gegenüber seinen Konkurrenten. Bedenkt man, dass auch die Landesregierung in Nordrhein-Westfalen ihre Bertelsmänner bei jeder Gelegenheit unterstützt, wird das Scheitern der nationalen Fernsehpolitik evident. Deren föderale Struktur war ja einst als Bremse gedacht, als Schutz vor Konzentrationen – in Wahrheit wirkt sie heute wie ein Beschleuniger. Und liefert im Bedarfsfall auch das Schmieröl. Im besinnungslosen Wettstreit der Landespolitiker geht es nur noch um die Frage: Wer hat den schönsten Medienstandort?

Frühjahr 2001. Die christsozialen Schutzengel waren fix zur Stelle, als der Filmhändler Sicherheiten brauchte für einen mehr als zwei Milliarden Mark schweren Deal. Diesmal wollten Kirch und sein stark angeschlagener Partner EM.TV die Formel 1 unter Kontrolle bringen. EM.TV hatte 2,8 Milliarden Mark Verlust im Geschäftsjahr 2000 gemacht, Vorstandschef Thomas Haffa damit die Megapleite des Neuen Marktes hingelegt. Bei der Bilanzpräsentation Anfang Mai 2001 fiel dem Hasardeur mit den zahllosen Feinden unter den Kleinaktionären nur noch ein Freund ein: Leo Kirch. Der letzte Helfer in Haffas Welt. Sogleich entflammte ein Machtkampf um die Rennserie. Mercedes, Fiat und andere Konzerne drohten mit der Gründung eines eigenen Wettbewerbs, weil sie befürchteten, Kirch wolle die Formel 1 ins Pay-TV verschleppen. Bis 2003 läuft sie bei RTL, danach könnte der Pate die Rechte kassieren. Natürlich nahmen es ihm die Motorsportmanager nicht ab, als Kirch beteuerte, die Rennserie werde nicht im Decoder verschwinden. Franz Maget, Chef der bayerischen SPD-Landtagsfraktion, wertete den Kredit als erneuten »Freundschaftsdienst«. Würde Kirch dabei ein Geschäft machen, hätte ja keine private Bank gezögert, ihn zu finanzieren. Maget: »Deshalb muss die Landesbank mit Staatsknete aushelfen. Da liegt doch die Vermutung nahe, dass sich Stoiber im Gegenzug auch einen Vorteil ausrechnet.« Publizistische Rückendeckung für eine Kanzlerkandidatur? Maget: »Kirch hat die Medienmacht und ist daher unverzichtbar für Stoiber.«

Im März 1997 hatte Stoiber noch Skrupel bekommen. Als Kirch besagte Anstalt für Aufbaufinanzierung melken wollte, lief die Opposition in Brüssel, Bonn und München Sturm gegen die »Freundschaftsmillionen«. Stoiber wies jede Verantwortung von sich und ließ Wirtschaftsminister Otto Wiesheu den Skandal allein ausbaden. Der sonst an allen Wirtschaftsprozessen in Bayern hochinteressierte Stoiber behauptete, er habe von allem nichts gewusst. Ob Kirch darüber gegrinst hat, ist nicht überliefert. Sicher ist, dass er Kunde bei der Landesbank blieb und seine Geldprobleme auch mit deren Hilfe überwand. Und dass Stoibers willige CSU-Bürgen ihr Schicksal mehr und mehr mit dem von Kirch verquicken. Willkommen in der totalen Vereinnahmung, herzlich willkommen im schwarzen Loch.

Kirch und die FIFA

Aus dem Nichts, wie so oft, ergatterte Kirch die milliardenschweren FIFA-Rechte. Der Medienmogul und die mit Stiftungen (und stets eng am Funktionär) operierende ISL hatten sich Mitte der neunziger Jahre gesucht und gefunden. In der Branche wurde über die »Frankonia Connection« geflüstert, weil ja einige der ISL-Aktionäre aus Herzogenaurach stammen und zum Teil noch in der Region leben. Der Deal war ohne Vorgeplänkel zustande gekommen. Die ISL hatte keine Ahnung vom Fernsehgeschäft und wenig Geld, es war gerade der Großkunde IOC abgesprungen. Aber eines hatte die Firma um die graue Eminenz Jean-Marie Weber nach wie vor: Den goldenen Türschlüssel zur FIFA, das Ohr des Paten Havelange und seines Adlatus Blatter. Kirch hingegen besaß viel Fernseh-Know-how und gefügige Kreditgeber. Und er trat artig und zurückhaltend gegenüber dem neuen Partner auf. Der sollte Hauptlizenznehmer der FIFA sein, Kirch nur Co-Lizenznehmer, aber trotzdem sollte er allein für die 3,4 Milliarden Mark bürgen, welche die Partner für die WM-Fernsehrechte 2002/2006 boten.

Dieses Geschäft war heikel – auch für die FIFA. Bisher hatte sie ihre TV-Rechte stets an den alten Partner EBU vergeben. Die European Broadcasting Union, der öffentlich-rechtliche Senderverbund, garantierte für sichere Zahlung und erprobtes Knowhow. Also musste der Wechsel zu der neuen, vergleichsweise windigen Allianz überfallartig ablaufen – lange Debatten und die rasch zu erwartende Nachbesserungsofferte der EBU galt es unbedingt zu vermeiden. Dann hätte es für die FIFA keine Argumente mehr gegeben, um der Öffentlichkeit den Wechsel zu dieser dubiosen Bezahlfernsehallianz plausibel zu machen. Es musste ein Überfall auf die Exekutive her. Der wurde inszeniert von der FIFA-Spitze und es lässt eine Menge Interpretationsspielraum offen, dass die ISL-Vertrauten davon rechtzeitig Wind bekamen. In der Verwaltungsratssitzung Anfang Juni 1996 hieß es, »vielleicht bereits schon diesen Sommer« würden die TV-Rechte vergeben. Zugleich wurden die Räte »auf die strenge Vertraulichkeit dieser Mittelung aufmerksam gemacht, über die vollständiges Stillschweigen bewahrt werden muss«. Schweigen, vertrauliche Botschaften, Überrumpelungstaktiken – vertraute Manöver aus Kirchs Geschäftswelt. Da hatten sich die drei richtigen Parteien gefunden.

In der Zeit vor der Entscheidung Anfang Juli 1996 war FIFA-Generalsekretär Blatter damit beschäftigen, andere Bieter hinzuhalten und mit jähen Ausschreibungsänderungen zu verwirren. Zugleich bereitete er in der Finanzkommission den Vorschlag zugunsten von ISL und Kirch vor. Havelange bestellte Exekutivmitglieder zum persönlichen Vorgespräch ein.

Am Abend vor der entscheidenden Sitzung dinierte der brasilianische Pate in seiner Hotelsuite mit dem Exekutivmitglied Wjatscheslaw Koloskow. Der Russe ist berüchtigt für sein Talent, die Fleischtöpfe jener Politiker und Industriellen aufzuspüren, denen er über seine Ehrenämter kleine Gefälligkeiten erweisen könnte. Ein Netzwerker par excellence, empfänglich für jeden Vorschlag, der ihm persönlich zusagt. Auf der entscheidenden Sitzung des Exekutivkomitees ging Havelange frühmorgens siegessicher zur Sache. Hinter verschlossenen Türen kam er schnell auf den Punkt. Er schlug vor, die Fernsehrechte für 2002/2006 an ISL/Kirch zu vergeben, obgleich er wusste, dass die acht Europäer in seinem Vorstand, wenn überhaupt, dann nur über die WM 2002 befinden wollten. Havelange beantragte also die sofortige, offene und einzelne Abstimmung und überrumpelte so seine Konkurrenten. Er begann mit Sportskumpan Koloskow: »Bist du nicht auch der Meinung, mein Freund, wir sollten das Angebot von ISL und Kirch akzeptieren?« Koloskow tat, worum er gebeten worden war. Er nickte. Dies war der erste Sieg – aus taktischen Gründen musste das erste Ja von einem Europäer kommen. Ist deren Front einmal durchbrochen, werden auch die anderen wankelmütig – die Fraktionsdisziplin ist dahin.

Die Frage ging nun reihum. Blatter notierte die Stimmenzahl. 21 Mitglieder hatte das Exekutivkomitee damals. Aber das deutsche Mitglied Gerhard Mayer-Vorfelder sowie der greise Milliardär Henry Fok aus Hongkong fehlten. Von den verbliebenen neunzehn Mitgliedern antworteten neun mit Ja. Das war nicht einmal die Hälfte. Sechs waren dagegen. Mit Mayer-Vorfelder wären es sieben gewesen, sofern der seinen Auftrag im Sinne von DFB und UEFA wahrgenommen und für die Vergabe der Rechte an die EBU gestimmt hätte. Drei enthielten sich. Ein höchst schwammiges Votum also für einen Milliardendeal, der die Öffentlichkeit noch viele Jahre wie kein anderer Sportrechtehandel beschäftigen sollte. Havelange, der gerissene Mauschler, konnte trotzdem großtuerisch auf seine Stimmabgabe verzichten.

Im Februar hatte Blatter noch erklärt: »Unser Partner ist die EBU.« Und die flammende Warnung ausgestoßen, man dürfe »sich nicht blenden lassen von den großen Summen, die da herumgehen«. Der Sport stehe zu sehr im Mittelpunkt der Finanzen, »das gefällt mir gar nicht«. Warum dann die Überrumpelungstaktik, die nur Kirch/ISL dienen konnte? Warum die irreführende Informationspolitik für alle anderen, während ISL und damit Kirch vertraulich mitkriegten, was gespielt wird? Warum wurde erst dieser Vertrag in Windeseile durchgedrückt – und dann der bald zerstrittenen Zweckallianz Kirch und ISL anderthalb Jahre Zeit gegeben, ihre Geschäftsstrategie auszuhandeln? Völlig überraschend sei die Abstimmung für die Hauptakteure im Fernsehgeschäft gekommen, empörte sich EBU-Präsident Albert Scharf. Er habe »wie alle anderen aus den Nachrichten« davon erfahren.

Tatsächlich hatte es in der an die Exekutivmitglieder verschickten Tagesordnung nur geheißen: »Bericht der Finanzkommission über die Vergabe der Fernsehrechte«. Dass dies nichts besagen muss, zählt zur traurigen Tradition der Ära Havelange/Blatter, in der den Weltfußball betreffende Grundsatzentscheidungen ohne Sachanalyse und gründliche Aussprache getroffen wurden. Der Beispiele gab es viele. Nur hatte sich die EBU, der langjährige Partner, nie daran gestört. Erst als sie selbst zum Opfer interner Machenschaften wurde, war die Empörung groß. Zu spät.

9:6 bei drei Enthaltungen war das Endresultat, die drei Enthaltungen deuteten nicht auf Zustimmung hin. Zunächst aber kursierten sogar unter den Bewerbern ganz andere Ergebnisse. »Das Verfahren bei der Vergabe war äußerst irritierend«, kritisierte der EBU-Chef. »Ständig wurden neue Bedingungen gestellt.« Scharf, Intendant des Bayerischen Rundfunks und damals ARD-Vorsitzender, rügte das sehr »auffällige« Fehlen Mayer-Vorfelders – der war ja Vertreter des mitgliederstärksten Verbandes der Welt und damit des für Kirch profitabelsten Fernsehmarktes.

In EBU-Kreisen wurde Schlimmes vermutet. Ein deutsches Komplott lag auf der Hand: Kirch und »MV«, eine schwarze Seilschaft hatte den Willen Europas stranguliert. Der schwäbische CDU-Minister hatte ja um die knappen Mehrheitsverhältnisse gewusst. Hätte er für die EBU gestimmt, wäre die Situation für die Überraschungsallianz ISL/Kirch prekär geworden – »MV« hätte sich ja in Havelanges Fragerunde auch erklären müssen, er hätte also wohl oder übel Kirchs Pay-TV-Pläne verraten müssen und damit den einen oder anderen Unentschlossenen gegen den Glücksritter aus Deutschland aufgebracht. Oder aber er hätte offen für seinen Parteifreund Kirch gestimmt – dann wäre dies aber gegen den erklärten Willen von DFB-Chef Braun und den der UEFA geschehen und Deutschland wäre als Verräter an der Sache des Fußballs und Europas wüst angegriffen worden. So wählte er die einfachste Variante und stimmte erst gar nicht ab, wie es vier Jahre später Charles Dempsey bei der WM-Vergabe 2006 erneut für den deutschen Bewerber tat.

Mit welcher Begründung hatte der Finanzminister Baden-Württembergs bei dieser epochalen Entscheidung gefehlt, dem finanziell weitreichendsten Beschluss der FIFA aller Zeiten? Laut Ministerium hatte »MV« am Vormittag des 3. Juli 1996 »dringende Haushaltsberatungen« in Stuttgart. Nachmittags unterstützte er den Kandidaten für die Stuttgarter Oberbürgermeisterwahl, Schuster. Angeblich will sich »MV« noch einmal rückversichert haben, bevor er auf die Reise nach Zürich verzichtete. »Ich habe Blatter gefragt, ob über irgendwas entschieden wird«, erklärte er, Blatter habe abgewunken: Mach dir keine Sorgen, es gibt nur eine Orientierungsrunde. Also seien ihm seine Termine wichtiger gewesen. Später will er aus allen Wolken gefallen sein, als das Ergebnis verkündet wurde. War es so?

Blatter widerspricht. »Er hat mich ganz sicher nicht gefragt, sonst hätte ich ihm gesagt, dass das auf der Traktandenliste steht, die er auch erhalten hat.« Und was da draufsteht, das stünde eben nie einfach nur zur Diskussion, »sondern immer zu Diskussion und Entscheid«. Darüber wiederum gehen die Angaben selbst unter Exekutivlern auseinander. Wenn alles, was auf der Tagesordnung steht, automatisch zum Entscheid anstünde, wäre das höchst fahrlässig – weil sich dort oft 40 oder 50 Punkte anhäufen und die Mitglieder sich gar kein Bild machen können von all den hastig abzuhandelnden Sachverhalten. Blatter blieb trotzdem dabei: »Über das Thema haben Mayer-Vorfelder und ich nicht gesprochen.« »MV« grinste nur. »Dann habe ich eben nicht mit Blatter, sondern mit seinem Sekretariat gesprochen. Das weiß ich doch nicht mehr.« Als interessiere ihn der ganze Eklat um die Vergabe der Fernsehrechte nicht.

Auf dem folgenden FIFA-Kongress am 4. Juli 1996 versetzte Havelange seinen europäischen Rivalen um Lennart Johansson noch weitere Nasenstüber. Zunächst versprach er jedem der damals 198 nationalen Verbände aus dem neuen Fernsehvertrag einen Grundbetrag von einer Million Dollar. Für die frisch aufgenommenen Föderationen der Jungferninseln, von Montserrat oder Guam hatte sich der erste Besuch beim Fußballpaten voll ausgezahlt. Dann beschloss der Kongress mit 130 zu 41 Stimmen, die

Zahl der Exekutivmitglieder um je einen Vertreter aus Afrika, Asien und Ozeanien von 21 auf 24 zu erhöhen. Die Europäer blieben bei acht Plätzen, wurden also geschwächt. Auch dies war eine Folge der deutsch-deutschen Abseitsstellung. Havelange erhielt nicht einmal Widerworte von den geschockten Europäern und bedankte sich für eine »ruhige und faire« Versammlung, die in einer »Atmosphäre des Friedens« stattgefunden habe: »Sie haben sich alle perfekt verhalten!«

Die UEFA leckte ihre Wunden. Und reagierte so bald als möglich: Bei den Wahl 1998 durfte »MV« nicht mehr für den europäischen Verband in den FIFA-Vorstand einziehen. Der Deutsche verlor gegen Josef Mifsud, Malta.

Rasch merkte die ISL, die privilegierte Hausagentur der FIFA-Bosse, dass sie ins Becken eines Haies gestiegen war. Der neue Partner Kirch öffnete die Trickkiste. Erst schlug er vor, Joint-Venture-Gesellschaften zu gründen, um raffinierte steuerliche Lösungen zu finden. »Die Kirch-Gruppe nahm dies zum Anlass, der Sporis/ISL einen inakzeptablen Knebelungsvertrag zu unterbreiten«, wehklagten die Verwaltungsräte bereits im Herbst 1996 und beschlossen, »dass die Sporis/ISL in keine Abhängigkeit zur Kirch-Gruppe geraten darf«. Zu spät.

Kaum war der FIFA-Zuschlag erfolgt, machten sich die drei für die ISL mit diesem Deal befassten Manager aus dem Staub. Peter Sprogis, Stephen Dixon und Tom Hipkens stiegen aus, jetzt, wo der Goldrausch angebrochen schien, um sich mit ihrer neuen Firma Prisma nach anderen Pfründen umzusehen. Da sie außer Beachvolleyball nichts an Land zogen, klopfte sich die Branche bereits vorfreudig auf die Schenkel. Pokerte da nicht Kirch mit seinen gezinkten Karten? Monate vergingen, ISL und die abtrünnigen Prisma-Manager lieferten sich erbitterte juristische Scharmützel, dann war das Unvermeidliche offiziell: Hinter Prisma steckte Kirch. Die besten Fußballexperten der ISL waren, Zufälle gibt es, auf Leos Pay-roll gelandet.

Der Eklat war da. Die FIFA zürnte, bezog Partei für die ISL, der Ton wurde schärfer. Im Juli 1997, als Kirchs Leute wieder mal im

FIFA-Hauptquartier eintrafen, ließ Blatter ausrichten, er habe keine Zeit für Gespräche: »Wer schmutzige Wäsche zu waschen hat, sollte das zu Hause tun und nicht auf dem Marktplatz.« Muskelspielchen. Die Angelegenheit duldete keinen Aufschub mehr. Unter den europäischen Vertretern in der FIFA-Exekutive wuchs der Widerstand gegen den Fernsehvertrag, die Mitglieder fingen an, lästige Fragen zu stellen. Auch die deutsche Öffentlichkeit war mittlerweile für die Pay-TV-Pläne sensibilisiert. Blatter musste die Streithähne schnell beschwichtigen – zumal die ISL nun auch noch mit den Marketingrechten für 2002/2006 betraut werden sollte. Also konnte man keine öffentlichen Debatten über Vetternwirtschaft im Weltfußballverband brauchen, jetzt, da sie mit Händen zu greifen war. Und Folgedeals mit der ISL hätte sich die FIFA auch abschminken können.

Im August verhandelte Dieter Hahn, Kirchs rechte Hand, mit dem zur ISL übergewechselten Daniel Beauvois vier Tage lang in Zürich, dann gab es eine Einigung. Prisma sollte nun den Verkauf der WM-Bilder in Europa übernehmen – die ISL im Rest der Welt, mit Ausnahme der USA (diese Rechte wurden gesondert vergeben; Kirch erwarb sie 2001). Die ISL bestand darauf, dass sich Kirch sein U-Boot Prisma als Mehrheitsaktionär einverleibt. Im Gegenzug übernahm sie nun die Bankbürgschaft für 1,4 Milliarden Schweizer Franken, die Hälfte der gesamten WM-Summe. Das trug sehr zur Entlastung des von Steuerfahndern und Staatsanwaltschaften verfolgten Kirch bei. In gleich lautenden Presseerklärungen wurde der Waffenstillstand sogar dreist zur vorzeitigen Planerfüllung umgemodelt. Nun hieß es: »Bereits ein Jahr vor Beginn des WM-Zyklus 2002 ist das Projekt gesichert.« Aber hatte man davon nicht bei der Vergabe der WM-Rechte im Juli 1996 ausgehen müssen? Hätte das bei einer Vergabe an Europas öffentlich-rechtliche Sender jemals in Frage gestanden?

Mit der Jokerkarte Prisma hatte Kirch seine Pläne zu großen Teilen verwirklicht: Er bürgte nur noch für die Hälfte des Vertragsvolumens – hatte aber durch die exklusive Rechteverwertung auf dem europäischen Markt riesige Gewinnaussichten. Dass später durch die ISL-Pleite auch noch der andere Teil dazukam, war da wohl nicht abzusehen.

Politische Schützenhilfe

Februar 2001. Fritz Pleitgen war angewidert. Monatelang hatten die ARD-Sender unter seinem Vorsitz mit Kirch über die Fernsehrechte an den Fußballweltmeisterschaften 2002/2006 verhandelt. Nun war die Sache geplatzt, das Palaver eingestellt. »Es gab Kröten zu schlucken und kleinzukauen«, berichtete Pleitgen, es sei »nicht sehr appetitlich« gewesen. Was erst recht für Kirchs Reaktion nach dem Scheitern galt: Geschäftsführer Dieter Hahn erklärte, die Radioreporter der ARD-Anstalten bekämen keine Akkreditierung für die WM. »Schöne Verhältnisse«, staunte Pleitgen, »ich bin entsetzt, wie man hier mit einem Gut wie der freien Berichterstattung umgeht.«

Freie Berichterstattung, unabhängige Medien – hat dieser demokratische Firlefanz den großen Entrepreneur je intereressiert? Kirch hatte andere Probleme. Die Verhandlungsführer der ARD hatten erkannt, dass er ein Papiertiger war. Auch der Freund im feindlichen Lager, ZDF-Intendant Stolte, konnte nicht soufflierend eingreifen. 250 Millionen Mark sollten die Öffentlich-Rechtlichen für 25 Spiele von der WM 2002 zahlen – dafür wollte Kirch aber nicht einmal eine Garantie für die WM-Rechte 2006 in Deutschland geben. »Warum wohl nicht?«, fragte Pleitgen und kannte die Antwort: Weil Kirch den Preis noch höher treiben will; oder die Super-WM in Deutschland komplett in seinem Senderreich ausstrahlen. Auf jeden Fall hatten die ARD-Chefs begriffen, dass sie ohne WM-Garantie für 2006 auch kein bisschen unter Druck standen. Pleitgen: »Wir hätten für 2002 Preise gezahlt, die andere nicht bereit waren zu zahlen, und wären so zu den Toren der Nation geworden.«

So ist es. Kirch hatte kaum Alternativen. Hätte er die 25 Spiele, inklusive sämtlicher Partien der DFB-Auswahl, an seine eigenen Free-TV-Sender Sat 1, Pro 7 oder DSF verkauft, hätte er die Erlöse nur von der linken Tasche in die rechte geschoben. Blieb RTL. Aber der Bertelsmann-Sender ist Hauptkonkurrent von Kirchs freien Stationen. Er hätte dem Wettbewerber keine derart gigantische Summe bezahlt. Die RTL-Manager blieben defensiv und warteten nur auf ein Schnäppchen.

Es sah schlecht aus für Kirch. Die Masche, ARD/ZDF über seine publizistischen Stoßtruppen dafür zu geißeln, dass der arme deutsche Fernsehzuschauer nun keine WM-Bilder zu sehen bekäme, zog nicht. Die Drohkulisse, die WM könnte in Kirchs Pay-TV verschwinden, war ja nur aus Papier: Man wusste, dass die wichtigsten Spiele der WM einschließlich aller deutschen Auftritte, Halbfinale und Finale, in frei empfangbaren Sendern ausgestrahlt werden müssen. Das ist gesetzlich festgelegt.

Aber plötzlich drehte sich das Schlachtenglück: Mit schmetternden Fanfaren griff die leichte Kavallerie der deutschen Medienpolitik ein. Kanzler Schröder vorneweg ritt die Attacke gegen die eigenen Leute, im Gefolge die üblichen Verdächtigen Edmund Stoiber, Wolfgang Clement und Kurt Beck. Die Politiker befehligten ihre Fernsehleute wieder an den Verhandlungstisch mit Kirch. Kompanie zurück, marsch, marsch!

Der Rest war Vollzug. Der Deal kam zustande wie von Kirch gewünscht, die Öffentlich-Rechtlichen schlichen als Deppen der Nation aus der Konferenz. Dann hallte ein Gejuchze und Gejubel durchs Land, dass man glauben musste, Deutschland sei wieder Weltmeister. Schröder, Stoiber, Schily, Huber, Beck, Stolte, Mayer-Vorfelder – alle freuten sich öffentlich für die vielen Fans darüber, dass die WM doch noch bei ARD/ZDF zu sehen sei. Alles für die Fans! Diese lieben, die guten! Die Menschen im Lande – ach ja: Für die Menschen in Deutschland, so hatte Kurt Beck salbadert, sei das ganz arg wichtig. Als ginge es um Leben und Tod. Tatsächlich war es nur populistisches Geklapper: Beck musste, so kurz vor den Landtagswahlen in Rheinland-Pfalz, rasch den Retter des Volks mimen.

Lüge, Täuschung, Politgeflunker. »Die Politiker sind nicht die Retter des frei empfangbaren Fußballs, als die sie sich jetzt gern feiern lassen«, rügte der Medienrechtler Dieter Dörr. »Sie haben im Gegenteil ARD und ZDF in eine so schlechte Position gebracht, dass beide Anstalten einen höheren Preis als nötig zahlen müssen.« Der Mainzer Professor sieht die Wurzel des Übels bereits in dem 1999 in Kraft getretenen Rundfunkstaatsvertrag. Statt wie in Großbritannien die freie Übertragung der ganzen WM festzuschreiben, wurde da nur eine beschränkte Auswahl getroffen – damit hatte die Allianz der Heuchler zugunsten Kirchs bereits begonnen. »Und das, obwohl zum Zeitpunkt der Vertragsunterschrift jeder Politiker wusste, dass wir die WM 2006 möglicherweise im eigenen Land haben werden«, sagt Dörr. ARD und ZDF seien so von vornherein in eine schlechte Verhandlungsposition gebracht worden. »Ich habe meine Zweifel, ob diese Preise fair sind.«

Wen interessiert Fairness in Kirchs Kickerkartell? Es war ein Musterbeispiel für den Missbrauch des Volkssports zu politischen und wirtschaftlichen Zwecken. Alle Beteiligten hatten nur ihre Vorteile gesucht. Auf Kosten der Zuschauer, die den Kirch-Coup mit ihren Fernsehgebühren bezahlen müssen – aber weil man ihnen das nicht sagen durfte, mussten sie getäuscht werden.

Es hat nie die Gefahr bestanden, dass die wichtigsten WM-Spiele ins Pay-TV wanderten. Zudem hatte Kirch nicht einmal mit anderen Privatsendern verhandelt. Und am Ende gab er ARD/ZDF doch keine Garantie für 2006. Es bestand daher nicht die geringste Notwendigkeit, seine Wucherforderungen mit Fernsehgebühren zu befriedigen. Wie so oft hat der Steuer- und Gebührenzahler Kirchs mediale Allmachtsträume subventioniert – das sollte nicht vergessen, wer in naiver Faszination auf die Erfolgsgeschichte des Paten schaut.

Die Politik hat eine Großchance vertan, wirtschaftliche Vernunft festzuschreiben. Eine wichtige Wendemöglichkeit war verpasst, die Fans waren sogar bewusst getäuscht worden. »Komisch« findet es Medienrechtler Dörr, »wenn sich dieselben Politiker nun zum Anwalt der Fans machen, die bei den freien Listen weniger weit gegangen sind als ihre Kollegen in anderen europäischen Ländern.« Oder in den USA. Sogar im Mutterland des sportiven Totalkommerzes gilt der politische Konsens, dass wichtige Ereignisse wie das Footballfinale Superbowl frei empfangbar bleiben müssen. Es versammelt 60 Prozent der US-Haushalte vor den Fernsehgeräten, eine größere gesellschaftliche Klammer gibt es nicht. Wehe, da käme einer wie Kirch mit seiner d-box an.

Trotzdem feierten Kirchs politische Handlanger ihre persönlichen Triumphe. Der Kanzler als großer Krisenmanager, Beck als strahlender Wahlgewinner, der zugleich Stoltes Kirch-freundliches ZDF kontrolliert. Das wird auch von Stoiber beaufsichtigt. Und Bayerns Primus durfte erleichtert sein, dass dem Makler dank der öffentlich-rechtlichen Versorgungsspritze das Geld nicht ausgeht. Schließlich würde ein bankrotter Kirch über seine Milliardenkredite bei der halbstaatlichen Landesbank die ganze CSU-Mannschaft mit in den Abgrund reißen.

Zahlen oder warten

Bloß die Fußballbundesliga, die fast nur von Kirchs Geld lebt, konnte von dem Segen nicht profitieren. Nicht von den Wucherpreisen für die WM 2002 und nicht von den hunderten Millionen, die Kirch dank der Pleite des ehemaligen Partners ISL nebenbei in den Schoß fielen. Dank einer wechselseitigen Option war er beim Untergang der Agentur als Erster am Drücker – und siehe da: Ausgerechnet bei den Fernsehrechten hatte ISL sehr ordentlich verkauft, Kirch stieß auf einen Überschuss von mehreren hundert Millionen Mark. Aber der deutsche Fußball hatte nichts davon. Im Gegenteil.

Kirch rief seine Spielmacher zusammen: Pay-back-Time, Sportsfreunde – wir müssen dringend mehr Wert schöpfen aus der Software Fußball! Sein marodes Bezahlfernsehen wollte künstlich beatmet werden. Seit März 1999 ist er Alleinbesitzer von Premiere, allein in den folgenden zwei Jahren fielen 2,5 Milliarden Mark Verlust an. Jetzt half nur noch die radikale Tour: Verknappen und verschlüsseln. Und weil die Fußballbosse ihre Handlungsfähigkeit an den Makler abgetreten hatten, wies ihn keiner darauf hin, dass er das schon beim Rechteeinkauf hätte wissen müssen. Sie alle mussten Kirchs Keulenschlag hinnehmen. Um sein havarierendes Bezahlfernsehen zu fördern, wurde »ran« auf den Termin um 20.15 Uhr verlegt. Drei Stunden nach dem Abpfiff, und das Peinlichste: Als *zeitnah* feierte Kirchs Hai-Society im DFB und in den Klubs den Vorgang. Die Konsumenten protestierten, aber sie wurden nicht gefragt. Erst musste sich eine Schockwelle legen, bis alle begriffen, was das Kartell da angerichtet hatte: Einen Anschlag auf die Familienrituale der Nation. 40 Jahre Bundesliga gucken, die Wochenendtradition zweier Generationen, wurden von Kirchs herrischem Federstrich ausgetilgt. Das gibt's nicht mehr. Wenn die Kinder im Bett und die Jugendlichen in der Disco sind, können sich Vater und Mutter den halben Samstagabend über die Fernbedienung streiten. Oder ein Alternativprogramm entwickeln.

Kirch sägt am Lebensnerv des Fußballs. Die Bundesliga war ein nationales Ereignis, die meisten schalteten ein. Umfragen zum Coup des Kickerkartells ergeben 80 Prozent Zuschauerprotest, erste Szenarien warnten vor einer »Zweispaltung der Gesellschaft in weibliche und männliche Zuschauer«, wie aus dem Hamburger Hans-Bredow-Institut verlautete, zu erwarten stehe ein »erheblich gesteigertes Konfliktpotential in den Familien«. Mit Kirchs Marktmacht, rügte ARD-Chef Pleitgen, sollen jetzt »die Gewohnheiten der Deutschen aufgebrochen werden«. RTL-Altmeister Helmut Thoma prophezeite: »Das ist nur eine Übergangslösung, angestrebt ist eine Sendezeit nach zehn Uhr abends.« Den *zeitnahen* Humbug im Namen des DFB zu beglaubigen war die erste Amtshandlung des neuen Verbandschefs Mayer-Vorfelder. Kirchs getreuer Vasall im Geschäft mit dem Fußball.

Proteste waren also zu erwarten und Kirchs Stoßtrupps in Politik, Fußball, Medien bestens gebrieft. Wie einst Dassler sein System aktivierte, rief der große Medienmakler seine Spielmacher aufs Feld. Alle spielten wieder sein Stück. Dem CSU-Bundestagsabgeordneten Engelbert Kupka, nebenbei Boss des Bundesliga-

Absteigers Spvgg Unterhaching, gelang dabei der originellste Beitrag zur Volksberuhigung: Jeder könne doch Radio hören – und »wenn man das Bild dazu sehen will, kostet es halt was«. Als sei die Bundesliga nicht die wichtigste Klammer der Wochenendgesellschaft, das einzige Thema, das fortwährend zigmillionen Menschen beschäftigt und kommunizieren lässt. Es werde ja auch »niemand bedauert, der für eine Opernkarte 250 Mark zahlt«, fabulierte der oberbayerische Standortpolitiker.

Kirch-Vize Hahn, Beckenbauer, Netzer und der »Bild«-Sportchef Alfred Draxler hatten schon bei einem Treff im Winter den propagandistischen Flankenschutz eingespielt. Vor dem Coup im Frühsommer dinierten Hahn, Beckenbauer und Draxler erneut im Münchner Edelrestaurant; letzte Stimmprobe für den Ernstfall. Als der Knaller losging, krähten auch die Kirch-Chöre los. Der Franz servierte Kaiserschmarrn: Er freue sich, dass er nach dem Stadionbesuch künftig mehr Zeit für die Heimfahrt nach Kitzbühel habe und rechtzeitig bei »ran« zu Hause sei. Glückwunsch an ihn. Nur muss ja nicht jeder Bundesligafan ins steuergünstige Nachbarland kurven, die meisten sind rasch zu Hause. Netzer, der nur ungern als Chefrepräsentant der Konzerntochter KirchSport in der Öffentlichkeit auftritt, hatte nun ebenfalls kein Problem mit dem politischen Doppelpass. In der ARD kommentiert er Länderspiele, in »Bild« warb er um Verständnis für den Boss: »Die Rechteverwerter müssen die Chance erhalten, ihre Ausgaben refinanzieren zu können.« Und natürlich jubelte Jörg Wontorra auf allen Hauskanälen. Ist einer, der bei Werder Bremen im Aufsichtsrat sitzt und zugleich die Bundesliga in einer kunterbunten Samstagabendshow präsentiert, ernst zu nehmen?

Auch die Abteilung Druck im Kickerkartell, die ihre Leser bereits mit Kommentatorentests bei Premiere gelockt hatte oder mit der Auslosung von VIP-Karten für die Tribüne, tat ihre Pflicht. Obwohl es diesmal schon verdammt schwer fiel. »Bild«, mit dicken Balken und scharfen Kurven der verlässlichste Vorlagengeber für Deutschlands kleinen Mann, argumentierte plötzlich mutig gegen die überwältigende Mehrheit im Lande. »Ohne die vielen

Millionen vom Fernsehen würde unsere Bundesliga an Niveau verlieren«, zirpte Sportchef Draxler und fand: »Warum eigentlich nicht?«

Warum eigentlich nicht: Die außer Kontrolle geratene Filzkugel aus Wirtschaft, Medien und Politik ins Abseits rollen lassen? Diese Idee brachte Schleswig-Holsteins Ministerpräsidentin Heide Simonis ins Spiel. Erst trat sie dem DFB vors Schienbein: Der sollte »pflichtgemäßer Anwalt des Volkssports Fußball und nicht Handlanger der wirtschaftlichen Interessen des Kirch-Konzerns« sein. Dann forderte sie ARD und ZDF auf, das vom Bundesverfassungsgericht abgesegnete Recht auf freie 90-Sekunden-Berichterstattungen von jedem Bundesligaspiel auszuzüben. »ARD und ZDF gehen da viel zu zögerlich ran. Man kann denen nur zurufen: mehr Mut.« Mut wird es brauchen, um die reißende Bestie in Bürgers guter Stube zu zähmen. Mut, besser: schiere Vernunft.

Oder soll man dem weitblickenden, ums Gemeinwohl besorgten Unternehmer Kirch ein paar Verdienstorden mehr ans Revers heften, im Namen der dankbaren Republik? Soll man Doktor Leo Kirch den nächsten dicken Kredit gewähren? Damit der Standort Deutschland der Invasion böser fremder Multimächte trotzen kann, der Standort Bayern gedeiht, der deutsche Fußball überlebt, der Fan noch tausendmal glücklicher werden kann?

Mal nachdenken. Und am besten so lange abschalten.

Spielmacher II

Um Haaresbreite Bundestrainer: Christoph Daum

»Dieser Mann zerstört sich irgendwann garantiert selbst.«

Maxim Biller, Schriftsteller

33 Spieltage lang waren die Fußballer von Bayer 04 Leverkusen besser. Besessener, hungriger als alle Konkurrenten. Vor allem aber waren sie stärker, als sie eigentlich sind. 33 Spieltage der Saison 1999/2000 waren sie durch die Bundesligastadien gestürmt, gepuscht vom Adrenalin, das ihnen Christoph Daum, ihr Anführer, immer und immer wieder abgepresst hatte. Nun, am 34. und letzten Spieltag, sollte sich ihr großes Werk vollenden, ein kleines, müdes Unentschieden der Konzernmillionäre gegen die Münchner Vorstadtkicker der Spielvereinigung Unterhaching reichte. Daum sah den Triumph unmittelbar vor sich, hatte ihn vor seinen großen, aufgerissenen Augen, die häufig glühen, als könnten sie Löcher in Zeitungen brennen. Endlich war der große Tag gekommen, an dem er, Christoph Daum, der Emporkömmling, sich nehmen wollte, was man ihm verweigerte: Anerkennung. Doch dieses eine Mal, in diesen letzten 90 von 3060 Bundesligaminuten, versagten die wilden Augen ihren Dienst. Sie rollten nicht, sie glühten nicht, sie bohrten nicht. Mit leerem Blick starrte Daum in diesen herrlichen blauen Mainachmittag, als wäre er gefangen in einem Albtraum. Christoph Daum war wie paralysiert vor Angst, dass sich endlich erfülle, was er sein ganzes Leben ersehnt hatte.

Der »Magier«, wie er sich gerne nennen ließ, erstarrte wie im Zustand einer Katatonie, die mehr und mehr auch seine Spieler erfasste. Am Ende war alles verloren. Unterhaching hatte 2:0 gewonnen. Bayern München war wie immer Deutscher Meister. Und wie immer blieb Daum der Zweite. Erst da löste sich sein Schock. Fassungslos wie ein Reisender, der den letzten Zug verpasst hat, blickte er dem entschwundenden Traum hinterher. Wenig später fiel Daum seinem halbwüchsigen Sohn Marcel hemmungslos schluchzend in die Arme. Der Mann weinte über sich selbst, über sein konsequentes, tragisches Scheitern stets in dem Augenblick, da das Ziel zum Greifen nahe ist. Er weinte über sein Leben, das ihn so oft an das Ideal heranlockt und schließlich doch wieder hinabstürzt in den Abgrund des Gewöhnlichen.

Die drei ersten Lebensjahre verbrachte Christoph Daum in Oelsnitz im Erzgebirge, die Familie hauste in einer Baracke. Dann zogen die Eltern voller Hoffnung in den Westen, ins Ruhrgebiet, Christoph lebte vorerst bei den Großeltern. Der Vater, Bergmann, fand Arbeit in einer Zeche. Es dauerte drei Jahre, ehe er den sehnsüchtig wartenden Jungen zu sich holen konnte. Doch kaum wähnte sich der Bub angekommen in der Familie, wurde der Vater bei einem Grubenunglück verschüttet. Querschnittsgelähmt überlebte er nur wenige Monate. Christoph Daum war sechs Jahre alt.

Die Nachbarn im Duisburger Armeleuteviertel Beek, die meisten ebenfalls Bergarbeiter, halfen über die dringendste materielle Not hinweg. Doch das Trauma, das der frühe Verlust des Vaters bedeutete, konnte niemand lindern. Kleine Buben orientieren sich am Vater und in der Fantasie des Christoph Daum wuchs der tote Vater, wurde viel größer und stärker, als er lebend je hätte sein können. Er wächst zum unerreichbaren Ideal. Als Erwachsener setzte Daum den Erfolg an Stelle des idealisierten Vaters. Doch je näher er in seinem Leben dem vergötterten Erfolg kam, desto mehr packte ihn die Angst, sie einzuholen und damit das Leitbild vom Thron zu stoßen. Daums Trainerkarriere ist gekennzeichnet von einem hohen Maß an Selbstbestrafung in dem Augenblick, da die höchste Belohnung winkt.

Der Junge bekam einen Stiefvater, der den Verlust des leiblichen nicht ausgleichen konnte. Der neue Familienvorstand schickte den jungen Christoph oft zum Bierholen an die nächste Bude, wo die großen Jungs herumlungerten. »Entweder du hast ihnen Wegezoll bezahlt oder du bekamst einen Tritt und dann waren die Bierpullen kaputt«, hat Daum später erzählt. Er lernte aber schnell, sich gegen körperlich überlegene Gegner durchzusetzen, die Flaschen unversehrt nach Hause zu bringen. Niemand sollte ihm mehr etwas wegnehmen. Vermutlich entdeckte er in der Konfrontation in den Duisburger Hinterhöfen seine rhetorische Macht.

Unter großen finanziellen Opfern ermöglichte Mutter Daum ihrem Sohn den Besuch des Gymnasiums. Ein Privileg, wie Christoph ahnte, das eigentlich nur den Söhnen aus den anderen, den »besseren Kreisen« zustand. Um dazuzugehören, den einmal eroberten Platz auf der höheren Schule zu verteidigen, musste er besser sein, fleißiger, erfolgreicher – das hatte er begriffen. Dieser kindliche Ehrgeiz wuchs sich zur Besessenheit des Erwachsenen aus. »Für den Erfolg«, sagte er zum Beginn seiner Trainerlaufbahn, »bin ich bereit, über Leichen zu gehen.«

In der tristen Umgebung Duisburg-Beeks bot allein der Fußball Ablenkung und Vergnügen – und die vage Aussicht auf sozialen Aufstieg. Daum war ein mäßiger Spieler, ein »Klopper«, wie er selbst sagte, der es mit Fleiß, Härte und Disziplin immerhin in die höchste Amateurklasse zu Hamborn 07, Eintracht Duisburg und später zum 1. FC Köln schaffte. Zum Profi langte es nicht.

Daum wollte ursprünglich Arzt werden, studierte aber dann doch Englisch und Sport. Nach dem Studium (Diplomarbeit: »Die Wichtigkeit und Bedeutung von pädagogischen und psychologischen Maßnahmen eines Fußballtrainers«) verpflichtete ihn der marode Bundesligist 1. FC Köln als Assistent des großspurigen Trainers Georg Kessler. Der machte sich einen Spaß daraus, den Assistenten zu demütigen. Einmal schickte er ihn vor die Kabinentür: »Daum, gehen Sie raus und schauen Sie nach, wie die Sonne steht.« Kessler wollte sichergehen, ob es sich lohne, die schicke Cartier-Sonnenbrille aufzusetzen. Daum hat diese Erniedrigung nie vergessen.

Als Kessler 1986 entlassen wurde, wurde der in der Szene bis dahin unbekannte Daum sein Nachfolger – und witterte die Chance seines Lebens. Er nutzte, was er schon auf den gefährlichen Wegen an die Bierbude gelernt hatte: Pack den Leitwolf, wenn du an die Spitze des Rudels willst. Jedes Mittel war recht. So versuchte er, den Trainer des Branchenprimus Bayern München, Jupp Heynckes, einen zurückhaltenden, auf Ausgleich bedachten Mann, der Lächerlichkeit preiszugeben. Er mokierte sich über das in hektischen Situationen rot anlaufende Gesicht des Rivalen und verhöhnte dessen sachlich-ruhige Diktion: »Jede Wetterkarte ist interessanter als ein Satz von dem.« Die unvermutete, den stillen Ehrenkodex verletzende Attacke zeigte Wirkung, Heynckes wurde unsicher, bedrohlich nahe rückte der 1. FC Köln an die Münchner heran. Das entscheidende Spiel der Saison 1988/89 fand im Müngersdorfer Stadion statt, ganz Köln stand hinter »Cassius« Daum, wie der pöbelnde Neuling in der Presse tituliert wurde. Neben der Laufbahn hatte man die Meisterschale für den Sieger aufgestellt, nur ein paar Schritte von Daums Trainerbank entfernt. Doch der Lautsprecher der Liga blieb stumm, als sein Einsatz hätte kommen sollen, Heynckes' Bayern siegten 3:0. Kläglich, fast Mitleid heischend entschuldigte der Verlierer seine Äußerungen, die darauf abgezielt hatten, die berufliche Existenz des Rivalen zu vernichten: »Ich hatte es satt, dass keiner von mir Notiz nimmt.« Daum war blamiert wie ein Rotzbengel in kurzen Hosen, der in einer illustren Ball-Gesellschaft ertappt und aus dem Saal geworfen wird.

Die Angst vor Entlarvung ist der Transmissionsriemen für Daums Aggressivität, seine Hyperaktivität – und das Fundament seiner Paranoia: »An jeder Ecke lauert Gefahr.« Dieser begegnete er mit verbalen Erstschlägen. »Wo Daum war, war Krieg, wurden Schlachten geschlagen, Gegner niedergemetzelt«, schrieb Hans Leyendecker von der »Süddeutschen Zeitung«. Daum selbst tat so, als sei die kaum unterdrückte Wut, die aus seinen Worten sprach, nur eine Rolle, die ihm ein bedauerliches Branchengesetz aufgezwungen habe: »Wenn du dich in der Scheinwelt Profifußball normal verhältst, gehst du unter.« Einige der von ihm angezettelten Kriege hat Daum gewonnen. Er wurde, wenn auch durch glückliche Fügung, 1992 Deutscher Meister mit dem VfB Stuttgart und danach türkischer mit Besiktas Istanbul. Aber stets ließ er geschlagene Armeen zurück, wenn er – meist unfreiwillig – seine Wirkungsstätte verließ, die von ihm an die Spitze gepuschten Teams waren physisch und psychisch leer. Auch diese Pyrrhussiege brachten ihm keinen inneren Frieden; Daum blieb ruhelos, sprunghaft und fanatisch. Gemessen an den Maßstäben des idealisierten Vaters war er immer noch ein Hochstapler.

Dabei galt Daum stets als erstklassiger Fußballtrainer von großem Sachverstand. Mit ungeheurer Energie fraß er sich in seine Arbeit. Über herkömmliche Motivationsmethoden und platte Sprüche – »Ein Foul beginnt erst beim offenen Bruch« – ging er weit hinaus, indem er seine Spieler mit psychologischem Firlefanz unter Hochspannung setzte. Unverkennbar standen dabei frühe eigene Erfahrungen Pate. Als für die Profis des 1. FC Köln einmal eine Siegprämie von 40 000 Mark auf dem Spiel stand, klebte er Tausendmarkscheine auf ein Stück Pappe und hängt es »als Metapher« an die Wand: »Das wollen die anderen euch wegnehmen.« Doch es nutzte nichts, die Kölner verloren.

In Istanbul, wo er von 1994 bis 1996 arbeitete, hatte sich einmal ein Spieler am Auge verletzt. Daum erschien zum nächsten Training ebenfalls mit einem Pflaster über der Braue. Er habe damit zeigen wollen, erklärte er, »dass wir zusammengehören. Dann haben wir uns alle in die Arme genommen und sind auf dem Platz herumgetanzt.« In Leverkusen engagierte er eigens einen »Mentaltrainer« – »Psychologe klingt so nach Krankheit und Hilfsbedürftigkeit« – und ließ den berühmt-berüchtigten Yuppieguru Jürgen Höller demagogische Vorträge über die Wege zum Erfolg halten, um das letzte Quäntchen Leistung in den Spielern zu mobilisieren. Zu guter Letzt mussten die erschrockenen Profis auch über Glasscherben laufen. Verdattert stellten die Kicker anschließend fest, dass das riskante Unterfangen nicht mit blutigen Sohlen bestraft, sondern mit einem aufgeblähten Ego belohnt wurde. Als Daum wegen des banalen Psychogags den sanften Spott der Presse erntete, stilisiert er sich zum genialen Visionär und zum Opfer tumber Mächte: »Was hat man denn mit Galilei gemacht? Er wurde Opfer der Inquisition und musste abschwören.«

Längst forcierte Daum seinen Drang zu Höherem, der Billige Jakob, den er anfangs gegeben hatte – »Wenn sie einen Schreihals wollen, dann bekommen sie ihn« –, mutierte zum intellektuellen Überflieger. Der »Spieler, Träumer, Utopist«, als der er sich gerne sah, bediente sich dabei aus dem Zettelkasten seines Schwiegervaters, eines Oberstudiendirektors, protzte mit gelehrten Zitaten von der Bibel bis zu Macchiavelli, die dennoch den Eindruck blanker Bildungshuberei hinterließen. Daums Wissen wirkte wie kurzfristig auswendig gelernt, und wenn er vor etwas gebildeteren Journalisten mit seinen Lieblingsschriftstellern Mahatma Ghandi, Kurt Tucholsky oder Max Frisch angab, stellte sich schnell heraus, dass er die Autoren bestenfalls flüchtig gelesen hatte. Biografien berühmter Menschen aber verschlang er geradezu, vielleicht fand sich ja eine persönliche Parallele, ein versteckter Hinweis auf eine bislang nicht genutzte Quelle innerer Kraft.

Vor den sattelfesten Fußballfachmann platzierte sich immer häufiger der Parvenü, der mit abstrusen Mitteln um gesellschaftliche Anerkennung rang. Daum verstieg sich zu einem Vergleich mit Jesus, »dem besten Vermarkter« seiner Ideen. Auch er selbst wollte »den Menschen im und vom Leben mehr beibringen«, wo er sich nun schon mal als »Seelsorger« verstand. Mit der Zeit schlug die Hybris immer gewagtere Kapriolen und blendete den dunkleren Teil seines Ego aus wie eine missliebige TV-Sendung. Wenn ihm die Möglichkeit geboten würde, »in diesem Land eine Rolle zu spielen, sei es karitativ, sei es, dass ich die Leute animiere, Nächstenliebe zu praktizieren, spiele ich gerne diese Rolle«. In der oft tumben Welt des Profifußballs schlugen derartige Sottisen ein, als sei ihr tatsächlich ein Heilsbringer zugeflogen. Längst rannte ihm die Branche hinterher wie einem Rattenfänger und störte sich auch nicht am Goebbels-Zitat, mit dem er seine neurotische Erfolgsgier verdeutlichte: »Man darf den Revolver nicht nur in Händen halten, man muss auch abdrücken können.«

Im Laufe der Jahre verlor Christoph Daum völlig die Bodenhaftung, unter dem lauten Applaus der Boulevardmedien, die den geistigen Abflug als aeronautische Glanztat bejubelten. Wie seine gesamte Umwelt, glaubte er auch die Medien manipulieren zu können. Der »Bild«-Zeitung hatte er sich zunächst als Informant und

Geschichtenerzähler angedient. »Busen rein, Blut rein, Daum rein. Damit verkauft er sein Blatt«, sagte er über einen befreundeten Journalisten des Blattes. Das Rezept funktionierte meist störungsfrei; dem Affen Zucker zu geben wurde zur Grundhaltung. Einer Reporterin, die er in der grünen Ecke wähnte, schwärmte er mit glänzenden Augen von einem Essen beim Ökokoch Roy Kieferle vor: »Ein wahnsinniges Darmerlebnis, ich war unheimlich glücklich.« Redakteuren von der »Frankfurter Rundschau« diktierte er den schlichten Satz in den Block: »Ich bin einzigartig, ich bin einmalig, es gibt kaum Bessere.« Was ihn keineswegs davon abhielt, an anderer Stelle ein überraschendes Ergebnis der Selbstanalyse preiszugeben: »Ein Grundcharakterzug von mir ist – Bescheidenheit.«

Längst glaubte er, die Grenzen des Rasenrechtecks von 120 mal 70 Metern sprengen zu müssen. Daum wollte mehr als nur eine Villa, einen Mercedes der S-Klasse, eine Glamourfrau wie die rothaarige Musicalsängerin Angelika Camm und Jubelarien auf ihn im »kicker«. Daum wollte raus aus dem Dunstkreis der halbseidenen Rolex-Typen, die sich in seinem Glanze sonnten. »Bring mich ins Handelsblatt«, bat er einen Kumpel aus der Medienbranche. Im Sommer 2000 war Christoph Daum endlich angekommen. Sein ewiger Gönner Gerhard Mayer-Vorfelder hievte ihn auf den Posten des Bundestrainers, seinen »Traumjob«, der in der öffentlichen Aufmerksamkeit dem des Bundeskanzlers nur wenig nachsteht. Von Samstag, dem 20. Oktober 2000 an, übertraf er für einige Tage sogar die Anforderung an sich selbst. Christoph Daum war auf einmal der Star in allen Fernsehnachrichten, für Augenblicke einer der wichtigsten Menschen auf dem Planeten. Tagesschau, heute-Journal, ARD-Brennpunkt, Seite eins der großen Tageszeitungen beschäftigten sich mit dem Absturz des meisterlichen Blenders. Christoph Daum meldete Vollzug. Im Moment der Selbstüberhöhung hatte er sich selbst zerstört. Aus seinem Lieblingsbuch, »Stiller« von Max Frisch, pflegte er mit Vorliebe eine kleine Passage zu zitieren: »Man kann alles erzählen, sagt Stiller, nur nicht sein wirkliches Leben.« Der Staatsanwalt antwortet: »Das Gericht wird Sie in keiner Weise verstehen, es wird Sie als Schwindler behandeln.«

Der getriebene Antreiber: Uli Hoeneß und der FC Bayern München

Hoeneß, der Zauberlehrling

Manchmal, wenn er mit ein paar guten Freunden am Tisch sitzt und wenn es dann sehr spät wird und sehr gemütlich, dann erzählt Uli Hoeneß gern die Geschichte seines schönsten Sieges. Und wenn in der Erwartung der Zuhörer fast zwangsläufig die Bilder aus München 1974 oder Mailand 2001 auftauchen, wie der Manager fast entrückt dreinschaute, nachdem Kahn den letzten Elfmeter gehalten und die Bayern endlich diesen Europapokal in Händen hielten, dann fängt er, eine überraschende Geschichte zu erzählen: »Ich war ungefähr zehn Jahre alt und mit den Pfadfindern am Bodensee. Am Samstag Nachmittag spielte mein Verein VfB Ulm gegen den großen Stadtrivalen Ulm 46. Unser Anführer wollte mich nicht weglassen, aber meine Mannschaft brauchte mich doch dringend. Mittags habe ich mich auf ein Fahrrad geschwungen und bin den ganzen Weg wie von Sinnen geradelt, 60 Kilometer bis nach Hause auf den Sportplatz. Als ich ankam, war Halbzeit, es stand 4:0 für die anderen. Einer musste mir seine Fußballschuhe geben, ich hatte ja keine dabei. Ich hab dann fünf Tore geschossen und wir siegten noch 6:4.« Und während er das erzählt, funkeln seine Augen, als sei das gerade eben erst passierte, und er stünde noch im verschwitzten VfB-Trikot auf dem Ulmer Sportplatz.

40 Jahre später, Mailand. Im Giuseppe-Meazza-Stadion nahm eine Jagd ihr Ende, die ein Vierteljahrhundert gedauert hatte. Als Spieler hatte Hoeneß den Europapokal der Landesmeister dreimal (1974 bis 1976) gewonnen; die Wiederholung des Triumphes betrachtete der Manager Hoeneß als Erfüllung seines Lebenswerks. Vielleicht hat er in diesen Momenten daran gedacht, wie mühevoll der lange Kampf war, wie oft und wie knapp er an seinem Ziel gescheitert war, bis sein Klub endlich wieder zum besten des

Kontinents aufstieg. Und vielleicht hat er sich erinnert, wie er 1979 als Manager den Verein übernahm, der unter einer für damalige Verhältnisse erdrückenden Schuldenlast von 3,5 Millionen Mark ächzte, und mit Stolz nachgerechnet, dass diese Saison allein durch die Champions League fast 100 Millionen Mark in die Kasse des Vereins gespült wurden. Ein Betrag, der als Grundstock dienen kann für die ehrgeizigen Projekte, die ihm nun vorschweben: ein grandioses Stadion als neue Heimat des FC Bayern zu erbauen und eine Ära zu begründen, die das Fußballunternehmen von der Säbener Straße zur berühmtesten Fußballadresse auf dem Globus macht, noch bekannter, noch berühmter als Real Madrid oder Manchester United.

Fußball und Geld – zwischen diesen Polen spielt das Leben des Uli Hoeneß. Wie die meisten Fußballer dieser Jahre stammt auch Hoeneß aus »kleinen« Verhältnissen. Als Sohn eines Ulmer Metzgermeisters musste er samstags an der Kasse aushelfen. Fehlte mittags, wenn der Laden schloss, eine Mark, robbte der Junge auf den Knien über den Boden, bis er das Geldstück irgendwo zwischen den Holzbohlen herausgepult hatte. Wochenlang arbeitete er in den Ferien, um sich endlich einen eigenen Lederball kaufen zu können. Noch heute weiß er den Preis: »34 Mark«. Der Umgang mit Geld, sagt er unumwunden, »hat mich schon immer fasziniert«.

Wolhabend und unabhängig zu werden, das ließ sich am leichtesten mit seinem größten Talent erreichen. Als Jugendlicher trainierte er mehr als die anderen, ganze Nachmittage verbrachte er auf dem Platz. Was ihn nicht daran hinderte, auch im Gymnasium gute Leistungen zu bringen. Mit fünfzehn war er Kapitän einer deutschen Schüler-Nationalmannschaft, die die gerade beim Fußballnachwuchs hoch überlegenenen Engländer im Londoner Wembley-Stadion mit 6:0 vom Platz fegte. Nach dem Abitur unterschrieb der Musterschüler einen Vertrag beim FC Bayern, wo er sich gemeinsam mit seinem Freund Paul Breitner schnell einen Stammplatz sicherte. Mit 22 wurde er Europacupsieger der Landesmeister und Weltmeister. Dank geschickter Geldanlage hatte er bereits damals so gut wie ausgesorgt, er war wirtschaftlich unabhängig. Das spielt eine zentrale Rolle im Leben des Uli Hoeneß: Niemandes Diener zu sein, stets seine Meinung artikulieren zu können, auch wenn er damit weitgehend alleine steht. Nur so konnte er die ihm entgegenschlagende Feindseligkeit zu Beginn der Affäre Daum schadlos überstehen.

Seine aktive Karriere, die ihn nach Ansicht des Trainers Dettmar Cramer zum besten Fußballer der Welt hätte machen müssen, wurde im Prinzip während des Europacupfinales 1975 durch einen Tritt seines Gegenspielers Gray von Leeds United beendet. Eine schwere Knieoperation mehrere chirurgische Eingriffe nahmen ihm die Schnelligkeit und verursachten immer neue Probleme. Hoeneß erreichte nie mehr die alte Klasse und trat mit 28 Jahren zurück. Das erzwungene Ende der Laufbahn hat ihn weit mehr geschmerzt als das lädierte Gelenk.

Hoeneß wurde umgehend Manager und Erfinder der New Economy im Fußball. Ende der siebziger Jahre hielt der damals 27-Jährige vor Münchner Wirtschaftsstudenten einen Vortrag über die ökonomische Zukunft der Branche. Hoeneß sprach von Pay-per-View und seiner Erwartung, dass die Fernsehrechte an der Bundesliga irgendwann einmal eine Milliarde Mark pro Jahr bringen würden. Außer einer Hand voll Experten hatte in Deutschland, wo es nur die beiden öffentlich-rechtlichen Anstalten gab, niemand von so einer verrückten Sache gehört, bei der man sich gegen Bares sein Wunschprogramm erstellen kann. Und ARD und ZDF zahlten für die Rechte einen geringen Betrag von wenigen Millionen. Auf seinen visionären Vortrag hin wurde der junge Manager als geistiger Amokläufer verspottet.

Hoeneß betrieb in den Jahren danach die Kommerzialisierung seines Sports mit gewissenhafter Akribie. Selbstbewusst und unbeirrbar schwang er sich gegen heftige Kritik zum Vorreiter des gesamten Fußballbetriebs auf. Mit vollem, wenn auch zweifelhaftem Erfolg: Inzwischen ringt die Nation längst mit dem Bezahlfernsehen und an die Unsummen, die Leo Kirch der Bundesliga im Tausch für die Senderechte überweist, hat man sich gewöhnt: 750 Millionen. Die Kommerzialisierung des Fußballs hat die von ihm anvisierten Ausmaße genommen – Uli Hoeneß hat Recht behalten. Und auch wieder nicht. Denn die Entwicklung, die er selbst maßgebend vorantrieb, bereitet ihm heute geradezu körperliches Unbehagen. Der Fußball dürfe nicht zum bloßen Event für Reiche verkommen, Transfers von hundert Millionen Mark und mehr seien schlicht obszön und ein Börsengang seines Klubs sei wahrlich nicht der Weisheit letzter Schluss. Hoeneß hat Angst bekommen vor der Maschinerie, die er selbst in Gang gesetzt hat. Am liebten möchte er das Rad anhalten, das eine ständig steigende Zahl an Spielen vor sich hertreibt, anhalten, den Irrsinn des Big Business stoppen und wieder ganz normalen Sport treiben.

In seinen ersten Jahren als Manager betrieb er, wie die »taz« einmal schrieb, »die Aufrüstung des Fußballs zur Geldmaschine«. Damals reiste er, mit dem Scheckbuch wedelnd, durch die Lande und kaufte zusammen, was der Spielermarkt hergab. Der kleinen Talentschmiede Karlsruher SC kaufte er so lange junge Kräfte weg – Sternkopf, Scholl, Kreuzer, Kahn – , bis der badische Klub sich in der Regionalliga wiederfand. Ähnliches geschah mit dem 1. FC Nürnberg, der seiner Besten, Grahammer und Reuter, beraubt, dem Abstieg entgegentrudelte. Und als sich Borussia Dortmund zum ernsthaften Nebenbuhler der Münchner entwickelte, unterbreitete Hoeneß den stärksten Borussen derart hohe Offerten, dass die Dortmunder, nur um diese Akteure zu halten, bis an den Rand des wirtschaftlichen Kollapses gingen. So wurde er zum Feindbild der Nation, erfolgsversessen, gierig, egoistisch und brutal.

Hoeneß hat dieses Image nach Kräften gefördert, auch durch seine Ausfälle gegen jeden, der sich vermeintlich dem Gedeihen des FC Bayern entgegenstellte. Schiedsrichter, die seiner Meinung nach die eigene Mannschaft nicht genug bevorzugt hatten, watschte er vor laufenden Kameras verbal ab, Münchner Stadträte, die in der Stadiondebatte eine andere Meinung vertraten, wollte er am liebsten »an die Wand klatschen«. Nicht nur das Fernsehpublikum wunderte sich über den Choleriker, auch Hoeneß selbst fragt sich manchmal, »ob das wirklich ich bin?«. Wenn er Aufzeichnungen sehe, könne er schon verstehen, dass er auf viele Leute wie ein

»arroganter Idiot« wirke. Dann scheint es, als schäme sich die selbst ernannte »Abteilung Attacke« für ihre verbalen Rundumschläge.

Der Schlüssel für diese verbalen Entgleisungen liegt beim FC Bayern. Hoeneß ist in den Fußball und insbesondere in seinen Klub verliebt wie ein Teenager in die Tanzstundenschöne. Das Klubemblem ist ihm quasi ins Herz tätowiert, und wenn einer seine Liebste bedroht, reagiert er aggressiv. Dr. Jekyll wird zu Mister Hyde. Denn: »Der FC Bayern ist ein Teil von mir, ein Kind von mir, ein dominantes Stück meines Lebens.« Und weil ihm nichts wichtiger erscheint als der Fußball, ist ihm die Managertätigkeit nicht nur »ein Job, für mich ist das Leidenschaft«. Wenn ihm heute ein Arzt attestierte, sein verletztes Knie sei wieder vollständig in Ordnung, so verriet er den Zuhörern eines Fußballsymposiums, »ich würde noch am Nachmittag mit dem Training anfangen und erst Mitternacht aufhören. Am nächsten Morgen würde ich zu Ottmar Hitzfeld gehen und sagen: ›Trainer, für zehn Minuten wär ich im nächsten Spiel bereit.‹«

Der Mensch Hoeneß zerfällt in der Tat in zwei Persönlichkeiten, die auf den ersten Blick nichts miteinander gemein haben. Der bärbeißige Wüterich kämpft innerlich mit dem sentimentalen Altruisten. Verhandlungspartner wissen zu berichten, dass Hoeneß sich auch an per Handschlag geschlossene Vereinbarungen stets bis ins Detail zu erinnern pflege. In seinem Geschäftsgebaren spielt persönliche Sympathie eine entscheidende Rolle. Als der Freiburger SC, dessen Trainer Volker Finke er für seinen erfrischenden Offensivfußball besonders achtet, den Spieler Alain Sutter erwerben wollte, ließ Hoeneß den finanziell klammen Breisgauern ein paar hunderttausend Mark nach. Als sein alter Weggefährte Gerd Müller während einer Alkoholentziehungskur ins Leberkoma fiel, wachte Hoeneß tagelang am Krankenbett. Nachdem Müller die Krise überstanden hatte, verschaffte ihm Hoeneß eine Beschäftigung als Amateurtrainer beim Verein. Und Mehmet Scholl, sonst um keine Antwort verlegen, geriet ins Stottern, als ihm die Frage nach den persönlichen Qualitäten des Managers gestellt wurden: »Er ist der beste Mensch, den ich kenne.« Auf jeden Fall ist Hoeneß die schillerndste Figur des deutschen Fußballs. Zwar bekennender CSU-Anhänger, aber persönlicher Verehrer des sozialdemokratischen Bundeskanzlers Schröder und mehr noch des Grünen Joschka Fischer (»der beste Außenminster, den wir je in Deutschland hatten«). Hoeneß ist ein Wertkonservativer, der die geistige Verflachung der Gesellschaft als fast ebenso große Gefahr betrachtet wie den Mangel an Zivilcourage. Aber er ist allen neuen Ideen gegenüber aufgeschlossen: »Do the unexpected«, lautet sein Motto. Hoeneß ist auf geradezu amateurhafte Art Fußballfan, aber er beherrscht das Business wie kein anderer. Zweifellos ist Geld für ihn ein Aphrodisiakum, auch wenn er selbst energisch dementiert, dass es für ihn eine erotische Bedeutung habe. Und dennoch ist er alles andere als ein Protz. Noch immer wohnt er mit seiner Familie in derselben Doppelhaushälfte in Ottobrunn, die er mit der Weltmeisterprämie von 1974 gekauft hatte. Und immer noch müssen die Archive der Zeitungen lange suchen, bis sie ein Foto seiner Ehefrau Susi entdecken. Hoeneß ist stolz darauf, nie in den Klatschspalten zu erscheinen und niemals im Kreis der Münchner Schickeria gesichtet worden zu sein. Und es gibt keinen, der ihn privat kennen lernt und ihn immer noch als Ekel der Liga betrachtet. Das würde Uli Hoeneß auch erschüttern: »Wenn jemand, der mich wirklich kennt oder auch nur einmal mit mir essen war, mich weiterhin für arrogant, unzuverlässig oder brutal halten würde, das würde mich sehr treffen.«

FC Bayern, der arrogante Primus

»Also, ich mag den FC Bayern nicht. Für mich ist er... ach, ich sag's einfach: ein Faschistenverein.«

Schauspieler Ben Becker im Berliner Tagesspiegel

Einmal, zu Beginn der siebziger Jahre, als die Bayern im Essener Stadion an der Hafenstraße auftraten, flog ein Messer aus dem Zuschauerblock und blieb zitternd in einer Grassode vor Torhüter

Sepp Maier stecken. In Mönchengladbach wurde regelmäßig der Spielerbus demoliert, in Bremen regnete es Münzen und Feuerzeuge und in sämtlichen Bundesligaarenen sind diese Gesänge zu Evergreens geworden: »Zieht den Bayern die Lederhosen aus.« Zu den harmloseren Abneigungsbekundungen zählten auch die zahlreichen aufmunternden Faxe und E-Mails, die beim FC Valencia in den Tagen vor dem 23. Mai 2001 einkamen. Absender waren allesamt Fans des FC Schalke 04, die den Spaniern auf diese Weise viel Glück für das bevorstehende Finale in der Champions League wünschten. Dahinter steckte der Gedanke an Rache, denn am Wochenende zuvor hatten die Königsblauen die Deutsche Meisterschaft auf spektakulär unglückliche Weise an die Münchner verloren.

Die Münchner Bayern sind Antipathie, Wut und Hass gewöhnt, die ihnen in der ganzen Republik entgegenschlagen, fast stimuliert es sie: »Ganz Deutschland wird gegen uns sein«, ahnte Oliver Kahn vor dem meisterschaftsentscheidenden Spiel in Hamburg, »was Schöneres gibt's doch gar nicht.« Tatsächlich: In letzter Sekunde brachte Patrik Andersson einen Freistoß im HSV-Tor unter und sicherte seinem Team gegen den erklärten Willen der gesamten Nation doch noch den Titel. Dieser angewandte Volkszorn ist längst zum Ritual geworden. Doch mit der Affäre Daum erreichte er ein neues, wirklich gefährliches Ausmaß. Uli Hoeneß erhielt Morddrohungen, in seiner Wurstfabrik fand aufgrund eines anonymen Hinweises eine – ergebnislose – polizeiliche Razzia statt, am Münchner Flughafen untersuchten Sicherheitskräfte sein Auto, weil dort, wie ein Anrufer mitgeteilt hatte, eine Bombe deponiert sei. Die explosive Stimmung drohte sich beim Auswärtsspiel der Bayern in Cottbus am 14. Oktober 2000 zu entladen. Energie-Präsident Dieter Krein hatte sich alle Mühe gegeben, die Aggressivität zusätzlich anzuheizen. Hoeneß sei »ein relativ unflätiger Mensch«, der aber im Stadion der Freundschaft in Ruhe gelassen werde, wie er gönnerhaft anfügte, wenn er sich anständig aufführe. Es wurde ein Spießrutenlauf, wie ihn der mit allen menschlichen Niederungen vertraute Hoeneß in 30 Jahren

Bundesliga noch nicht erlebt hatte. Bodyguards mussten ihn zu seinem Platz auf der Trainerbank geleiten, minutenlang wurde er ausgepfiffen, geballte Fäuste wurden gereckt. Hoeneß empfand die eigene physische Belastung als »blanken Wahnsinn«. Das ängstigende Szenario war Ausfluss einer regelrechten Volksverhetzung.

Uli Hoeneß war in jenen Tagen nationaler Hysterie das Freiwild der Bundesliga. Doch neben der Möglichkeit, den Rudelführer abzuschießen, bot sich nun auch die Chance, die gesamte Herde zu treffen. Nämlich einen Klub, der in der fast 40-jährigen Bundesligageschichte eine Sonderrolle spielt. Trotz aller Bemühungen wechselnder Konkurrenten, den Vorsprung aufzuholen, klafft bis heute zwischen den Bayern und dem Rest der Liga eine enorme Lücke – in sportlicher wie in wirtschaftlicher Hinsicht. Wer immer sich zum Rivalen aufgeschwungen hatte, ob Borussia Mönchengladbach, der Hamburger SV, Werder Bremen, Borussia Dortmund oder zuletzt Bayer Leverkusen, er biss sich die Zähne aus an dem monolithischen Erfolgsblock FC Bayern. Die lässige Selbstverständlichkeit, mit der die Münchner nationale und internationale Meisterschaften abhefteten, trennte die Fußballanhänger in zwei einander diametral gegenüberliegende Lager. Das eine schloss sich ergeben der fahnenschwenkenden Fangruppierung an, das andere konservierte offene Ablehnung und latente Neidgefühle bis zum ersehnten Tag der Abrechnung. Der schien mit der Affäre Daum gekommen zu sein.

Von Anfang an hat der FC Bayern die Fußballfreunde polarisiert, die einen sind dafür, die anderen begehren auf. In der Gefühlswelt um den Klub gibt es keine Mitte, Bayern München ist keinem Fußballanhänger egal. Sicherlich fieberte das ganze Land vor der Mattscheibe mit, als die Männer um Maier, Beckenbauer und Müller sich in den siebziger Jahren europaweit behaupteten, es ging ja schließlich um »Deutschland«. Doch der Libero, auf dessen Spielkunst die Nation mit einigem Recht stolz war, war in den Bundesligastadien als Fußballsnob verhasst. »Franz, du Drecksau«, war ein gängiger Slogan in Duisburg, Dortmund und Gelsenkirchen. Dort, wo der

Zuschauer die Malocher in Sporthosen liebt, die ebenso unermüdlich und hart für die Lohntüte ackern wie der Facharbeiter an der Drehbank, war der Artist Beckenbauer zutiefst suspekt. Beckenbauer schien nicht einmal zu schwitzen, wenn er über den Rasen tanzte. Und die Leichtigkeit, mit der er die wühlende, grätschende Gegnerschaft austrickste, empfand man fast wie einen Betrug am eigenen Lebensentwurf: sich redlich zu nähren durch Fleiß und Kampf. »Sanssouci statt Vilshofen«, schrieb Walter Jens einmal. Dies war ein Synonym dafür, dass auch der durch Beckenbauer personifizierte Verein seine proletarische Plattform verließ und in gehobenere Kreise drängte. Der »Kaiser«, der dem Publikum im Stadion schon mal das blanke Gesäß als Ausdruck seiner Meinung präsentiert hatte, trat im Smoking und mit der herausgeputzten Gattin am Arm bei den Wagner-Festspielen in Bayreuth auf. Das empfand das Fußballvolk als Verrat an der Sache. Politisch warf Beckenbauer sich ungebremst der christlich-sozialen Staatspartei in Bayern an die Brust. Als er öffentlich Franz-Josef Strauß sein Idol nannte und den sozialdemokratischen Kanzler Willy Brandt als nationales Unglück bezeichnete, hatte er mit nur einem Satz die Hälfte der Fußballfreunde gegen sich aufgebracht.

Die Identifikation des FC Bayern mit der CSU ist bis heute beinahe eine totale – was übrigens umgekehrt im gleichen Maße gilt. Ministerpräsident Edmund Stoiber sitzt als Vorsitzender im Verwaltungsbeirat des Klubs und bei jedem Heimspiel auf der Ehrentribüne. Uli Hoeneß machte als Spieler Wahlwerbung für die Partei und verpasste auch als Manager selten eine Gelegenheit, die Reklametrommel für seine politischen Freunde zu rühren. Besonders heftig rieb er sich an Willi Lemke, dem sozialdemokratischen Manager von Werder und ehemaligen Geschäfsführer der Bremer SPD, der heute Bildungssenator in der Hansestadt ist. Nachdem der SV Werder 1986 die Meisterschaft nur durch das schlechtere Torverhältnis vermasselt hatte, sandte ihm Hoeneß einen hämischen Gruß an die Weser: »Er muss lernen, dass er nicht mehr bei der SPD ist, die leider an zweiter Stelle steht, aber hoffentlich noch lange da stehen wird.«

Lemke, der das alte Feindbild seinerseits virtuos vermarktete, spielte den Ball clever zurück und kaprizierte sich auf eine Variante der sozialen Auseinandersetzung. Wenn seine Bremer gegen die Münchner kämpften, dann sei das, als ob ein Fahrrad es mit einem Ferrari aufnehme. Ende der neunziger Jahre griff der FC St. Pauli das Motto »Die da oben, wir hier unten« auf. In der Stadionzeitung wurde ein Spiel gegen die Bayern mit der schlichten Überschrift angekündigt: »Der Klassenkampf«. Hoeneß ließ das Heft gerichtlich verbieten. Immer wieder brachte gerade der Manager alle Nicht-Bayern-Fans geschlossen gegen seinen Klub auf. Etwa, wenn er nach einer Niederlage das neue Klubcredo verkündete: »Wir müssen wieder arroganter werden.« Das gelang auch meistens.

Zum Image des ewigen Siegers gesellte sich das Bild des Finanzmolochs, der alle Kleinen mitleidlos auffrisst. In den frühen siebziger Jahren begann der Pfeife rauchende Manager Robert Schwan, der die Überheblichkeit der Bayern mit grotesken Selbstbekenntnissen befeuerte – »Ich kenne nur zwei intelligente Menschen: Schwan am Vormittag und Schwan am Nachmittag« –, mit einer expansiven Transferpolitik. Bei welchem direkten Konkurrenten auch immer ein Talent über die Grasnarbe hervorlugte, wedelte er mit den Schecks.

Die wirtschaftliche Überlegenheit gründete sich nicht nur auf der sportlichen Klasse, sondern wurde dadurch begünstigt, dass München die Olympischen Spiele 1972 austrug. Noch vor Beginn der Spiele durfte der Klub das letzte Meisterschaftsspiel der Saison 1971/72 in der neuen Arena austragen. 80 000 Zuschauer sorgten für die erste Millioneneinnahme der Vereinsgeschichte. Zu jener Zeit finanzierten sich die Bundesligisten noch zu 80 Prozent aus den Zuschauereinnahmen, heute sind es nur noch rund achtzehn Prozent. Das Stadion wurde zu einer Goldgrube. Noch nie hatte man bis dahin eine durchschnittliche Zuschauerzahl von annähernd 30 000 erreicht. Dies wurde nun Usus und seit Olympia ist der Schnitt nur fünfmal darunter geblieben. Bis heute haben etwa 40 Millionen Menschen die Spiele des FC Bayern im Olympiastadion besucht. Neidisch schauen die anderen Klubs zu, wie sich die wirtschaftliche Kluft zu den Bayern immer mehr vertiefte.

Allerdings vergaßen sie darüber, dass die gesamte Liga am Tropf des verhassten Widersachers hängt. Für jeden der siebzehn Bundesligisten ist das Heimspiel gegen die Bayern der Zahltag des Jahres, durch ein volles Stadion, umfassendere Werbemöglichkeiten und vor allem durch erhöhte Fernseheinnahmen. Die Vermarktung der inzwischen einheitlichen Liga wäre ohne die Bayern weitaus schwieriger. Der FC Bayern ist das Herz der Bundesliga. Auch auf sämtlichen anderen Feldern, die das Fußballgeschäft mit sich bringt, sicherte sich der FC Bayern stets die Vorherrschaft. Mangelnde Solidarität, zwanghaften Egoismus und uneingeschränkte Ellbogenmentalität hat man den Münchner Machern stets vorgeworfen. Dabei sind die Strategien aller Bundesligisten deckungsgleich, nur haben die Bayern sie geschickter eingesetzt. Der Klub verdiente mit dem Verkauf von Devotionalien – vom Schal zum Trikot, von der Kartoffel bis zur Zigarre – bereits Millionen, als andere Klubs überhaupt noch nicht begriffen hatten, was der Begriff Merchandising bedeutet. Beinahe überflüssig zu erwähnen, dass zuerst beim FC Bayern über einen möglichen Börsengang diskutiert wurde. Selbstverständlich nutzte der Riese von der Säbener Straße schnell neue Techniken und ging als erster Bundesligist online. Fast alle Impulse, die der Klubfußball in Deutschland empfing, gingen vom FC Bayern aus.

Im ersten Bundesligajahr 1964 bilanzierten die Bayern einen Etat von 2,86 Millionen Mark, inzwischen ist es mehr als das Hundertfache: Weit mehr als 300 Millionen beträgt der Umsatz im Geschäftsjahr 2000/2001, eine Summe, die den FC Bayern weltweit auf Rang zwei der Fußballunternehmen hinter Manchester United setzt. Konkurrent Borussia Dortmund, wirtschaftlich die zweite Kraft in Deutschland, kommt noch nicht einmal auf zwei Drittel.

»Wir sind einzigartig«, stellte Vizepräsident Karl-Heinz Rummenigge ohne falsche Bescheidenheit fest. Und Hoeneß lässt nicht den mindesten Zweifel, dass die richtige Blütezeit des Klubs nach dem Gewinn der Champions League erst noch kommen werde. »Als Europas Nummer eins werden wir noch mehr gejagt als bisher schon«, sagt Rummenigge, »und deshalb müssen wir alle unsere Anstrengungen noch intensivieren.« Man kann getrost davon ausgehen, dass der FC Bayern künftig eine noch imposantere Rolle auf der Fußballbühne spielen wird. Und sowohl die Liebe zum Klub wie der Hass auf den FC Bayern werden noch größer werden. Neid, so sagt ein Sprichwort, bekommt man nicht geschenkt, Neid muss man sich verdienen. Die Münchner haben ihn sich redlich verdient.

Das Foul

Ein heißer Sommer und ein deutscher Herbst

2. Juli 2000: Christoph Daums Lebenstraum wird erfüllt. Eine große Runde des deutschen Fußballs unter Beteilung des kommissarischen DFB-Präsidenten Gerhard Mayer-Vorfelder, Reiner Calmund, des Managers von Bayer 04 Leverkusen, Uli Hoeneß, des Managers des FC Bayern München, Karl-Heinz Rummenigge, des Vizepräsidenten des Münchner Klubs, bestimmt Christoph Daum zum Bundestrainer. Allerdings erst mit Ablauf seines Vertrages in Leverkusen, zum 1. Juli 2002. Bis dahin soll Rudi Völler, Sportdirektor bei Bayer, das Amt ausüben.

23. September: Die Staatsanwaltschaft Köln nimmt Ermittlungen gegen Daum auf. Der inhaftierte Jochen Kress, früherer Ehemann von Daums Lebensgefährtin Angelika Camm, klagt angeblich von Daum unterschlagene Millionenbeträge im Zusammenhang mit der Vermittlung einer Wohnanlage auf Mallorca ein.

22. September: Reiner Calmund rät Daum unvermutet davon ab, Bundestrainer zu werden. Als Freund empfehle er ihm, beispielsweise in die Türkei zu gehen.

24. September: Daum spricht in einem Interview von Erpressung. Leute aus dem »Knast, dem Jenseits und dem Milieu« würden sich bei ihm melden.

26. September: Unter der Überschrift »Die Akte Daum: Flucht vor bösen Gerüchten?« schreibt die Münchner »Abendzeitung«: »Die Gerüchte überschlagen sich. Von Schnupf-Orgien ist die Rede, von wilden Partys mit Prostituierten, die nun ihr Wissen zu versilbern trachten.«

27. September: Daum erklärt: »Nächste Woche unterschreibe ich den Vertrag mit dem DFB.«

2. Oktober: Die Münchner »Abendzeitung« zitiert Bayern-Manager Uli Hoeneß: »Wenn das alles Fakt ist, worüber geschrieben wurde, auch unwidersprochen vom verschnupften Herrn Daum, dann kann er nicht Bundestrainer werden.« Es gehe um die Ereignisse der vergangenen Monate: »Um sein privates Umfeld, seine Werbeverträge, um Erpressungsversuche und Prostituierte, wovon er ja selber gesprochen hat, um all die Scheiße geht es, um seine Außendarstellung und um die Frage, ob das alles geeignet ist, oberster Trainer in einem Land wie Deutschland zu sein.« Der DFB könne nicht die Aktion »Keine Macht den Drogen« starten »und Herr Daum hat vielleicht damit was zu tun«.

2. Oktober: Rechtsanwalt Matthias Prinz erstattet im Namen seines Mandanten Daum Strafanzeige gegen Hoeneß wegen Verleumdung und übler Nachrede.

3. Oktober: Über die Presseabteilung des FC Bayern München dementiert Hoeneß seine Aussagen teilweise. Er habe nicht von Erpressungsversuchen und Prostitution gesprochen. Daum versichert am selben Tag: »Drogen waren, sind und werden nie ein Thema für mich sein.«

5. Oktober: Fritz Scherer, Vizepräsident des FC Bayern, regt einen Drogentest in Form einer Haaranalyse an. So könne Daum beweisen, dass die Gerüchte jeglicher Grundlage entbehrten.

7. Oktober: Daum erklärt sein Einverständnis mit einem Drogentest.

9. Oktober: Daum unterzieht sich im gerichtsmedizinischen Institut in Köln einer Haaranalyse.

10. Oktober: Hoeneß weist die gegen ihn erhobenen Vorwürfe bei einer Pressekonferenz zurück und kündigt eine Klage gegen jeden an, der behaupte, er habe Daum mit Drogen und Prostitution in Zusammenhang gebracht.

11. Oktober: Mit einer Richtigstellung und einer Entschuldigung bei Hoeneß und Daum reagiert die »Abendzeitung« auf Hoeneß' Äußerungen. Man habe über »Spekulationen im Zusammenhang mit dem Dienstantritt des designierten Bundestrainers berichtet und dabei Gerüchte über angeblichen Drogenkonsum von Daum kolportiert«. Diese, so die »AZ«, stammten nicht von Hoeneß.

15. Oktober: In Frankfurt vereinbaren Vertreter von Bayern München und Bayer Leverkusen ein baldiges Krisengespräch mit

Hoeneß und Daum. Mayer-Vorfelder erklärt, der Handschlagvertrag mit Daum bleibe bestehen.

20. Oktober: Daum erhält das positive Ergebnis der Untersuchung und bittet um Entbindung von seinen Aufgaben.

21. Oktober: Calmund erklärt in Leverkusen: »Christoph Daum ist ab sofort nicht mehr Trainer von Bayer 04 Leverkusen.« Mayer-Vorfelder teilt mit: »Der Handschlagvertrag mit Daum ist gegenstandslos.« Daum reist unverzüglich nach Miami/Florida.

11. Januar: Daum kehrt nach Deutschland zurück.

12. Januar: Daum gibt eine Pressekoferenz in Köln. Er gesteht Kokainkonsum, allerdings, wie er sagt, nur gelegentlich »im privaten Bereich« und zur Schmerztherapie wegen einer Hüftarthrose. Daum entschudligt sich bei Uli Hoeneß und Gerhard Mayer-Vorfelder. Er könne sich vorstellen, später doch noch einmal Bundestrainer zu werden.

Der Kokainskandal

Anfang Juni 2002, in Deutschland ist gerade ein neuer Tag erwacht, die Menschen fahren gut gelaunt zur Arbeit. Die deutsche Nationalmannschaft hat soeben ihr erstes Vorrundenspiel bei der Weltmeisterschaft in Japan und Südkorea gewonnen. In einem grellblauen Anzug mit grellblauer Krawatte, den Farben seines Sponsors, eines Elektrokonzerns aus dem Ruhrgebiet, betritt der Trainer der Siegerelf den Presseraum, in dem mehr als hundert Journalisten aus aller Welt warten. Christoph Daum nimmt auf dem Podium Platz, zieht das Mikrofon zu sich heran und fixiert mit flackernden, fünfmarkstückgroßen Augen die Journalisten. Dann erteilt ihm der FIFA-Delegierte das Wort. Daum analysiert das Spiel, spricht über ballorientierte Deckungsarbeit, von der intakten Moral seines Teams und ärgert sich über mangelnde Konzentration im Abschluss. Er redet sich in Rage, gestikuliert mit den Händen, fährt sich mit der Rechten durch das Haar, immer wieder greift er zur Nase. Die Augen klettern unruhig die Wände hinauf und hinunter, als suchten sie irgendwo einen festen Punkt. Daum wirkt jetzt gehetzt und fahrig. Er schweift vom Thema ab, schwadroniert plötzlich über Genforschung – »Sicherlich ein sensibler Bereich, aber mit Riesenchancen« – und übt scharfe Kritik an der deutschen Wirtschaft – »Wir haben den südostasiatischen Markt verschlafen«. Im Saal entsteht Unruhe und in einer der hinteren Reihen fragt ein verblüffter japanischer Reporter flüsternd seinen deutschen Nachbarn: »Ist der Mann immer so oder ist er auf Droge?« Die Antwort kommt ebenso leise zurück: »Das wüsste ich auch zu gerne.«

So oder ähnlich hätte sich diese Szene abspielen können bei der kommenden WM. Dass dort jedoch der Volksliebling Rudi Völler seine nüchternen Kommentare über das Abschneiden des DFB-Teams geben wird, ist einer Verkettung seltsamer Ereignisse zu danken, die sich am 1. Oktober des Jahres 2000 zutrugen: Wie immer an Sonntagen schlief Uli Hoeneß ein bisschen länger. Tags zuvor hatte die Mannschaft des FC Bayern auf eigenem Platz mit 0:1 gegen Hansa Rostock verloren, der Manager war sauer. Doch bleischwer lag ihm etwas anderes auf der Seele, über das er beim Frühstück mit seiner Frau Susi sprach. Tags zuvor hatte er den Presseleuten beim Verlassen des Olympiastadions einen rätselhaften Brocken hingeworfen: Die Sache mit Daum, der ein Vierteljahr vorher als künftiger Bundestrainer verpflichtet worden war, betrachte er keineswegs als abgeschlossen, der DFB solle sich Zeit lassen mit der Vertragsunterschrift. Dann war er gegangen und hatte die Journalisten ratlos stehen lassen.

Nach dem Frühstück sortierte Hoeneß die Faxe, die an einem solchen Morgen im Arbeitszimmer seines Wohnhauses in Ottobrunn bei München auflaufen. Seine private Telefonnummer gibt er nur in dringenden Fällen heraus, sonst würde der Apparat nicht mehr stillstehen. Drei Faxe mit der Bitte um Rückruf lagen im Auswurfschacht des Geräts: Ein Redakteur des »kicker« hatte sich gemeldet, einer von »SportBild« und Bernd Hildebrandt, Kolumnist der Münchner »Abendzeitung«. Hoeneß rief zunächst beim »kicker« an, dann beim Wochenmagazin »SportBild«. Auch dessen Redakteur wollte mehr über die geheimnisvollen Andeutungen des Vorabends erfahren. Ob Hoeneß sich auf die Story in der »Abendzeitung« bezogen habe. Hoeneß erwiderte, er habe die Geschichte nicht gelesen. Jenen Bericht, insistierte der Reporter, in dem ein paar Tage zuvor von Daums »Schnupforgien, von wilden Partys mit Prostituierten« die Rede gewesen sei. Er habe interessiert zugehört, erzählte der Manager später, und sich gewundert, dass auf solch brisante Anschuldigungen kein Dementi, keine Gegendarstellung oder keine Unterlassungserklärung des Trainers erfolgt sei. Dann legte Hoeneß auf und verwarf den Gedanken, mit dem Autor des Artikels, dem »AZ«-Mann Hildebrandt, wie gewünscht Kontakt aufzunehmen. Mit dem erfahrenen Journalisten verbindet ihn eine innige Hassliebe und eine sorgsam gepflegte Streitkultur.

Hoeneß war in Eile, vor einem nachmittäglichen Oktoberfestbesuch mit dem FC Bayern musste er sein Bag auf der Golfanlage

Riedhof abholen, rund 20 Kilometer von seinem Haus entfernt, denn für den folgenden Tag hatte er einen Flug nach Marbella gebucht, wo er mit seiner Frau einen viertägigen Golfurlaub verbringen wollte. Doch kurz vor dem Ziel musste er einer Umleitung folgen. Hoeneß: »Ich musste einen Umweg von zehn Kilometern fahren und hatte damit Zeit.« So führte eine Straßensperre in einer kleinen oberbayerischen Gemeinde geradewegs in eine der tiefsten Krisen des deutschen Fußballs. Der Manager wählte die Nummer der »Abendzeitung« auf seinem Mobiltelefon. Das verhängnisvolle Gespräch nahm seinen Lauf.

Hoeneß war sich längst klar darüber, dass die von ihm mitgetragene Entscheidung für den Bundestrainer Daum ein schwerer Fehler gewesen war. Immer wieder waren zuletzt Zeitungsberichte erschienen, die Daum in ein schiefes Licht gebracht hatten: Ungereimtheiten beim Verkauf einer Ferienanlage auf Mallorca, die Millionenklage des Exmannes seiner Lebensgefährtin wegen vorenthaltener Provision, dubiose Geschichten um gestohlene Kunstwerke und eine astronomische Gehaltsforderung von fünf Millionen Mark beim DFB, zusätzlich zu den bereits abgeschlossenen Werbeverträgen. Gegenüber Hildebrandt empörte sich Hoeneß über das in der Presse ausgewalzte Privatleben Daums und über dessen Bericht über Drogenkonsum. »Wenn das alles Fakt ist, worüber geschrieben wurde, auch unwidersprochen über den ›verschnupften Herrn Daum‹, dann kann er nicht Bundestrainer werden.« Erpressungsversuche und Prostituierte, die Daum selbst eine Woche zuvor in einem Interview mit dem Kölner »Express« ins Spiel gebracht hatte, habe er nicht erwähnt. Derlei sei ihm zu diesem Zeitpunkt noch nicht bekannt gewesen.

Am Nachmittag auf dem Oktoberfest sprach ihn ein Reporter von »Bild« an. Wie in anderen Zeitungsredaktionen hatte man auch dort Wind bekommen von Hoeneß' explosivem »AZ«-Interview. Was er nun über den Inhalt hörte, klang so beunruhigend, dass Hoeneß sich umgehend bei Hildebrandt vergewisserte. Der las ihm den Text vor, allerdings nicht die Zitate, so erinnert sich Hoeneß, die sich auf das kriminelle Umfeld Daums bezogen.

Am nächsten Morgen flog Hoeneß nach Marbella. Zur Erholung. Dazu gehörte auch der Verzicht auf deutsche Zeitungen. Und so bekam der Kurzurlauber nur am Rande mit, mit welchem Getöse die Medienmaschinerie ansprang. »Mein einziger Fehler in der Sache Daum:«, sagt Hoeneß, »Ich hätte sofort aus Spanien zurückkehren müssen, um die Dinge nicht eskalieren zu lassen.« Als ihm Markus Hörwick, der Pressechef seines Klubs, telefonisch vom Orkan im deutschen Blätterwald berichtete und ihm den gesamten Text aus der »AZ« vorlas, stellte Hoeneß fest, dass der Artikel auch noch andere als die von ihm abgegebenen Zitate enthielt. Umgehend beauftragte er Hörwick, ein Dementi zu verfassen und an die Nachrichtenagenturen zu verschicken. Weil diese Erklärung jedoch an einem redaktionsfreien Montag, den 2. Oktober, also unmittelbar vor dem Feiertag der Deutschen Einheit, bei den Zeitungen einlief, fand sie kaum Beachtung. Außerdem war die Geschichte einfach zu gut, um sie sofort versanden zu lassen. Gierig griffen die Medien das Gemisch aus Fußball, Sex und Drogen auf und empfindlichere Gemüter als der Dickschädel Hoeneß wären von der Wucht der Schlagzeilen erschlagen worden. Die Front gegen den Manager war beinahe geschlossen und selbst beste Freunde liefen schnell ins Lager der Gegner über. Paul Breitner beispielsweise, von Jugend an ein enger Vertrauter, spitzte die Angelegenheit auf ein persönliches Duell zwischen zwei Kombattanten zu. Sich bei seinem Freund nach dem tatsächlichen Sachverhalt zu erkundigen hielt Breitner für überflüssig, ihm reichte zur Wahrheitsfindung ein Telefonat mit Hildebrandt. »Am Ende wird es für einen von beiden Chaos geben. Dann wird es den einen oder anderen in der Bundesliga nicht mehr geben.« Wem er das berufliche Ende zugedacht hatte, wurde durch eine Zusatzbemerkung deutlich: Hoeneß habe keine Beweise vorgebracht.

Drogengerüchte um Christoph Daum sind beinahe so alt wie seine Trainerkarriere in der ersten Liga. Schon während der Weltmeisterschaft 1990, als er in Erba, wo auch das deutsche Nationalteam mit Trainer Franz Beckenbauer logierte, vom 1. FC Köln entlassen wurde, stellten die Reporter wilde Spekulationen an. Der wahre

Grund für die Kündigung, munkelte man hinter vorgehaltener Hand, sei entweder der finanziell undurchsichtige Transfer des Kölner Starspielers Thomas Häßler zu Juventus Turin oder angeblicher Drogenkonsum. Dietmar Artzinger-Bolten, damals Kölner Präsident, nahm jedenfalls mehr als zehn Jahre später die Berichte über die positive Daum-Analyse »mit einer gewissen Genugtuung zur Kenntnis«, wie der »Spiegel« berichtete. Gegenüber dem Magazin sagte er: »Ich fühle mich bestätigt, daraus können Sie Ihre Schlüsse ziehen.«

Der Verdacht hielt sich hartnäckig und ab Mitte der neunziger Jahre wurde darüber auch geschrieben. Am 11. Juni 1995 stand in der »Welt am Sonntag« eine zwölfzeilige Meldung. Darin hieß es, Daum werde »unterstellt«, er »nähme Rauschmittel«. Ein Jahr später stand Ähnliches auch im Kölner »Express«. Dort wurde auch berichtet, wie Daum im Beisein von Calmund einen Journalisten beschimpfte, den er als Urheber der Gerüchte betrachtete. Den in solchen Fällen üblichen gerichtlichen Weg gegen diese ehrverletzenden und rufschädigenden Äußerungen aber beschritt der Trainer nie. Erstaunlich, denn schließlich ging es um ein kriminelles Delikt und nicht um eine Lappalie wie ein falsches Zitat oder den Vorwurf einer unzulänglichen Taktik.

Mehr als fünf Jahre nach der Erstveröffentlichung erregt sich Hoeneß über den seltsamen Umgang Daums mit den Anschuldigungen. Doch nun bekommt die Sache plötzlich ungeheuer Fahrt, der Bayern-Manager wird als Denunziant verurteilt: »Wilde Drogengerüchte. Kesseltreiben gegen Daum. Neue Angriffe von Hoeneß«, titelt »Bild«. Auch in den großen Abonnementzeitungen drängt der Fußballskandal die politischen Ereignisse in den Hintergrund. Die blutigen Krawalle zwischen Israelis und Palästinensern vor den Friedensgesprächen in Paris, der Rücktritt des CDU-Generalsekretärs Ruprecht Pohlenz, die Vergabe der Nobelpreise oder eine weitere Staatskrise in Jugoslawien interessieren die Mehrheit der Bundesbürger nur noch am Rande. In Leitartikeln und Kommentaren werden alte Vorurteile aus dem Archiv aufgefrischt, überkommene Hoeneß-Klischees werden recycelt: ein

Gesinnungsrowdy taucht aus den Tiefen des Stehsatzes auf, in seiner Niedertracht lediglich von Idi Amin oder Saddam Hussein übertroffen. Dass der Bayern-Manager sich in der Haifischbranche Bundesliga über Jahrzehnte einen guten Ruf als streitbares, aber verlässliches Gegenüber erworben hatte, passt nicht ins Schurkengemälde. Systematisch wird die breite Öffentlichkeit desinformiert, indem die Mehrzahl der Medien weiterhin als Tatsache verbreitet, was Hoeneß nicht gesagt hatte. Selbst als sich die »AZ« nach knapp zwei Wochen bei Hoeneß durch eine Richtigstellung an prominenter Stelle des Blattes für die ihm fälschlich in den Mund gelegten Sätze – und bei Daum für die kolportierten Drogengerüchte – entschuldigt, ändert das nichts an der Pressepräjustiz. Die einseitige Berichterstattung erzielt den beabsichtigten Effekt, auch für das manipulierte Publikum ist Hoeneß der böse Bube, ein Landesverräter, mit dem kurzer Prozess gemacht werden soll. »Die Sudelschnauze« sei »die Schande von Deutschland« heißt es in der Leserbriefspalte von »Bild«. 70 Prozent der befragten Leser des Boulevardblattes fordern Hoeneß auf, sich für das Nichtgesagte bei Daum zu entschuldigen. In Bremen schreit Bildungssenator Willi Lemke nach Rache, Mayer-Vorfelder soll seinen Intimfeind richten: »Ich kann mir nicht vorstellen, dass der DFB tatenlos zusieht, wenn dem deutschen Fußball Schaden zugefügt wird.«

Einen Höhepunkt erreicht die Hysterie, als sich Herta Däubler-Gmelin einschaltet. Die Bundesjustizminsterin zählt zu den grauen Mäusen im Kabinett Schröder und benötigt dringend ein paar Pluspunkte auf der Popularitätsskala. Sie wählt die denkbar platteste Plattform: »Bild«. In einem Kommentar verteidigt die bis dato noch nicht als Fußballfachfrau aufgefallene Ministerin Christoph Daum und streckt gleichzeitig Hoeneß zu Boden: »Es darf nicht einreißen, dass die Beweislast umgekehrt wird. Unser Rechtsstaat hat klare Regeln: klare Anschuldigungen, klare Beweise! Das gilt auch für Hoeneß.« Dieser sei in der Pflicht, nicht Daum. Die Politikerin erinnerte an den »Gottesbeweis im finsteren Mittelalter«. Angeschwärzte seien mit einem Mühlstein um den Hals ins Wasser geworfen worden; wenn sie überlebten, wurde ihnen geglaubt. Heute stehe Daum am Pranger und solle sich reinwaschen. Däubler-Gmelin: »Die Hoeneß-Daum-Affäre bringt den Fußball in Verruf und zieht die Bundesliga in den Sumpf.« Ungeniert unterstellt die Justizministerin Hoeneß, er habe eine Haarprobe verlangt. Bei »Sabine Christiansen« fragt sie unter dem hämischen Beifall des Publikums, ob Hoeneß eigentlich aus dem Bayerischen Wald stamme – also ein Hinterwäldler sei. Hoeneß schäumt über diesen Anfall schieren Populismus. »Der Frau Däubler-Gmelin empfehle ich dringend, dass sie in ihrer Position, die ja sehr wichtig ist für unser Land, sich erst mal richtig informiert, bevor sie so einen Schmarrn erzählt.«

Längst sind alle Dämme gebrochen, alle Maßstäbe einer gesitteten demokratischen Gesellschaft gehen über Bord. Während Daum geschickt den Rückenwind der großen Öffentlichkeit nützt, seine Kinder als Opfer der Attacke vorschiebt und Hoeneß mit Hilfe des Hamburger Staranwalts Matthias Prinz juristisch zur Verantwortung ziehen will, wird die Familie seines Gegenspielers in Sippenhaft genommen. Hoeneß' Tochter, die in München studiert, muss sich Beleidigungen von Professoren und Kommilitonen gefallen lassen, sein Sohn, Azubi an einer Großbank, wird von Kunden und Kollegen beschimpft. Als Hoeneß von einer Geschäftsreise heimkehrt, wird er von der Polizei abgefangen: Ein anonymer Anrufer habe sich damit gebrüstet, eine Autobombe angebracht zu haben. Im Internet wird eine Prämie von 10 000 Mark für denjenigen ausgesetzt, dem es gelänge, den Bayern-Manager bei einem Spiel in Schalke »von der Bank zu schießen«. Als Täter ermittelt die Kripo einen Österreicher, auf Empfehlung der Staatsanwaltschaft sieht Hoeneß von einer Strafanzeige ab, um einen Nachfolgeeffekt zu vermeiden. Schließlich geht beim Nürnberger Arbeitsamt ein anonymer Hinweis ein, in dem auf fränkische Rostbratwürstchen spezialisierten Betrieb des Managers seien illegale Arbeiter beschäftigt. Rund 40 Fahnder und Polizisten besetzen das Geländer der Firma »Howe«, die Angestellten müssen sich auf dem Hof versammeln. Nach stundenlanger Durchsuchung der Geschäftsräume und genauer Befragung der Arbeiter zieht das Aufgebot wieder ab in der Gewissheit, einem falschen Hinweis aufgesessen zu sein. Hoeneß spricht entnervt von Rücktritt, seine engste Umgebung erlebt den ansonsten so robusten Manager in einem stark angegriffenen Zustand. Verbittert beklagt er jeglichen Mangel an Fairness ihm gegenüber und von Zivilcourage, wie er sie bewiesen habe, als er seine Zweifel an Daum gegen eine einhellige öffentliche Meinung geäußert habe. Die Jagd, die sich über neunzehn Tage erstreckte, hatte deutliche Spuren in seinem Gemüt hinterlassen.

Dann kam der 21. Oktober 2000. Es war ein sonniger Herbsttag. Kurz nach zwölf Uhr klingelte das Handy eines Freundes der Familie Hoeneß. Susi Hoeneß war am Apparat und die sonst so resolute Frau des Managers klang ein wenig durcheinander. Sie sprach in Halbsätzen, die immer wieder von den gleichen Wortfetzen unterbrochen wurden. »Unfassbar, unglaublich.« Erst allmählich begriff der Bekannte: Christoph Daum sei angeblich positiv getestet worden. Ihr Mann habe soeben einen entsprechenden Anruf des DFB-Direktors Wilfried Straub bekommen. Mehr wisse sie nicht, fügte Frau Hoeneß an, nein, ihr Mann sei nicht zu sprechen, der habe sich wortlos zurückgezogen. Gemeinsam erwogen die Gesprächspartner die Möglichkeit, ob sich das Satireblatt »Titanic« nicht einen Scherz erlaubt und einen Stimmenimitator ans Telefon gesetzt habe.

Wenig später beraumt der Bundesligaklub Bayer Leverkusen eine außerplanmäßige Pressekonferenz für den Nachmittag, fünf Stunden vor dem Bundesligaspiel gegen Borussia Dortmund in der heimischen BayArena. Der Termin verbreitet sich durch Mund-zu-Mund-Propaganda, und weil der Zeitpunkt so außergewöhnlich ist, ahnen die Reporter bereits, dass eine journalistische Bombe hochgehen würde. Reiner Calmund, der Manager, verliest eine dürre Mitteilung: »Christoph Daum ist ab sofort nicht mehr Trainer von Bayer 04 Leverkusen. Er hat am späten Freitagabend die Geschäftsführung des Klubs um sofortige Entbindung von seinen Aufgaben gebeten. Dieser Bitte ist entsprochen worden. Grund für diesen Schritt sind die Ergebnisse der Haarproben, die das Institut für Rechtsmedizin der Universität Köln am Freitag, den 20. Oktober an Christoph Daum übergeben hat.« Für Daum werde Rudi Völler auf der Bank sitzen. Wenig später entfernt der Hausmeister der BayArena das große Bild an der Wand, das den Extrainer im grellblauen Anzug zeigt.

Während des Spiels feiert das Publikum Daum in Sprechchören, der zu dieser Zeit in Miami landet. Christoph Daum war auf der Flucht. Tags zuvor hatten sich ungeheure Dinge ereignet, die Katharsis einer griechischen Tragödie.

Kurz nach fünfzehn Uhr am Freitag Nachmittag erreicht Calmund ein Anruf des untersuchenden Labors mit der Nachricht, er könne das Ergebnis der Haaranalyse vorzeitig abholen. Calmund, Bayer-Geschäftsführer Wolfgang Holzhäuser und Pressesprecher Uli Dost fahren nach Köln. Als er den Briefumschlag mit dem Resultat öffnet, trifft Calmund, wie er später sagt, »der totale Keulenschlag«: Drei Testbereiche sind negativ, der vierte ist eindeutig positiv.

Um 18.30 Uhr findet im Tagungszimmer der BayArena eine Krisensitzung unter Beteiligung von Anwälten der Bayer AG statt. Man beschließt, sich umgehend von Daum zu trennen. Etwa zur gleichen Zeit steht Uli Hoeneß in der Nähe des Münchner Flughafens Erding im Stau, als sein Handy klingelt. Am Apparat ist Wilfried Straub. Der DFB-Direktor ist mit der Organisation des für den kommenden Sonntag geplanten »Friedensgesprächs« zwischen Hoeneß und Daum unter Leitung von Mayer-Vorfelder betraut worden. Straub erkundigt sich, wann Hoeneß in Frankfurt sein könne, und erzählt dann, dass er von neuen Problemen gehört habe: Daum wolle nun Schadenersatz von Hoeneß fordern, eine hohe Summe für das vermeintlich erlittene Unrecht.

In Leverkusen tagt die Runde weiter. Gegen 23 Uhr wird der Trainer, der soeben eine Mannschaftsbesprechung abgehalten hatte, in den Raum gerufen, von den Vorgängen informiert und aufgefordert, einen Auflösungsvertrag zu unterschreiben. Überdies sei ein Therapieplatz in einer Bonner Drogenklinik bereits reserviert. Daum geht darauf nicht ein, er verlangt von Calmund zehn Tage

Frist, um eine zweite Probe machen zu lassen. Wenn ihm diese Chance verwehrt würde, sei die Freundschaft mit Calmund beendet. Calmund lehnt ab, Daum tobt. »Ich bin clean, ich bin clean.« Dann unterschreibt er doch. Danach spricht er von einer »Verschwörung«, »höhere Mächte« seien am Werk, die ihn erledigen wollten. »Das ist nicht mein Haar«, schreit er, die Probe sei manipuliert worden. Auch Daums Lebensgefährin äußert am Tag danach einen üblen Verdacht: »Das sind Mafiamethoden. Die haben die Proben gefälscht. Christophs Ergebnis war so positiv, als würde er sich jeden Tag was reinschmeißen. Ich habe von diesem Mafiadeutschland die Nase voll.«

Deutschland hatte den größten Fußballskandal seit der Bestechungsaffäre zu Beginn der siebziger Jahre. Präziser gesagt: Der größte Skandal des deutschen Fußballs ist buchstäblich um ein Haar vermieden worden. Ein koksender Bundestrainer als Bannerträger des DFB-Werbeslogans »Keine Macht den Drogen« wäre für das Ansehen des Verbandes so verheerend gewesen wie für die Kirche ein Kurienkardinal als Kopf einer Kinderpornobande. Gesetzt den Fall, Daum wäre erst Jahre später als erster Fußballpädagoge und väterliches Vorbild für die kickende Jugend aufgeflogen, hätte die Angelegenheit noch schwerer wiegende Konsequenzen gehabt. Dann wäre die Führungsriege des deutschen Fußballs aus ihren bequemen Sesseln katapultiert worden.

So sitzen sie alle noch auf den feinen Pöstchen und hantieren an den Schalthebeln der Macht. Nur einer fehlt nun im illustren Kreis – Christoph Daum, ausgestoßen aus der großen Fußballfamilie und von seinen einstigen Wegbereitern als Alleinschuldiger verdammt. Gerade weil sich die Mitverantwortlichen nach dem Sündenfall so behende aus dem Staub machten, ist die Geschichte von Aufstieg und Fall des Christoph Daum ein Lehrstück an Verantwortungslosigkeit, Scheinheiligkeit, Verlogenheit, Dummheit, Inkompetenz und krimineller Energie. Das Klima der Aggression und der Vorurteile, das die Vernichtung von Existenzen in Kauf nahm, wurde in Selbstherrlichkeit von gerissenen Funktionären und sensationsgeilen Medien geschaffen.

Wie sich jeder Fernsehzuschauer erinnert, gehörte zu den Akteuren jener Tage Reiner Calmund. Calmund drängte seinen massigen Körper vor jede erreichbare Kamera. Ein Mann, der es über Jahre verstanden hat, sich der Öffentlichkeit als ein netter Onkel zu präsentieren. Jovial, mit bildhafter Sprache wirkte der Dicke in seinen zeltartigen Anzügen ein wenig wie das gute Gewissen der durchtriebenen Branche. Calmund gibt zu Weihnachten gerne den Nikolaus für die Kinder seiner Millionärskicker, der dicke »Calli« ist ein Hansdampf in allen Gassen und kann minutenlang reden, ohne zu atmen. Am Ende hat er immer Recht, vor allem deshalb, weil sein Gesprächspartner schon lange nicht mehr weiß, um was es eigentlich ging. Hinter seiner Jovialität stecken Machtkalkül und der Überlebensreflex – alles stets so hinzudrehen, dass die anderen in der Verantwortung stehen. Seine Fähigkeit, die Fäden zu ziehen, hat ihm den Spitznamen »der Pate« eingebracht. Der brasilianische Profi Tita nannte den Manager schlicht »dickes Bandito«.

Calmund hatte den Stein ins Rollen gebracht, als er Daum in der Halbzeitpause eines Bundesligaspiels in Cottbus davon abgeraten hatte, Bundestrainer zu werden. »Auch als Freund muss ich ihm raten: [...] Denk an deine Familie, denk an deine Kinder, denk letztlich an dich [...] und überleg dir das nochmals in Ruhe«, plapperte er am 23. September in das Mikrofon von Premiere. Daum könne beispielsweise in der Türkei, wo er hoch geschätzt sei, in Ruhe arbeiten und obendrein viel mehr Geld verdienen. Niemand verstand die Absicht hinter den etwas kryptischen Äußerungen so recht, die auch Daum offenbar überraschten. Nun war er im Erklärungsnotstand. Daum entschied sich für die Flucht nach vorn. In einem Interview erhellte er den Hintergrund für Calmunds Besorgnis. Über Verbrecher, Prostituierte und Erpressung beklagte sich Daum, die ihm offenbar seit geraumer Zeit zusetzten. »Wer sich da jetzt alles aus dem Jenseits, dem Knast und dem Milieu melden darf. Unglaublich [...] wenn der dicke Fisch, den sie erpressen, nicht zahlt – dann zahlen halt andere, um eine Geschichte zu bekommen.« Es sollten genau vier Wochen vergehen, bis sich herausstellte, was damit gemeint war.

Ob Calmund – »In meinem Job gehört Lügen zum Geschäft« – die Abgründe des Sumpfes kannte, in dem sein Trainer steckte? Über die seit Jahren wabernden Drogengerüchte um Daum will er einerseits nichts gewusst haben – »Wir hatten keinen Verdacht« – andererseits kann ihm das Gerede, das unter den Beobachtern und Trainingskiebitzen seit Frühjahr 1996 zirkulierte, als Daum zum Cheftrainer von Bayer gemacht wurde, nicht verborgen geblieben sein. Aber, so stellte er durch Augenschein bei der täglichen Trainingsarbeit fest: »Da ist nichts dran.« Manager und Trainer von Bundesligateams leben in einer annähernd symbiotischen Gemeinschaft. Tagtäglich konferieren sie, vor dem Training, nach dem Training. Vor Spielen pflegen sie bis spät in die Nacht im Hotel zusammenzusitzen. Klubs wie Bayer Leverkusen spielen dreimal in der Woche. Daum und Calmund verbrachten mehr Zeit miteinander als mit ihren Partnerinnen, sie kennen Launen und Spleens des anderen, Trinkgewohnheiten und den bevorzugten Frauentyp. Ausgerechnet die auffälligste Angewohnheit des Christoph Daum aber hat Calmund übersehen? Seltsam nur, dass er schon im Sommer 1995, als Daum beim Nachbarn 1. FC Köln im Gespräch war, im kleinen Kreis seine Bedenken wegen der Drogenfama geäußert haben soll, wie die »Welt am Sonntag« im April 2001 schrieb. Calmund bestritt dies in der Sendung »Doppelpass« des DSF energisch und kündigte juristische Maßnahmen gegen die Zeitung an. Über seinen Anwalt gingen dem Blatt tatsächlich eine Unterlassungserklärung und die Forderung nach Richtigstellung zu. In der TV-Show allerdings gestand Calmund ein, dass seinerseits ein Kölner Vorstandsmitglied die Leverkusener vor einer Verpflichtung Daums wegen des Drogenproblems gewarnt habe. Doch Bayer 04 scherte sich nicht darum, Daum bekam einen Vertrag. Die vollmundige Ankündigung strafrechtlichen Vorgehens gegen die »WamS« nahm übrigens ein versöhnliches Ende. Calmund beschwerte sich am Ende lediglich, der Autor habe die entsprechenden Zitate nicht autorisieren lassen. Fürchtete der Manager den Aufmarsch von Gerichtszeugen mit gutem Gedächtnis?

Calmund blieb in der gesamten Affäre Hoeneß – Daum ein Gefangener seiner selbst. Obwohl auch ihn zwischenzeitlich Zweifel an Daums Korrektheit überkamen, beispielsweise als dieser den Skandal durch Geldforderungen an Hoeneß finanziell ausschlachten wollte, hielt er an der einmal eingeschlagenen Linie eisern fest. In Calmunds Verteidigungssuada wurde der Trainer zum Gutmenschen. »Mit Weibern aus dem Rotlichtmilieu« habe Daum keinen Kontakt. Doch es dauerte nicht lange, bis »Stern« und »Focus« von Daums Abenden in dem Etablissement »Don Angelo« am Hafen von Palma de Mallorca berichteten; einem exklusiven Szenetreff, in dem es neben Champagner auch Frauen zu kaufen gibt. Hoeneß, der den lustigen Dicken gerade noch zu seinem Freundeskreis gezählt hatte, sah sich unvermittelt einem unversöhnlichen Feind gegenüber. Calmund riet Hoeneß nun zum Arztbesuch, um sich eingehend auf Alzheimer untersuchen zu lassen. Dessen Behauptungen seien ohnehin infam, bösartig, hinterlistig – kurz: »Es ist ungeheuerlich, einen Menschen so zu diffamieren. Da steckt kriminelle Energie dahinter. Der Hoeneß kann nicht mehr in den Spiegel schauen. Pure Verleumdung, der schlimmste Rufmord, den die Bundesliga je erlebte.« Genauso gut könne er verbreiten, in Hoeneß' Wurstfabrik werde Katzenfleisch verarbeitet. Calmund übertraf sich in der Auswahl von Unterstellungen, Verdächtigungen und Anschuldigungen. Um Zeugen gegen Daum aufzutreiben, brauche man nur zum Hauptbahnhof gehen, sagte er vor den Kameras der Fußballfernsehshow »ran«, und könne für »500 Mark einen Omnibus voller Dealer« herankarren. Personen, die »so charakterlos« seien wie Hoeneß, wären »auch nicht bange, gekaufte Zeugen zu bringen«. Es ist dann kein Bus gewesen und die Zeugen waren auch nicht geschmiert; aber die Zahl der Vögel, die vom Drogenleben des Christoph D. sangen, ist doch recht beachtlich gewesen.

Als Daum enttarnt war, änderte Calmund die Strategie reaktionsschnell. Kein Wort mehr über Hoeneß den Guten, nun galt es, sich eilends von seinem engsten Mitarbeiter abzusetzen. Wer rühmte sich als Erster, »den Kerl« gefeuert zu haben? Calli. Wer versetzte Daum augenblicklich in den Krankenstand? Calli. Der erklärte seinen Trainer flugs zum pathologischen Fall, ein bewährtes Mittel gesellschaftlicher Repression. Und weinte dann vor den Augen der geschockten Fußballnation telegene Krokodilstränen über das schreckliche Schicksal des offenbar von einer rätselhaften Drogeninfektion Heimgesuchten: »Christoph, wenn du krank bist, verzeihe ich dir«, habe er dem ertappten Freund in der Nacht vor der Flucht gesagt. Und wenn einer krank ist, kann niemand was dafür. Apropos Flucht: Keineswegs habe er die überstürzte Abreise nach Florida organisiert, um Daum erst einmal aus der Schusslinie zu bringen, sagte Calmund auf einen entsprechenden Vorhalt. Die Planung gehe allein auf Eigeninitiative des Trainers zurück. Andererseits: »Wir haben geregelt, dass er im Ausland ist.« Calmunds Wahrheit ist eben die, die Calmund gerade nützt.

So schnell er Daum eigenhändig aufs Krankenlager geworfen hatte, so schnell ließ Calmund den Maladen wieder auferstehen. Schon eine Woche nach Veröffentlichung des positiven Befundes schwebte Daum in Callis Welt als Schutzheiliger am Himmel der Drogenkranken. Daum, so befand Reiner Calmund nun, könne »das Thema Drogen doch gut nutzen. Er könnte mit seiner Art und Ausdrucksweise eine besondere Rolle in der Antidrogenbewegung einnehmen. Er könnte auf diese Weise ein nationaler Held werden.« Ein abstruser Vorschlag, zumal zu einem Zeitpunkt, da »Lügen-Daum« jeglichen Konsum energisch bestritt und stattdessen wie Rumpelstilzchen jenseits des großen Ozeans in Florida auf einer B-Probe beharrte. Daum ein Vorbild? Dafür, wie weit man es unter Zuhilfenahme von Kokain und unter freundlicher Förderung durch Steigbügelhalter wie Reiner Calmund in dieser feinen Gesellschaft bringen kann?

Wer so viel redet wie Calmund, kann kaum mehr zuhören. Zum Beispiel dem Bielefelder Jugend- und Gesundheitsforscher Klaus Hurrelmann, der Gift und Galle spuckte über die nonchalanten Kommentare des Leverkusener Tausendsassas. »Pädagogisch unverantwortlich und sportpolitisch verheerend« seien Calmunds Äußerungen und »ein zynischer Versuch, den kommerziellen

Sport, der den Drogenkonsum seiner Akteure geradezu provoziere, moralisch reinzuwaschen«. Dort sei derjenige der Held, der siegt, egal mit welchen Mitteln, »auch mit illegalen, solange es keiner merkt« – der Sport als Spiegelbild einer aus den Fugen geratenen Wettbewerbsgesellschaft.

Erztaktiker Calmund gefällt sich in der Rolle des Machthabers und Supermanagers. Einer wie er, wie Daum von ganz unten gekommen, jongliert nun mit den Millionen eines Weltkonzern. Bei seinem unaufhaltsamen Aufstieg vom kleinen Jugendtrainer aus Frechen zum Superkapitalisten hatte er stets ein großes Vorbild vor Augen: Uli Hoeneß. Abgesehen von ihrer Vorliebe zu gutem Essen und exquisiten Weinen vereint die beiden eine feine Nase fürs Fußballgeschäft und das Prinzip, Entscheidungen aus dem Bauch heraus zu treffen. Wortgewandt sind sie und für ihre exponierte Stellung erstaunlich publikumsnah. Calmund akzeptierte die Hierarchie unter den Fußballmanagern: Platz eins für den erfolgreicheren Hoeneß, knapp dahinter er. Damit konnte Calmund sich anfreunden, denn er hatte weitaus schwierigere Voraussetzungen vorgefunden als sein Rivale. Nachdem der Betriebswirt Calmund Mitte der siebziger Jahre bei Bayer 04 angeheuert hatte, schuf er sich rasch das Image eines Kopfjägers mit dem Goldkoffer. Neben dem Aufbau einer allmählich konkurrenzfähigen Mannschaft forcierte er den strukturellen Umbau des Klubs mit erstklassigem Geschäftspersonal, installierte ein effizientes Scoutingsystem, errichtete ein Nachwuchszentrum und betrieb den Bau des Schmuckkästleins BayArena. So machte er den faden Werksverein zu einer guten Adresse in der Fußballbranche. Und der »gemütliche Dicke«, wie ihn Günter Netzer einmal nannte, selbst bereicherte den kühlen Perfektionismus der Bayer AG um jene menschliche Note, die bei Zuschauern und Medien Anklang findet.

Hinter dem jovialen Wesen verbirgt sich ein Workaholic, in dessen Lebensplan Niederlagen nicht vorgesehen sind. »Ich bin ein Erfolgsmensch, ich kann nicht verlieren.« Calmund aber musste über Jahre sportliche Demütigungen ertragen, immer dann, wenn er und seine hoch gelobte Bayer-Elf am Ende einer Saison doch wieder den Kürzeren zogen gegen Hoeneß und Bayern München. Diese waren stets ein unüberwindliches Hindernis auf dem Weg zur Spitze. Sah Calmund die ersehnte Chance, sich im Zuge der Daum-Affäre eines lästigen und überlegenen Konkurrenten zu entledigen? Der »absolute Vernichtungswille«, den Hoeneß einigen seiner Verfolger attestierte, war zumindest bei Calmund zu spüren. Durch Hoeneß' Attacke gegen Daum sah Calmund sein Lebenswerk Bayer 04 Leverkusen in höchster Gefahr – und seinen eigenen Ruhm als dessen Bauherr. Ein Fußballtrainer unter Drogenverdacht musste seinen Schatten zwangsläufig auch auf ihn, Reiner Calmund, werfen, der Daum – ohne die Gerüchte je ernsthaft zu prüfen – geholt und stark gemacht hatte. Und für seine Vorgesetzten, die auf erstklassigen Leumund bedachten Konzern-Vorstände, musste die Nähe zum Drogenmilieu Alarm auslösen. So geriet der von schlechtem Gewissen geplagte Calmund unter Druck – und wählte als Strategie bedingungslose Vorwärtsverteidigung. Vorrangig ging es ihm weniger um die Person Hoeneß, sondern vielmehr darum, von der eigenen unrühmlichen Rolle abzulenken und die gefährdete Macht zu sichern. Das betraf im Übrigen auch das Nationalteam, in dem Calmunds Einfluss gewachsen war und das er zur einer Art Tochter der Bayer-Fußballabteilung machen wollte. Durch das Sponsorengagement des Konzerns für die WM-Bewerbung 2006 war die Verzahnung mit dem DFB noch enger geworden. Schlüsselpositionen im Nationalteam waren bereits mit Bayer-Kickern besetzt. Und während der Europameisterschaft 2000 ging Calmund im deutschen Quartier ein und aus, als sei er der Hausherr. Im Verbund mit einem Cheftrainer Daum wäre Calmund zum heimlichen Herrscher hinter den Kulissen geworden. Diesen Plan verriet Daum selbst bei der Bundestrainerkür nach der Europameisterschaft in Königsdorf. Als die Wahl auf ihn gefallen war, schob er unvermittelt eine Personalie nach: Als Manager der DFB-Auswahl wünsche er sich – Reiner Calmund. Das wäre der Ausverkauf von Bayer Leverkusen gewesen. Spöttisch fragte Hoeneß: »Wollt ihr Bayer 04 demnächst als Puzzle am Kiosk verkaufen?« Damit war die Sache erledigt.

Selbst hinter der Mauer des DFB-Quartiers kämpften Bayer und Bayern wie zwei Platzhirsche. Vor dem WM-Qualifikationsspiel gegen England (1:0 für Deutschland) in der ersten Oktoberwoche 2000, bei dem Leverkusens noch amtierender Technischer Direktor Rudi Völler auf der Trainerbank saß, spazierte Calmund mit einem Amateurtrainer von Bayer in das Londoner Mannschaftshotel. Bayern-Vizepräsident Karl-Heinz Rummenigge, als Leiter der so genannten Task Force eine Art Oberarzt der bei der EM schwer verwundeten Truppe, reagierte pikiert und komplimentierte Calmund aus der Herberge: Ob er, Calmund, denn jetzt schon glaube, die Nationalmannschaft gehöre ihm? Die Affäre Daum – Hoeneß bot für Calmund Gelegenheit, den latenten Konflikt aus der Position des Überlegenen offen auszutragen. Doch am Ende musste er den »Keulenschlag« selbst einstecken, den er dem Münchner Widerpart versetzen wollte.

Dank seines Machterhaltungstriebs wand sich Calmund auch aus dieser fatalen Lage heraus. Reue oder wenigstens Kleinmut offenbarte er nicht. Stattdessen bediente er sich des einfachsten Muster, schickte Daum – bildlich gesprochen – in die Psychiatrie, wo der größenwahnsinnig gewordene Trainer seine jäh aufgetretenen Symptome auskurieren könne: Realitätsverlust, die Gier nach Macht, Ruhm und Geld. Erscheinungen, die der gesamten Branche nicht fremd sind – gerade auch Calmund nicht.

An den kruden Methoden des Erfolgsjunkies Daum hatte Calmund niemals den geringsten Zweifel gehegt. Alles diente ja nur einem Ziel: Bayer zum bedeutendsten Fußballklub der Republik zu machen. Dieselben Methoden mussten freilich geächtet werden, als offensichtlich wurde, dass Daum seine persönlichen Grenzen durch Mittel hinausschob, die im Metier zwar gang und gäbe sind, die aber die schöne Scheinwelt des sauberen Sports zerstören. Dieser Daum war unbrauchbar geworden als marktschreierischer Verkäufer der Ware Fußball. Um das Produkt an den Mann zu bringen, muss der Markenartikel Fußball nach außen glaubwürdig sein. Der Schmutz, der sich hinter den Kulissen anhäuft, bleibt vor den Augen der Öffentlichkeit verborgen.

Längst ist der Fußball zum gesellschaftlichen Ereignis geworden. Bundesliga am Wochenende, das ist ein gigantischer, millionenschwerer Showzirkus, hochgejazzt von Kulissenschiebern im Nadelstreif. Während die Riege der Aktentaschenträger den Glanz des Illusionstheaters mit immer neuen Sensationen poliert, soll niemand auf die Idee kommen, die Jungs da unten in den kurzen Hosen lieferten nicht ehrliche Arbeit. Die Summen, die dabei verteilt werden, und der Ruhm, den die Medien bringen, steigen vielen zu Kopf. Allein weil sie mit Millionenbeträgen hantieren, die sich mancher Kleinstaat als Jahresetat wünschen würde, halten sie sich für bedeutende Persönlichkeiten der Zeitgeschichte. Für eine Vorbildfunktion fehlt es jedoch an wichtigen Voraussetzungen: Führungsqualität und soziale Verantwortung.

Einer des Lieblingszitate von Christoph Daum stammt von Albert Einstein: »Alles Denkbare ist machbar.« Solche wie in Stein gemeißelte Aphorismen hört die Szene gern. Sie klingen klug und entheben der Dringlichkeit, selbst nachdenken zu müssen. Weil kaum jemand Sein und Schein der Person Daum kritisch betrachtete, konnte der Scharlatan und Egomane zu einer Leitfigur werden – trotz seines labilen Charakters und seiner eher durchschnittlichen Intelligenz. »Nicht mehr der Große frisst den Kleinen, sondern der Schnelle den Langsamen«, hat Reiner Calmund einmal über das moderne Fußballbusiness gesagt. Daum glaubte, der Allerschnellste sein zu müssen. »Die Droge ist da, wo in Hochgeschwindigkeit gearbeitet wird«, meint der Drogenexperte Günther Amendt. »Kokain ist der Treibstoff der New Economy.« Der Suchtfachmann schrieb schon vor Jahren von den »schrillen, adrenalinüberfluteten Auftritten« des Trainers – eine Umschreibung dafür, dass er in Daum auch per Ferndiagnose einen Konsumenten sah. Wie vielen anderen waren ihm die oft zitierten »flackernden Augen« Daums aufgefallen. Auch die »taz« hatte ein halbes Jahr bevor Daums Drogenkonsum aktenkundig wurde, einen »koksäugigen Trainer« ausgemacht.

Zweifellos hat Christoph Daum im Wahnsinn seiner Karriere irgendwann den Punkt totaler Erschöpfung erreicht. Allein sein

Arbeitspensum: Vorbereitung des Trainings, das Training selbst, alle drei Tage ein Spiel, dazwischen das Studium unzähliger Videos, die Suche nach neuen Spielern, Verhandlungen mit Spielerberatern, Pressekonferenzen und Interviews, ein aufreibendes Privatleben und hinter allem die tief sitzende Furcht vor dem Absturz. »Der Christoph ist ein positiv Verrückter«, schilderte Calmund dessen Umtriebigkeit, »Daum hat den Laden hier am Brummen gehalten wie kein anderer.« Daum entsprach dem Ideal der Branche, eloquent, hellwach, mit unerschöpflicher Energie gesegnet.

Viele werden unter dieser permanenten Überforderung von »Fantasie, Emotionen und Verantwortung« (Amendt), dem übermenschlichen Druck, stets außergewöhnliche Leistung abliefern zu müssen und den damit verbundenen Existenzängsten depressiv, andere greifen zum Alkohol, mehr als eine halbe Million Menschen in Deutschland inzwischen zu Kokain. Die Droge hilft vermeintlich, zu einer ausgeglichenen Persönlichkeit zurückzufinden, die Festplatte zu putzen, wie es in einschlägigen Kreisen heißt. Amendt: »Sie sorgt für größtmögliche Klarheit im Kopf, man fühlt sich wie durchgepustet und schafft Dinge, zu denen man im Normalzustand nicht in der Lage wäre. Andererseits ist man äußerst egoistisch und eine ungehemmte Gier kommt zum Durchbruch.« Eine treffende Charakterisierung Daums, den Günter Netzer einmal einen »Populisten und Egoisten« nannte.

Längst hat die Modedroge Koks, einst Stimulanz für Filmschaffende wie Rainer Werner Fassbinder, der an einer Überdosis zu Grunde ging, und Musiker wie Konstantin Wecker, ihren Einzug ins Milieu des Hochleistungssports gehalten. Maradona, Österreichs Skisprung-Olympiasieger Andreas Goldberger, der englische Hockey-Olympiasieger Russel Garcia und der Profiboxer Rene Weller sind lediglich die prominentesten User. Im Laufe einer Saison, so enthüllte die Zeitung »El Grafico« aus Buenos Aires 1997, seien mehr als 50 Spieler der argentinischen Liga des Kokainmissbrauchs überführt worden.

Gerade für Sportler besitzt diese Droge einen höchst zwiespältigen Reiz. Anders als etwa Alkohol oder Heroin, Drogen, die schnell zur Verelendung und in eine gesellschaftliche Außenseiterrolle führen, kann Kokain nahezu unbemerkt konsumiert werden. Die meisten Verbraucher sind anfangs Gelegenheitskokser, die aus Neugier oder aus Jux zum weißen Pulver greifen. Fatal wird die Wirkung an der Nahtstelle zwischen Freizeit- und Stressgesellschaft, wenn der Stoff Flügel verleihen soll, die über die Hürden des Berufsalltags hinweghelfen; kurzfristig – wenn die Spaßgesellschaft nach einem besonderen Kick verlangt. Weil zunächst keine körperliche Abhängigkeit zu spüren ist, wird der Konsument über die rasch einsetzende psychische Abhängigkeit hinweggetäuscht, er glaubt, jederzeit aufhören zu können. Auf Dauer aber verliert er die Kontrolle über sein soziales Leben. Immer drängender wird die Frage nach der nächsten Line, immer stärker kreist das Denken um den Stoff, immer bedrohlicher wird die Sorge vor der Entdeckung.

Kokain führt häufig zu Realitätsverlust und Allmachtsgefühlen – die schlüssigste Erklärung dafür, dass Christoph Daum sich auf den Haartest einließ, es sei denn, er hat den Einflüsterungen von Freunden geglaubt, die ihm Täuschungsmethoden, etwa durch Kürzung der Haare, vorgaukelten. Drogenexperten verweisen allerdings auch auf einen latenten Wunsch, durch Entdeckung dem zerstörerischen Kreislauf zu entfliehen. »Er wollte den Knall, er wollte die Katastrophe, die ihm hilft auszusteigen«, glaubt Konstantin Wecker und verweist auf eigene Erfahrungen in der Kokain-Endphase.

Für den Deutschen Fußball-Bund war der Fall des Christoph Daum ein Imagedesaster. Wie sollte der Verband, der sich durch die Kampagne »Keine Macht den Drogen« als Hüter der Jugend aufspielt, aber stillschweigend Millionen einstreicht für die Förderung des Bierabsatzes, einer entsetzten Fußballöffentlichkeit erklären, dass er um ein Haar seine bedeutendste und medienwirksamste Aufgabe einem Kokser anvertraut hätte? Sprachrohr des Sportverbandes war Gerhard Mayer-Vorfelder. Als kommissarischer Präsident des DFB zeichnete er verantwortlich für das Engagement seines Freundes Christoph Daum. Nach der gemeinsamen Wahl Daums durch die Task Force des deutschen Fußballs machte

»MV« die Vertragsinhalte zur Chefsache. In die Höhe des geplanten Gehalts war nicht einmal der zuständige DFB-Direktor Götz Eilers eingeweiht. Der ausgearbeitete Kontrakt sollte ihm zwar zur Prüfung vorgelegt werden – allerdings ohne die entscheidenden Ziffern in der Einkommensspalte. Auch Mayer-Vorfelder empfand Hoeneß' Angriff auf Daum als Attacke auf seine eigene Person. Für ihn stand besonders viel auf dem Spiel, der Stuttgarter wollte schließlich beim nächsten DFB-Bundestag zum ordentlichen Präsidenten gekürt werden.

Mayer-Vorfelder stempelte den Münchner zum Gesinnungstäter. »Hoeneß hat Daum von hinten in die Brust geschossen«, lautete sein erster Kommentar in der Affäre. »Nun sind wir am Tiefpunkt angelangt.« Als VfB-Boss hatte Mayer-Vorfelder zweieinhalb Jahre Zeit gehabt, seinen Trainer Daum auszuloten, die unseriösen Methoden, den zweifelhaften Umgang und das plötzliche Versagen unter Druck. Eigentlich hätten ihm im Umlauf befindliche Gerüchte über den Drogenkonsum Daums zu Ohren gekommen sein müssen. Spätestens Anfang September 2000 drang das Gemunkel auch nach Stuttgart vor, einer der als Dealer verdächtigten Männer nahm telefonischen Kontakt mit dem Stuttgarter Spielerberater Hans Hägele auf, um über diesen Daum eine Warnung vor den polizeilichen Ermittlungen zukommen zu lassen. Der Mann gehört zum engsten Kreis um Gerhard Mayer-Vorfelder. Es ist unwahrscheinlich, dass er seinen Spezi »MV« über dieses aufregende Gespräch nicht in Kenntnis setzte; der Anruf betraf ja den designierten Bundestrainer. Freilich hat Mayer-Vorfelder nie sonderlich viel auf das Branchengeraune gegeben. Vermutlich hat er die kolportierten Geschichte um Daum als bloßes Geschwätz gewertet. Ohnehin sind ihm schlechte Nachrichten aus tiefstem Herzen zuwider. Dennoch ist die Entschiedenheit erstaunlich, mit der er von Anfang an für Daum eintrat. »Christoph Daum hat es als Mensch und als Trainer verdient, diesen Posten zu übernehmen. Ich habe keine Veranlassung, mich von ihm zu distanzieren.« Wenn Hoeneß das Ziel verfolge, Daum »abzusägen«, könne er das vergessen. »MV« interessierten die umherschwirrenden Geschichten nicht, für ihn war Daum der Mann, der 1992 ein Wunder vollbracht hatte: aus dem Beinahe-Absteiger VfB einen Meister zu machen. Dieses Mirakel sollte er noch einmal herbeiführen – mit Mayer-Vorfelders Nationalmannschaft.

Unbeirrt verfolgte der Expolitiker seinen Kurs – bis zum bitteren Ende. Eine Überprüfung der Lage zog der DFB nie in Erwägung. Statt die Dinge präsidial zu moderieren, heizte »MV« die Debatte an. Statt professionell die Wogen zu glätten, suchte er die Nähe der Mikrofone für eitle Statements. Zumal er durch Zeitungsberichte alarmiert war, die den Bayern unterstellten, sie wollten Gerhard Mayer-Vorfelder stürzen, den gesamten DFB annektieren – und Franz Beckenbauer auf den Repräsentationsposten hieven. Ein unsinniges Gerücht, weil gerade die Münchner den Machtverlust des Verbandes betrieben hatten. Durch die Verselbstständigung der Liga leistet der DFB künftig bestenfalls noch Verwalterdienste im Haus des deutschen Fußballs. Niemals wurde so erbittert gegen das bayerische Reich des Bösen polemisiert wie jetzt, Szenarien eines Kalten Krieges wurden entworfen. Auch Mayer-Vorfelder deutete den Fall Daum als durchdachte Intrige des FC Bayern, dem er stets durch ausgeprägten Neid verbunden war.

Wäre es nur so gewesen, dann hätte der Fall Daum nicht die unvorstellbare Inkompetenz der Fußballgewaltigen entlarvt. Männer wie Mayer-Vorfelder, Calmund, Hoeneß und Beckenbauer, die seit Jahrzehnten nebeneinander in den führenden Gremien saßen, bewiesen ihre Unfähigkeit, im Krisenfall miteinander zu sprechen. Stattdessen droschen sie aufeinander ein. Ihrer öffentlichen Rolle wurden die Mandatsträger des deutschen Fußballs in keinem Moment gerecht. Jeder kochte sein eigenes Süppchen und legte Zeugnis ab über die Engstirnigkeit und Verbohrtheit einer kleinen Clique von Wichtigtuern.

Wenige Wochen vor dem großen Knall hatten eben jene Leute, die sich nun unversöhnlich gegenüberstanden, im Privathaus von Bundeskanzler Gerhard Schröder einen launigen Abend verbracht. Bis ein Uhr nachts tagten Gerhard Mayer-Vorfelder, Karl-Heinz

Rummenigge, Uli Hoeneß, Reiner Calmund und Willi Lemke. Hätte der Kanzler nicht anderntags um neun eine Regierungserklärung abgeben müssen, wäre es wohl noch später geworden. Gesprächsthema war die Reform der Vertragsrechte für Fußballer, die von der Europäischen Union angestrebt wurde. Der Fußball braucht Sonderrechte, sonst, wie eine Lieblingsfloskel von Mayer-Vorfelder lautet, fahre »er gegen die Wand«.

Die Herren waren sich einig. Schließlich ging es um Millionen, um Pfründe. Wenig später zeigten die Repräsentanten des Kickerbetriebs, dass der Gemeinsinn nur existiert, wenn ein Griff in die gemeinsame Kasse droht. Ansonsten aber wird die Solidarität überlagert von Egoismen und kleinlichen Animositäten. Im Sensationsgeschrei der Medien verloren als Erste diejenigen die Besinnung, die kühlen Kopf hätten bewahren müssen. Mayer-Vorfelder zeigte sich unfähig, die Dinge unter Kontrolle zu bringen – oder unwillig. Nach einer Woche, in der die Schlagzeilen immer brachialer wurden, begegnete er Hoeneß beim Länderspiel in London. Auf ein klärendes Gespräch mit dem Bayern-Manager verzichtete er, »weil Hoeneß nicht auf mich zugekommen ist«. Die persönliche Eitelkeit galt dem künftigen Präsidenten des größten Sportverbands der Welt mehr als die Befriedung eines Streits, der für alle Beteiligten verheerenden Schaden anzurichten drohte. Vielleicht hat Mayer-Vorfelder nur eine günstige Gelegenheit gesehen, späte Rache zu nehmen. Immer wieder war er mit dem Münchner aneinander geraten. Hoeneß war dem Stuttgarter in dessen Eigenschaft als Sprecher der Profivereine im Ligaausschuss oder bei den obligatorischen Präsidententagungen in die Parade gefahren, immer wieder hatte er »MVs« Rolle als vermeintlicher Retter der Armen und Entrechteten unter den Klubs als blankes Eigeninteresse des VfB-Vorsitzenden zu demaskieren versucht. Auch für den Fall seiner Wahl zum DFB-Präsidenten musste »MV« Hoeneß fürchten, der allein schon über Nationalspieler seines Klubs Einblick und Einfluss besitzt. Dass Hoeneß ausgerechnet seinen Günstling Daum madig machte, war eine Kriegserklärung.

Erst vierzehn Tage später fand ein Gespräch zwischen den Protagonisten in der DFB-Zentrale in Frankfurt/Main statt. Den Rahmen hatte Mayer-Vorfelder schon abgesteckt: »Es wird nicht so sein, dass ein Friedensgipfel stattfinden kann. Dazu ist zu viel passiert.« Und dazu hatte er persönlich zu viel geschehen lassen. Auch Calmund streute nochmals Salz in alle Wunden. Ihm werde »schlecht« beim Gedanken an ein Treffen mit Hoeneß. Das Versöhnungspalaver kam ohne Daum zustande, mehrfach drohte der Gipfel zu platzen. Etwa als Karl-Heinz Rummenigge, der energischste Verteidiger von Hoeneß, Calmund indirekt der Mitwisserschaft bezichtigte. Unter den Leverkusener Profis sei Daums Drogenkonsum ein offenes Geheimnis, erst unlängst habe sich Bayer-Torwart Patrick Zuberbühler während eines Trainingslagers der Schweizer Nationalmannschaft im Gespräch mit dem Bayern-Kollegen Ciriaco Sforza darüber belustigt, dass in der Öffentlichkeit überhaupt noch diskutiert werde, was längst bekannt sei. Zuberbühler wurde wenig später zum Ersatztorwart degradiert und schließlich zurück in die Schweiz transferiert. Hoeneß bezeichnete Calmund als »charakterloses Schwein«, nahm allerdings das Wort Schwein zurück. Vor den Kameras gaben sich die Beteiligten später einen friedlichen Anstrich, man kündigte eine endgültige Aussprache zwischen Daum und Hoeneß unter Leitung Mayer-Vorfelders für den folgenden Sonntag an. Hoeneß murmelte eine Entschuldigung, die wohl eher formalen Charakter hatte. »Ich hatte niemals vor, Christoph Daum und seine Familie in Misskredit zu bringen«, presste er zwischen den Lippen hervor. Daum, von Calmund auf dem Laufenden gehalten, gab sich damit nicht zufrieden. Voraussetzung für ein Gespräch unter sechs Augen sei, »dass sich Hoeneß bei meinen Kindern und mir in aller Form persönlich entschuldigt«. Nach dem Gipfel von Frankfurt durfte er sich als Sieger betrachten, Mayer-Vorfelder hatte ihn darin bestärkt. Noch sei kein Friede im Land, hielt »MV« fest, »dafür sind die Wunden zu tief und bluten noch. Es kann nicht sein, dass der eine die Minen legt und der andere beseitigt sie«. Daum – der andere – sollte nun so schnell wie möglich in den Genuss seines

Millionenvertrages kommen, dafür wollte Mayer-Vorfelder schon sorgen: »Dazu benötigen wir einen halben Tag. Ich würde ganz gerne die Verhandlungen sowie das Gespräch mit Daum und Hoeneß in einem Aufwasch machen.«

In einem Aufwasch! Die Wortwahl unterstreicht das fahrlässige Krisenmanagement des Chefs, das seine Fortsetzung fand, als Mayer-Vorfelders Paradepferd sich als gedopt erwies. Ein bisschen Nachdenklichkeitsgebrummel, ein kurzer Druck auf die Tränendrüse – »Ich bin persönlich sehr betroffen und menschlich tief enttäuscht« –, dann ging's über zur Tagesordnung. Flugs wurde Daum aussortiert aus »MVs« Gedankenspielen und unehrenhaft entlassen als kommender General der DFB-Arme, »Freund Christoph« hieß in den Interviews des gleichen Tages plötzlich »Herr Daum«. Der Mann, der nach »MVs« Einschätzung einer der größten Trainer überhaupt werden sollte, war lediglich Vehikel für die Machtpläne des schwäbischen Ränkeschmieds gewesen. Immerhin hatte Mayer-Vorfelder sofort das wahre Opfer der Schlammschlacht ausgemacht – sich selbst. »Wenn ich bei der Verpflichtung von Daum einen Alleingang und Fehler gemacht hätte, könnte ich die Kritik ja noch verstehen. Aber Reiner Calmund hat mir sein Ehrenwort gegeben, dass Daum nichts nimmt. Daum selber hat mir versichert, die Gerüchte seien nicht wahr«, jammerte der große Präsident.

Konsequent hielt Mayer-Vorfelder an seiner Linie der Verdrängung und Verniedlichung fest. Man müsse dem armen Mann helfen, lautete der lapidare Konsens in den Führungsetagen. Natürlich hat sich niemand auch nur einen Deut um Daum gekümmert, als der erst mal außer Reichweite war. Mayer-Vorfelder wollte nur den Schatten, der auf ihm lastete, so schnell wie möglich vertreiben und aus dem Debakel noch den größtmöglichen Vorteil schlagen. Eine grundlegende Diskussion über den übermenschlichen Druck, dem beispielsweise Trainer im Fußballgeschäft ausgesetzt sind, und die Frage, weshalb sich dieser Druck häufig nur durch Flucht in Drogen oder Alkohol ertragen lässt, wurde vom Vordenker des deutschen Fußballs weder geführt noch angeregt.

Als Christoph Daum nach seiner Rückkehr aus Florida braun gebrannt und bester Laune eine Pressekonferenz hielt, die nicht nur wegen der Anwesenheit des TV-Possenreißers Stefan Raab komödienhafte Züge trug, räumte er den Kokskonsum ein. Allerdings habe er zur Droge nur »im privaten Bereich« und wegen einer schmerzhaften Hüfte gegriffen; was den Präsidenten der größten europäischen Schmerzgesellschaft, Dr. Gerhard Müller-Schwefe, umgehend zu einer zornigen Replik veranlasste: »Für chronisch Schmerzkranke muss es wie ein Hohn klingen, wenn sie sich von Herrn Daum und seinen abenteuerlichen Thesen in die Nähe von Schickimicki-Drogenkonsumenten gerückt sehen«, faxte er an die Zeitungsredaktionen. Präsidentenkandidat Mayer-Vorfelder aber gab sich mit der windigen Erklärung zufrieden. Nun war ja alles gut, die kleine Fußballwelt wieder in Ordnung. Raketenartig schoss »MV« seinen einstigen Günstling wieder zurück in den Kreis der Edlen. Daum sei wieder »auf dem Pfad der Tugend« und forthin ein Vorbild – für die Aktion »Keine Macht den Drogen«. Und damit nicht genug: Mit der Showeinlage im Kölner Hyatt-Hotel, bei der Daum nicht etwa den Drogenkonsum, sondern den Haartest als seinen größten Fehler bezeichnet hatte, hatte der Trainer sich für Mayer-Vorfelder stante pede wieder als möglicher DFB-Mann qualifiziert. Dass Daum im Mittelpunkt staatsanwaltschaftlicher Ermittlungen stand und den gesamten Sachverhalt verjuxt hatte, störte seinen Mentor nicht. Der wollte das lästige Thema nur vom Tisch haben.

Mayer-Vorfelder und Calmund also waren ausgefallen als Krisenmanager. Blieb nur eine »Lichtgestalt«, die aus dem Dunkel der Affäre möglicherweise hätte herausführen können. Hätte. Aber Beckenbauer gab in den Tagen der fetten Schlagzeilen den Kasper der Nation und schlug mal nach links, mal nach rechts. Die Blätter waren voll mit seinen Äußerungen, nur war auch diesmal nicht auszumachen, wer da gerade den Mund voll nahm: der Präsident des FC Bayern, der Freund von Uli Hoeneß oder sein Feind, der Fürsprecher von Christoph Daum oder sein ehrgeizigster Verfolger, der »Bild«-Kolumnist oder der Vizepäsident des DFB, der Cheforganistator der WM 2006 oder der innigste Liebhaber des Fußballs, ein Drogentherapeut, der Besitzer der letzten Weisheit oder doch nur ein Stammtischbrabbler vor der letzten Lokalrunde? Der Kölner Trainer Ewald Lienen war der Einzige, der den Mut hatte, das besinnungslose Gerede des »Kaisers« als solches zu bezeichnen: »Franz Beckenbauer sehe ich ganz vorne mit dabei in diesem unsauberen Spiel. Aalglatt wie immer gibt Franz seine Interviews von sich, unangreifbar. Er ist ja auch der Einzige in Deutschland, der sich innerhalb von fünf Tagen 27-mal widersprechen darf. Er hat ja einen fast gottähnlichen Status, wo es nicht mehr darauf ankommt, ob seine Sätze mit der Wahrheit zu tun haben.«

Als Hoeneß den ersten Stein warf, wusste Beckenbauer zunächst mal eines. »Die Entscheidung für Daum ist richtig. Die Entscheidung für ihn steht, warum sollt man jetzt vom ihm abrücken?« Andererseits: »Was hat Uli Hoeneß Schlimmes gemacht? Die Gerüchte um Daum gibt es schon seit Jahren.« Doch das hat Beckenbauer im Frühjahr 1998 keineswegs davon abgehalten, als Nachfolger des eleganten Giovanni Trapattoni einen Mann mit zweifelhaften Manieren in Erwägung zu ziehen – genau, Christoph Daum. Nur mit Mühe konnte das Engagement verhindert werden.

Noch bevor Einzelheiten des Testergebnisses bekannt wurden, stellte Beckenbauer eine Diagnose. Daum sei ganz offenbar »krank«, da liege »eine menschliche Tragödie« vor, die dieser mittels einer Entziehungskur zum Happyend machen könne. Und wenn er die Therapie hinter sich gebracht habe, schwupps, »ja, und dann ist er wieder voll einsatzfähig«. Zu dieser Zeit aber gab es lediglich den Hinweis, dass die per Haaranalyse nachgewiesene Substanz auf Konsum deutete, noch lange aber nicht auf eine Suchterkrankung. Obwohl Beckenbauer also Einblicke in das Schattenleben Daums hatte, zögerte er nicht, dem umstrittenen Kandidaten das wichtigste Amt im Fußballstaate zu übertragen. Seinen Angestellten Uli Hoeneß dagegen ließ der Präsident erst einmal im Regen stehen. »Ich hatte anfangs von Franz Beckenbauer mehr Unterstützung gewünscht«, klagte dieser. Und als sein Vorgesetzter ungeprüft Äußerungen weitergab, die Hoeneß gar nicht getan hatte, goss er damit »noch mehr Öl ins Feuer« (Hoeneß).

Ein Amoklauf über den Parcours der Meinungen. Doch die Spuren des Zickzackkurses sind leicht zu entschlüsseln. Als Präsident des FC Bayern neigte Beckenbauer eher seinem Manager zu. Aber das konnte er nicht deutlich sagen, denn als »Bild«-Mann war er auf Redaktionslinie getrimmt. Anfangs prallten die Meinungen auch innerhalb des Boulevardblatts aufeinander. Der Münchner Redaktion stand Hoeneß näher, in der rheinischen Fraktion war die Stimmung pro Daum. Der liberale Chefredakteur Udo Röbel ließ sich schließlich von seinem Fußballfachmann, dem Sportchef Alfred Draxler, den Daum stets als »mein Freund« bezeichnete, überzeugen: »Bild« betätigte sich fortan als brutalstmöglichen Aufklärer gegen Hoeneß. Der war dem Blatt ohnehin ein Dorn im Auge, weil er auf seiner Unabhängigkeit beharrte und Exklusivmeldungen nicht im gewünschten Maß lieferte. Hoeneß glaubte Hinweise zu haben, dass die Zeitungsmacher wider besseres Wissen handelten. Einige Monate zuvor hatte er bei einem Prominenten-Golfturnier in Herzogenaurach mit Draxler gespielt, wo der Sportchef durchblicken hatte lassen, ihm seien sonderliche Dinge aus dem Leben des Christoph Daum bekannt. Und gut vier Wochen vor dem Eklat hatte er nach dem Kanzlertreffen ein gemeinsames Frühstück mit Karl-Heinz Rummenigge und dem Berliner Statthalter von »Bild«, Walter M. Straten, eingenommen. Dabei, so erinnert sich Hoeneß, habe Straten erzählt, seine Zeitung habe genug Material vorliegen, um Daum zu verhindern.

Noch am 1. Oktober rief Hoeneß bei Draxler an, dieses eine Mal bitte er um journalistischen Flankenschutz. Draxler, der bei einer Umfrage der »Woche« nach den einflussreichsten Personen des deutschen Fußballs auf Platz sechs landete – noch vor Karl-Heinz Rummenigge und Rudi Völler, reagierte reserviert: Er glaube nicht, dass er diese Lawine stoppen könne. Eine Lawine, die »Bild« nun erst lostrat. Im Gegenteil: Zum erklärten Ziel wurde schnell, Hoeneß von dieser Lawine fortreißen zu lassen. Der Münchner wurde zum Buhmann, das Massenblatt wollte ihn zum

Kniefall vor Daum, dem Informanten und Redaktionsintimus, zwingen. Der hingegen hätte auf Grund der Berichterstattung seines Leib- und Magenblattes die Seligsprechung beantragen können.

Mit Gongschlag fünfzehn Uhr am Samstag, dem 21. Oktober, nahm die Berichterstattung eine Wende um 180 Grad. Nun begann »Bild« energisch zu recherchieren und wurde bereits für die Montagnummer fündig. Nun deckten die Männer vom Hamburger Boulevard Daums »Orgien« mit zwei, drei Frauen gleichzeitig auf und erschnüffelten sogar »Spuren zur Mafia«. Insgesamt ein fröhlicher »Sumpf aus Drogen und Sex«. »Bild« druckte auch die Geschichte eines dubiosen Filmemachers unter dem Titel: »Thränhardt: Ich habe mit Daum gekokst.« Weitere dubiose Gestalten wurden angeführt als »Augenzeugen«, auch wenn sie nur etwas gehört hatten: Als Daum in einem Hamburger Hotel ein Motivationsseminar halten sollte, verschwand er angeblich noch schnell auf dem Klo. Der »Augenzeuge«: »Er schloss sich ein, ich hörte ein Klacken und dann ein Schniefen. Dann kam Daum wieder raus.«

»Bild« blieb aber Daums Anlaufstation während seines Exils in Florida. Erstmals nach seiner Flucht gab er dort ein Interview: »In Bild brach er sein Schweigen«, hieß das. Das Gespräch war von wenig erhellendem Inhalt: »Na ja, ich weiß nicht«, sagte Daum, und »Kein Kommentar«. Dann aber: »Mir geht es gut. Ich jogge und schwimme und sammle Kräfte.« Zum Schluss gab Daum dem Reporter noch einen freundlichen Rat. »Mach es gut – und Kopf hoch.«

Als Daum mit raspelkurzen Haaren schließlich bei einem zweifelhaften amerikanischen Institut eine zweite, selbstredend negative Analyse abgeliefert hatte, schöpfte »Bild« wieder Hoffnung und verbreitete die angebliche Sensation, freilich nicht ohne Anzeichen tiefer Besorgnis: »Ein ungeheurer Verdacht: Hätte wirklich jemand die Daum-Haare austauschen können?« Für Klaus Müller, den Leiter des Dopinglabors in Kreischa, war der Fall eindeutig: »Daum ist ein unverbesserlicher Lügner.« Einen letzten Schuss Dramatik bekam die Sache bei der Rückkehr. Am 12. Januar berichtet »Bild« von seiner Ankunft im Privathaus in Köln-Hahnwald detailliert, wie Löffelchen, »die drollige Pudelmischung«, an ihm hochsprang und was Lebensgefährtin Angelika Camm zur Begrüßung des verlorenen Mannes zum Besten gab: »Komm Schnucki, ich hab Frühstück gemacht.« Doch, oh Schreck, ein Blick in den Fischteich und ... : »Sein Lieblingskarpfen ist tot«, ein neonroter japanischer Koi-Karpfen, der offenbar überfordert von den Geschehnissen mit dem Bauch nach oben an der Wasseroberfläche trieb. Kein gutes Omen.

Es hat aber dann doch nur sechs Wochen gedauert, bis Christoph Daum wieder salonfähig war, der Mann, der die Nation, seine Kinder und die ehrenwerte Fußballgesellschaft belogen hatte; der Mann, der Uli Hoeneß verklagen wollte, weil dieser Zivilcourage gezeigt und die Wahrheit gesagt hatte; der Mann, hinter dem der Staatsanwalt her war wegen eines Delikts, für das das Strafgesetzbuch maximal fünf Jahre Haft vorsieht. In einer verlogenen Branche kann eine solche Reintegration im Schnellverfahren nicht verwundern. Der Privatsender RTL präsentierte Daum als Quoten bringende Sensation vor seinen Kameras, ließ ihn über seine Therapie plaudern, dass er »jetzt weg von den Drogen« sei. Eine Rückkehr auf die Trainerbank, so erzählte Daum weiter, halte er für verfrüht, wenn auch nicht für ausgeschlossen. Denn, so fügte er einsichtsvoll an, »mein neuer Arbeitgeber soll nicht mit neuen Gerüchten belastet werden«. Dann durfte der Sünder mit der reuigen Miene das nächste Fußballspiel der Champions League kommentieren. Im Anschluss an die Sendung sprachen sich bei einer TED-Befragung 60 Prozent der 50 000 Teilnehmer für eine baldige Rückkehr Daums in die Bundesliga aus.

Die Karenzzeit Daums dauerte übrigens fünfzehn Tage. Am 9. März war der Mann wieder eine (Trainer-)Bank. Dort saß er im Auftrag von Besiktas Istanbul, seines alten Klubs. Türkische Medien berichteten, sein Gehalt betrage 3,6 Millionen Mark. Bei seiner Ankunft in Ortaköy, dem nahe Besiktas gelegenen Stadtteil der Istanbuler Boheme, skandierten Anhänger »Rette uns, Daum!«, und vor der Hagia Sophia hallte es »Besiktas, Besiktas!« Besiktas-

Vizepräsident Bilgli sagte, Daum könne in kürzester Zeit jede Mannschaft zur Explosion bringen. Wie bereits bewiesen.

Thomas Berthold, der ehemalige Nationalspieler und Weltmeister von 1990, spielte in jenen Tagen für einen türkischen Erstligisten, für Adanaspor. An einem Wochenende im März habe er mit seiner Mannschaft bei Besiktas zu spielen gehabt, erzählte er der »Stuttgarter Zeitung«. Anschließend ging er mit Nevio Scala, dem damaligen Trainer Istanbuls, zum Essen. Der italienische Klassetrainer erzählte dem deutschen Spieler von einem normalen medizinischen Check, dem er sich in wenigen Tagen in München unterziehen werde. Wenige Tage später las Berthold eine erschütternde Meldung in der Zeitung: »Nevio Scala hat Krebs.«

Kurz darauf wurde ihm der Zusammenhang klar, als Daum beinahe über Nacht den Posten des Italieners übernahm. Besiktas hatte das Gerücht in die Welt gesetzt, um den Weg frei zu machen für den alten Freund des Vereins. Weiter berichtete Berthold, beim ersten Spiel habe sich Daum zur Begrüßung in eine türkische Landesflagge eingehüllt und die Nationalhymne mitgesummt, nicht ohne dabei ein Bild des berühmten Staatsmannes Kemal Atatürk in die Höhe zu recken. Dann erklärte Daum, dass der türkische Fußball längst besser sei als der deutsche. »Da habe ich gedacht – Mensch, wie tief muss dieser Mann gesunken sein, mein Gott, der wollte doch mal Bundestrainer werden.«

Anpfiff

Wir wissen nicht, wie der Fußball auf die Welt gekommen ist. Es gibt nur Vermutungen, von denen die wahrscheinlichste so geht: Als der Herr alles erschaffen hatte, den Menschen und das Gewürm, schaute er noch mal um sich, um zu tun, was so an Schöpfungsresten übrig geblieben war. Und er fand eine Blase, die er vergessen hatte, einem Schwein einzubauen. Er fand auch ein paar Reste irgendeines Fells, eine Art Lederhaut, und wollte schon in den Listen nachschauen, welchem Geschöpf er sie vorenthalten hatte. Aber da überkam den Herrn eine gewisse Wurschtigkeit. Die Tiere waren schließlich alle fertig, irgendwann musste es ja auch mal gut sein. Es drängte ihn, zum angenehmen Teil überzugehen. Und der Herr blies die Blase auf, dass sie stramm und rund war, und er wickelte ein Stück des Leders darum und knotete alles zusammen.

Dann titschte er das Ganze ein paarmal gegen die Wolken, kicherte und zimmerte die Kugel mit einem astreinen, augenthalerhaften Spannstoß vom Himmel herab. Alle Englein riefen etwas, das wie »Fußballgott« klang, und der Herr vernahm es mit Wohlgefallen, während sein kleiner Ball dem großen entgegensegelte. Nach langem Flug kam die Lederblase auf der Erde an. Dort ist sie geblieben.

Und ist bis heute geblieben, was sie war; ein Hohlraum mit einer Hülle drumrum. Oder ein Stück Stoff, irgendwie zusammengeschnürt. Oder eine gequetschte Coladose. Vieles eignet sich, ein Fußball zu sein, sofern man es kickend fortbewegen kann, mit nackten Füßen zur Not, weshalb es keine scharfen Kanten haben darf. Seinen Rundungen verdankt der Fußball einen großen Teil seiner Beliebtheit, denn dem Kugeligen ist der Mensch seit jeher zugetan: Seit er an den Brüsten der Mutter gelegen hatte, sind alles Kreise, kleine Kugeln, zumindest aus der Ferne. Und als die Werbemenschen ihm noch nicht eingeredet hatten, nur klapperdürre Gestalten seien liebenswert, schätzte er die Güte und Gelassenheit, die in genährten Leibern wohnt.

Ach ja, die klapperdürren Werbemenschen haben irgendwann begonnen, mit dem Fußball zu spielen. Und Ballbesitz heißt bei ihnen etwas anderes als auf dem Sportplatz. Ballbesitz heißt für Verkäufer, für Manager, für Politiker: mit Hilfe des Balles Besitz zu ergreifen von den Menschen, ihrer Leidenschaft, ihrer Zeit, ihrem Geld, ihrem Verstand. Des Fußballs wegen zogen Länder in den Krieg, und als elf dünne Männer 1954 zu Bern gegen elf andere dünne Männer gewannen, deuteten viele das als Zeichen für das neue Selbstbewusstsein der deutschen Nation. So wichtig war Fußball, im Großen wie im Kleinen, dass Fußballer Lieder aufnahmen und alle gelernten Sänger in den Hitparaden hinter sich ließen. Dass sie Tütensuppen löffelten, damit die Fans es ihnen gleichtun; dass sie Häuser anpriesen, Autos, Reisen. Drucke einen Fußball auf die Packung, und du kannst Hundefutter als Festmenü verkaufen. Drucke einen Fußballer auf ein Wahlplakat, und alle anderen Bewerber können ihre Kandidatur vergessen. Der Fußball soll domestiziert werden, zum Transporteur von Botschaften, degradiert zum Vehikel. Wenn der Kanzler im Stadion von Cottbus sitzt, trägt er einen Cottbus-Schal, weil er Cottbuser Stimmen will. In Hannover trägt er eine 96er-Mütze, weil er Hannoveraner Stimmen will. Der Kanzler hält den Fußball für eine berechenbare Größe, wie auch der Fernsehgigant Kirch ihn für einen runden Schalter hält, mit dem man Menschen befehlen kann, wann sie sich für wie viel Geld vor dem TV-Gerät zu versammeln haben.

All das ist ein Missverständnis: Die Leute wollen Fußball nicht im Bezahlfernsehen, sie wollen ihn aber auch nicht jeden Tag im freien Fernsehen, sie wollen ihn am Samstag, wo er hingehört, zum Autowaschen und Rasenmähen und In-der-Badewanne-Liegen. Denn Fußball ist eine Tradition, er ist aber auch ein sich immer erneuerndes Phänomen. Ein Spielzeug, das nicht langweilig wird, weil es widerspenstig wäre. Oder, um im Bild zu bleiben: sprunghaft. Eine ewige Herausforderung. Wer lange genug übt, kann den Ball vielleicht eines fernen Tages mit den Zehen dressieren, ihm einen Teil seines Geheimnisses entreißen, wenigstens für einen Augenblick, einen Spielzug, einen Steilpass, an den er sich sein Leben lang erinnern wird.

Jeder, der Fußball gespielt hat, hat seinen unauslöschbaren Glücksmoment mit ihm erlebt. Vielleicht in einem Stadion, vielleicht auf einem Bolzplatz. Vielleicht hat er den Treffer seines Lebens versenkt in einem Tor, das gar keines war, statt aus Pfosten nur aus zusammengelegten Jacken bestand. Des Fußballs Kern ist leidenschaftlicher als die Plauderer auf allen Kanälen; wahrhaftiger als die Werbeblöcke in der Halbzeit; griffiger als die Ablöse für Figo, die Schulden von Real Madrid, der Wochenlohn von Beckham.

Vielleicht werden eines Tages alle Vereine pleite sein, bis auf einen, aber der kann dann auch nicht mehr spielen, weil er keinen Gegner findet. Dann kommt auch kein Fußball mehr im Fernsehen, aber sie werden ihn draußen weiterspielen, den Fußball, der ein Spielzeug ist, kein Business. Sie werden sich auf den Wiesen und an den Stränden nicht zu helfen wissen, wenn da etwas Rundes liegt und ihre Füße zucken lässt. Sie werden Mannschaften bilden und sich nicht um Ausrüsterverträge und Trikotfarben scheren – eines der Teams wird sich im Namen der Unterscheidbarkeit einfach obenrum frei machen. Dann werden sie den Ball treten und sich wünschen, sie könnten ihn streicheln, wie Figo es konnte – in seiner Eigenschaft als Fußballer, nicht als Multimillionär. Sie werden spielen, überall, irgendwer wird einen Ball haben; irgendwer hat immer einen, wo er genau herkommt, weiß kein Mensch, aber dass er da bleiben wird, daran besteht kein Zweifel.

Abpfiff

Gelbe Karte für Mayer-Vorfelder

Mit bedrückter Miene verließ Gerhard Mayer-Vorfelder das Palais am Ufer des Genfer Sees. Dort, an der Route de Genève 66 im Schweizer Städtchen Nyon, residiert die Uefa, zu deren Führungszirkel der Präsident des Deutschen Fußball-Bundes gehört. Der 69-Jährige hatte gerade eine der bittersten Niederlagen in seinem Funktionärsleben erlitten. Eine Schlappe, die Mayer-Vorfelders internationale sportpolitische Karriere abrupt zum Stillstand bringen könnte.

Mitte März 2002 hatten sich die 16 Mitglieder der europäischen Verbandsexekutive zu einer Dringlichkeitssitzung getroffen. Diskutiert wurde die Vorgehensweise gegen Joseph S. Blatter, Präsident des Weltverbandes Fifa, dem Manipulation bei seiner Wahl im Juni 1998 und anhaltende Verschleierung der Finanzen nach dem Crash der Marketingagentur ISL vorgeworfen werden. Die Delegierten waren sich weitgehend einig: Blatter belüge sie und habe endgültig die moralische Legitimation zur Führung des Weltfußballs verloren. Eine neue, integre Führung müsse her, zumal Blatter nun ganz offen die Sonderrechte der Uefa bedrohte, in deren Bereich der Großteil aller Gelder des Weltfußballs erwirtschaftet werde. Deshalb sei es geradezu zwingend, beim nächsten Wahlkongress im Mai Blatters afrikanischen Gegenkandidaten Issa Hayatou aus Kamerun zu unterstützen. Nur einer scherte aus dieser Phalanx aus: Mayer-Vorfelder. Er hatte dem Fifa-Chef schon im Oktober 2001 schriftlich zugesichert, dass der auf die Unterstützung des DFB bei seiner angestrebten Wiederwahl bauen könne. Nun sprang Mayer-Vorfelder erneut vehement für den alten Freund Blatter in die Bresche, mahnte ein Entgegenkommen der Uefa an, forderte zur Kooperation auf, beschwichtigte, wägte ab, besänftigte, kämpfte und dämpfte. Doch alles Bemühen war umsonst, der schlitzohrige Charme des schwäbischen Politikprofis verfing nicht mehr, seine verbalen Rück- und Querpässe landeten im Aus. Einige Kollegen empfanden sein Buhlen für Blatter als »Schlag ins Gesicht«; erzürnt erinnerten sie ihn an die geschlossene Unterstützung der Uefa in der Frage der deutschen WM-Bewerbung für 2006. Es sei nun ein Zeichen außerordentlicher Undankbarkeit und Illoyalität gegenüber den Europäern, wenn ausgerechnet der DFB-Präsident am 29. Mai in Seoul seine Stimme für den gehassten Blatter abgebe – für den Mann, der Europa erklärtermaßen schaden wolle. Tags darauf flog Uefa-Chef Lennart Johansson in Begleitung dreier Exekutivmitglieder nach Kairo, um dort demonstrativ Hayatous Kampagne zu unterstützen.

Mit seinem Werben für Blatter hatte Mayer-Vorfelder seine Niederlagenserie auch im Jahr 2002 fortgesetzt, die zum Abstieg des Mannes führen kann, der seit drei Jahrzehnten zu den einflussreichsten Spielmachern des deutschen Fußballs zählt: die staatsanwaltschaftlichen Ermittlungen in der Steuersache Mayer-Vorfelder, die schwelende Krise des Kirch-Konzerns und nun auch noch dieser Rückschlag in Nyon, der MVs erklärtes Jahresziel in weite Ferne rückte. Denn Mayer-Vorfelder wollte unbedingt als einer von acht Uefa-Abgesandten wieder zurück in die 24köpfige Exekutive der Fifa, die Weltregierung des Fußballs. Gewählt werden müsste er dazu von der Uefa, also von jenen Leuten, die er soeben verprellte. Und das alles wegen Joseph Blatter – wieder einmal.

Mit Blatter, dem trickreichen Oberst a. D. der Schweizer Armee verbindet MV, den Oberleutnant der Reserve, eine lange und intensive Kumpanei. Seit Jahren spielen die beiden Doppelpass. Dass diese Sportkameradschaft den deutschen und europäischen Interessen bisweilen diametral entgegenläuft, hat Mayer-Vorfelder noch nie gestört. Der Mann kennt keine Interessenskonflikte, weil über allem ein Interesse steht: das eigene.

Man schrieb den 8. Juni 1998, als die Fifa den Nachfolger des brasilianischen Präsidenten Joao Havelange zu küren hatte. Der von allen Europäern unterstützte Kandidat hieß Lennart Johansson, als dessen engster Vertrauter der damalige DFB-Präsident Egidius Braun galt. Johanssons Gegner ist Sepp Blatter. Der hatte aus seiner Antipathie gegen die Deutschen nie ein Hehl gemacht. Bevor der Wahlvorgang beginnt, küsst Mayer-Vorfelder den Walliser brüderlich auf die Wange, zum Zeichen innigster Verbundenheit. Wenig später, als das Wahlergebnis im Pariser Kongresszentrum bekannt gegeben wird und Blatter auf den Schild des Fifa-Präsidenten gehoben wird, liegen die beiden einander schon wieder in den Armen. Sepp Blatter belohnt seinen deutschen Intimus für dessen demonstrative Zuneigung: MVs Töchterchen Marion bekommt einen Schreibtisch in der Marketingabteilung der Fifa. Dort lernt sie einen sympathischen jungen Mann aus einem anderen Ressort lieben, Markus Siegler, den persönlichen Pressereferenten Blatters. Womit die Beziehung zwischen dem Fifa- und dem DFB-Präsidenten neben der beruflichen auch eine halbfamiliäre Ebene bekommen hat.

Die deutsche Delegation mit Egidius Braun an der Spitze empfindet den Auftritt Mayer-Vorfelders als Verrat an der eigenen Sache, schließlich war Wunschkandidat Johansson unter dubiosen Umständen durchgefallen. Für Mayer-Vorfelder dagegen war Blatters umstrittene Wahl eine Genugtuung – und späte Rache an den europäischen »Freunden«. Denn die hatten ihn ein paar Wochen zuvor aus dem Zirkel der Fifa-Exekutive hinausbefördert (und statt seiner den Kandidaten aus Malta, Josip Mifsud, hinein). Mayer-Vorfelder, so hieß es damals, habe eine Sitzung zuviel geschwänzt. Die wahren Hintergründe aber waren doch andere: seine obskure Nähe zu Blatter – und die zu Leo Kirch. Seine Enttäuschung löste MV damals in einer Mischung aus Arroganz und Drohgebärden auf: »In der Politik wird ja auch nicht mit Verstand gewählt. Eine Persönlichkeitswahl war das sicher nicht. Im zweiten Wahlgang war es ein Duell Klein gegen Groß, man hat Klein gewählt. Das sollte in Deutschland sehr nachdenklich stimmen. Deutschland ist der größte Zahler. Die größten Länder sollten in der Fifa-Spitze vertreten sein.« Soviel zum Demokratieverständnis des langjährigen christdemokratischen Landesministers.

Auf Blatters Betreiben, damals war er noch Generalsekretär der Fifa, und gegen den erklärten Willen der Europäer hatte Kirch 1996 die WM-Rechte für 2002 und 2006 erhalten. Bei der entscheidenden Sitzung fehlte Mayer-Vorfelder – und befreite sich so aus einem Dilemma. Einerseits war er stets ein Gefolgsmann des bayerischen TV-Paten, andererseits hätte eine Auflehnung gegen das Votum der Europäer in der Exekutive einen offenen Affront bedeutet. Dass MV die, wie sich bald zeigen sollte, wichtigste Sitzung der Fifa der vergangenen Jahrzehnte mit läppischen Entschuldigungen geschwänzt hatte, nahmen ihm die Uefa-Kollegen so übel, dass sie ihren Kontinentalverband nicht mehr durch ihn vertreten sehen mochten.

Für Mayer-Vorfelder hatte das neben einem gehörigen Imageverlust auch eine weitere schmerzliche Konsequenz. 50 000 Dollar Sitzungsgeld pro Jahr zuzüglich Spesen ließ Blatter fortan jedem Exekutivmitglied auszahlen. Nicht viel, gemessen an seinem eigenen Zwei-Millionen-Franken-Salär. Einer wie Mayer-Vorfelder hätte eine solche Auffrischung der Haushaltskasse gerne mitgenommen, zumal sein Abschied aus der Politik und damit von seinem Ministergehalt kurz bevorstand. Seinen repräsentativen Lebensstil selbst zu finanzieren war dem VFB-Präsidenten bis dahin noch nicht eingefallen. Wenn der trinkfeste MV großzügig Runden schmiss oder in seinem Privathaus Champagnerpartys gab, reichte er die Rechnung automatisch bei der Geschäftsstelle des Stuttgarter Bundesligisten ein. Gern griff der Hausherr irgendwann gegen Mitternacht zum Mikrofon und sang seinen Lieblingssong: »I did it my way.«

Der Name Kirch zieht sich wie ein roter Faden durch die Laufbahn des Multifunktionärs Mayer-Vorfelder. Wann immer er mit Kirch zusammenhängende Entscheidungen zu treffen hatte, war sein Votum sicher wie das Amen im Gebet: pro Kirch.

Als Ausschussvorsitzender der Liga und Chef der DFB-Fernsehkommission stand MV an der Spitze derjenigen, die dem Münchner Mediengiganten 1992 die Senderechte übereigneten. Später drückte er erneut Kirch durch, obwohl das Angebot der öffentlich-rechtlichen Sender deutlich höher lag. Weil Mayer-Vorfelder bei den Verhandlungen nur seinen engsten Mitarbeitern beim DFB Einblick gewährte, stellte ihm die Liga aus Misstrauen den Bayern-Manager Hoeneß als Aufpasser an die Seite.

Ende der neunziger Jahre förderte MV nach Kräften Kirchs Abo-Sender Premiere. Während DFB-Präsident Braun den Fußball als Volkssport erhalten und somit allen Fans Gelegenheit verschaffen wollte, die Spiele live im freien Fernsehen zu verfolgen, fuhr MV einen harten Kollisionskurs. »Herr Braun will immer noch den Fußball frei für alle – na gut, das ist seine Meinung«, spöttelte der Vize über seinen Chef. MV hingegen hätte nicht nur die Bundesligabegegnungen, sondern auch die Heimspiele der Nationalmannschaft an Premiere verkauft. Der Fußball, den Braun als schützenswertes Kulturgut heiligte, war für MV eine Gelddruckmaschine und ein Instrument zur Mehrung und Präsentation seiner Eitelkeit.

Sportsfreund Kirch zuliebe kämpfte Mayer-Volfeder, sonst einer der größten Streiter für die freie Marktwirtschaft, gegen die Einzelvermarktung und setzte sein politisches Gewicht dafür ein, dass der Fußball eine Planwirtschaft blieb – eine planbare Verfügungsmasse von Kirch und einem kleinen Kartell aus Politikern, Funktionären und Vereinsbossen.

Im April 2001 wurde Mayer-Vorfelder zum Nachfolger des schwer erkrankten Braun gewählt. Seinen Auftrag, die gesellschaftliche Position des Fußballs als Allgemeingut zu stärken, missachtete er nun stärker denn je. Statt als Interessensverwalter der Millionen Fußballfans tat sich MV als Medienlobbyist hervor – natürlich für die Kirch-Gruppe. Als die im Sommer 2001 ihrem defizitären Premiere auf die Beine zu helfen versuchte, indem sie die allsamstägliche SAT 1-Fußballshow »ran« von 18 Uhr auf 20.15 Uhr verlegte, revidierten die besorgten

Kirch-Manager ihre Zwangsmaßnahme schon nach drei Wochen hektisch, weil die Einschaltquoten in den Keller sanken und nicht ein Decoder mehr verkauft worden war. Sie erkannten, dass sich die Leute ungern erpressen lassen, und stellten das Sendeschema flugs wieder um – nur einer mochte den eisernen Besen, mit dem das Volk ins Bezahlfernsehen gekehrt werden sollte, noch lange nicht aus der Hand legen: Gerhard Mayer-Vorfelder, das doppelte Kirchlein. Auch als die Sponsoren schon längst aufgejault hatten, weil immer weniger Leute ihre teure Werbung sahen, hielt der DFB-Boss – den dies in seiner Zuständigkeit für Amateurfußball und Nationalmannschaft überhaupt nichts mehr anging – ehern am destruktiven Sendetermin fest: »Ein neues Schema würde ich nicht für gut halten.« Nicht die Fans galt es für Mayer-Vorfelder zu schützen, sondern den armen Leo. Es sei schlichtweg »unerträglich, dass Kirch persönlich an den Pranger gestellt wird«. Auch in seinem Klub, dem VfB Stuttgart, diente MV als Transmissionsriemen der Kirch-Maschinerie. Etwa 1999, als die deutschen Uefa-Cup-Teilnehmer ihre TV-Vermarktungsrechte an die Kirch-Agentur ISPR abgetreten hatten. Während die anderen Vereine sich das Recht auserbeten hatten, ihre Spiele von ARD und ZDF übertragen zu lassen, kickte der VfB zur Verblüffung der Fußballkenner vor einem handverlesenen Publikum im Spartensender DSF. Eigentümer: Leo Kirch. Selbst beim traditionell brisanten deutsch-niederländischen Duell, Stuttgart gegen Feyenoord Rotterdam, konnte der Minisender nicht einmal halb so viele Zuschauer melden wie tags zuvor die reizlose Partie Werder Bremen gegen Brann Bergen im ZDF. Mit diesem Freundschaftsdienst hatte Gerhard Mayer Vorfelder seinen eigenen Verein zum Spielball von Leo Kirch gemacht.

Der Werdegang des DFB-Präsidenten Mayer-Vorfelder ist eine Folge von Skandalen. Immer wieder war er Gegenstand hitziger Debatten im baden-württembergischen Landtag, kaum ein Politiker dürfte so häufig mit Rücktrittsforderungen konfrontiert worden sein wie Mayer-Vorfelder. Doch er überstand alle Affären. Der stramme Rechte, der als Kultusminister im Unterricht die Nationalhymne singen lassen wollte, geriet immer wieder in den Verdacht der Verquickung von politischen und privaten Interessen. So ließ er sich einen Flug nach Florida vom Präsidenten der Stuttgarter Kickers, Axel Dünnwald-Metzler, bezahlen, benutzte nach Meinung der Opposition Leihwagen von Daimler-Benz für Urlausbfahrten, geriet als Aufsichtsratsvorsitzender der staatlichen Toto-Lotto-Gesellschaft wegen deren zweifelhaftem Geschäftsgebaren unter Druck und musste »schwerwiegende Fehler in der Geschäftsleitung und im Aufsichtsrat« eingestehen. In der sogenannten »Schellenturm-Affäre« vereitelte MV zunächst staatsanwaltschaftliche Ermittlungen gegen einen befreundeten Spitzenmann der Finanzbehörde, der in weinseliger Stammtischrunde über Ermittlungen gegen einen Mannheimer Konzertveranstalter geplaudert hatte. Der Impresario wurde gewarnt und floh, nicht ohne zuvor belastendes Material im Reißwolf verschwinden zu lassen. Erst auf Geheiß von Ministerpräsident Erwin Teufel konnte die Staatsanwaltschaft ihre Arbeit wieder aufnehmen.

Das Ende der politischen Laufbahn wurde aber von einer vergleichweise harmlosen Geschichte eingeläutet. Mayer-Vorfelder hatte einen Vortrag vor der landeseigenen L-Bank gehalten, dafür ein Honorar von 5000 Mark eingestrichen und auf einem privaten Konto verbucht. Das Pikante daran: Der bezahlte Redner saß als Vorsitzender im Aufsichtsrat und darüber hinaus im Beirat der Bank. Für beide eher repäsentative Tätigkeiten bezog er ebenfalls eine Gage. Dass Spitzenbeamte Einkünfte bis auf 12 000 Mark bei der Staatskasse abzuliefern haben, hatte MV nicht auf sich bezogen. Schließlich sei er von dem Unternehmen nicht als Finanzminister, sondern als Privatmann gerufen worden. Dieser Rabulistik mochte Landeschef Teufel nicht folgen, nach einem öffentlichen Tadel musste MV seinen Sitz im Kabinett aufgeben – 18 Jahre hatte er ihn innegehabt.

Doch Gerhard Mayer-Vorfelder musste nicht darben. Er blieb zunächst Präsident des VfB Stuttgart, wo er unverdrossen an der persönlichen Vermögensvermehrung weiterarbeitete. Als ehrenamtlicher Vereinschef kassierte er ein Jahr lang eine fürstliche Aufwandsentschädigung von 12 782 Euro monatlich sowie ein Darlehen über 153 388 Euro, Geld, das der defizitäre Klub nie mehr gesehen hat. Staatsanwaltschaft und Finanzbehörden ermittelten wegen Steuerhinterziehung und später auch wegen Betrugs, weil MV zum Schluss seiner Ministerzeit zu Unrecht drei Monate lang Übergangsgeld erhalten habe, obwohl er sich schon beim VfB reichlich eindeckte.

Ach ja: Die Büroeinrichtung mit Barockschrank und wertvollen Gemälden, die ihm vom VfB gestellt worden war, ließ Mayer-Vorfelder zum Amtsantritt als DFB-Chef in sein neues Büro schaffen. Der Verband überwies dafür 116 574 Euro. Seinen Job als Präsident aller Amateurfußballer betrachtet Gerhard Mayer-Vorfelder ohnehin ein wenig anders als Vorgänger Braun, der stets 25 Mark Tagesspesen abgerechnet hatte. MV erhielt das Gehalt eines Generaldirektors und eine eigene Stabsstelle.

Rote Karte für Kirch

Am 15. März 2002 erhielten die Führungskräfte der Münchner ProSiebenSAT.1 Media AG folgende Hausmitteilung: »Liebe Kolleginnen und Kollegen, im Rahmen des Projektes CORE (Bemerkung: Gruppenübergreifendes Einsparungsprojekt ProSiebenSAT.1) hat der Vorstand in seiner Sitzung vom 19. Februar 2002 eine Reihe von Einsparmaßnahmen verabschiedet. In diesem Zusammenhang bitten wir zu berücksichtigen, dass ab 2. April 2002 am Standort München sowohl die kostenlosen Süßigkeiten (Kekse/Gebäck/Knabbereien, Frucht-/Wein-/Schaumgummi, Nussmischungen, Schoko) als auch alkoholische Getränke nicht mehr von den Gesellschaften der Gruppe übernommen werden.« Es kam noch dramatischer am Standort München. »Keine Ausgabe von Geburtstagschampagner ab dem 2.4.2002«, dann wurden auch die »Feiertagspräsente« gestrichen: »Zukünftig werden zu besonderen Anlässen keine Präsente mehr ausgegeben. Dies betrifft die Schokoladenosterhasen und -nikoläuse und auch die Faschingskrapfen. Wir bitten Euch um Einsicht, dass dieser Beschluss nicht als persönliche Schikane zu interpretieren ist.« Keine Schokonikoläuse, kein Schaumgummi. So weit war es binnen kürzester Zeit gekommen auf dem Flaggschiff des Medienstandorts Deutschland.

Als Anfang April 2002, am fünftletzten Spieltag der Fußball-Bundesliga, Reporter, Kameraleute und Tonspezialisten des Münchner Rechteverwerters wie jeden Samstag zu den Spielorten der Liga flogen, traten Probleme mit der Weiterreise auf. Wollten sie an den Flughäfen die üblichen Leihwagen des langjährigen Vertragspartners Sixt in Empfang nehmen, verlangten die dortigen Angestellten zunächst Bargeld – zur Not, hieß es, würden auch die privaten Kreditkarten der Fernsehleute genügen. Erst nach einigen Anrufen standen die Leihwagen zur

Verfügung, und die Kirch-Bataillone kamen gerade noch rechtzeitig in die Stadien.

Was um Himmels willen war passiert?

Es war passiert, was wenige deutsche, wohl aber ausländische Beobachter wie Rupert Murdoch schon seit langem prophezeit hatten, sich jedoch in der Deutschland AG niemand vorstellen mochte: der große Knall. Kirch war in die Pleite geschlittert. Der getriebene Glücksritter mit den exklusiven Privatzugängen in die Politik hatte eine Zehn-Milliarden-Euro-Bauchlandung hingelegt, den größten Firmencrash der deutschen Wirtschaftsgeschichte. Es war damit die Situation eingetreten, die sich gerade die Manager und Funktionäre des Profifußballs leicht hätten selbst ausrechnen können – wären sie jemals bereit gewesen, eigene Kalkulationen anzustellen. Aber das waren sie nie.

Sie hatten stets, in Person von DFB-Präsident Mayer-Vorfelder oder dessen alter Ego an der Spitze der Deutschen Fußball-Liga, DFL, Werner Hackmann, mit der Bierruhe gut versorgter Seilschafter darauf verwiesen, dass die vereinbarten Kirch-Tranchen für die Bundesliga-Übertragungen »immer pünktlich überwiesen worden« seien. Die Funktionäre ignorierten sämtliche Warnungen, und das zu einer Zeit, als die Zeitungsspalten längst voll waren mit detaillierten Vorberichten auf die drohende Insolvenz der Kirch-Gruppe. Von dieser kollektiven Wahrnehmungstrübung waren auch weiterblickende Branchenkenner nicht frei. So ließ sich Uli Hoeneß bis in die Tage vor Kirchs Canossagang zum Insolvenzrichter am 8. April vernehmen, dass er sich »um Kirch keine Sorgen« mache. »Es wird alles gutgehen.« »Meinen Sie das wirklich?« fragte das Sportbusiness-Fachblatt »Sponsors« nach. »Ja!« antwortete Hoeneß und sprach für die gesamte Branche.

Ehe wir uns den letzten paradiesischen Tagen des Fußballs zuwenden, die auch die letzten Tage des Medienmoguls Kirch waren, betrachten wir die Chronologie seines Scheiterns. Im Sommer 2001, zu Beginn der neuen Bundesliga-Saison, spielte

Kirch die letzte Trumpfkarte für den hochdefizitären Pay-TV-Sender Premiere aus. Wie angedroht, wurde die SAT.1-Fußballshow »ran« auf den Samstagabend verschoben, auf die Hauptsendezeit um 20.15 Uhr, in der Hoffnung, dass nun bei Millionen Fußballfans der Haussegen schief hinge und sich ein guter Teil dazu nötigen ließe, ein Premiere-Abonnement zu kaufen. Denn Bundesliga-Fußball gab´s jetzt nur noch dort für mehr als 25 Euro Monatsgebühr – oder eben drei Stunden nach Spielende bei SAT.1, im Wettbewerb mit den Sendungen von Thomas Gottschalk und Günther Jauch.

Aber die deutschen Fußballfans ließen sich nicht erpressen. Vom ersten Anpfiff an erhob ein Lebewesen sein schreckliches Haupt, das die Oligarchen aus Fußball- und Medienmanager als längst ausgestorben wähnten – der mündige TV-Zuschauer. Das Publikum spürte die Verachtung, die ihm von seiten der Spielmacher entgegengebracht wurde: von Kirchs Imperium, das gnadenlos zur Kasse bitten wollte, von Liga-Verantwortlichen, die dümmliches Zeug von den Notwendigkeiten des Marktes winselten, aber auch von Leuten wie Kaiser Franz, der ihnen per Werbespot oder via »Bild« noch ein paar Mark mehr aus der Tasche labern wollte.

Es kam zur Revolte. Innerhalb von nur drei Spieltagen rauschte die Quote von »ran« in den Keller und erreichte schließlich den Tiefpunkt bei nur noch 1,68 Millionen Zuschauern. Kirchs Manager zogen hastig die Notbremse: »ran« war zu »raus« geworden, das Experiment gescheitert. Zwar rannten die Fans in die Stadien, und zehn Millionen Menschen verfolgten die ersten Spiele der 39. Bundesliga-Saison live am Radio. Über zwei Millionen schalteten die ARD-»Sportschau« um 17.30 Uhr ein, obwohl dort Kommentatoren zu Standbildern das Spielgeschehen nacherzählten! Bloß »ran« wollte niemand sehen – lieber ließen sich die Fernsehzuschauer von den Kastelruther Spatzen zujodeln (4,1 Millionen). Überdies machten die Fans in den Stadien mobil. Das neue Bündnis Aktiver Fußballfans (Baff) stand im Mittelpunkt des Medieninteresses der Sender, die nicht Leo Kirch gehörten: Als Baff-Vertreter in Berlin symbolisch einen Premiere-Decoder zerstörten, filmte ein ARD-Kamerateam die Performance. Baff-Sprecher Gerd Dembowskis Appell wurde millionenfach in den Zeitungen verbreitet: »Geht ins Stadion, hört Radio, schnorrt Kirch-TV in Kneipen und Gaststätten!«

Die Fußballrepublik brodelte. Aus dem Italien-Urlaub meldete sich der oberste Fußballfan persönlich zu Wort: Er erwarte eine »vernünftige Einigung«, ließ Gerhard Schröder übermitteln. Bei der ProSiebenSAT.1 Media liefen die Aktionäre Sturm. Schließlich muss der Sender Gewinne erzielen und nicht zugunsten des Großteilhabers taktisch bedingte Verluste einfahren. Die Schutzgemeinschaft der Kleinaktionäre trat auf den Plan. Es könne sich, so Sprecher Klaus Schneider, um »Untreue zu Lasten der Gesellschaft handeln, wenn der Vorstand auf Einnahmen verzichtet«. Schließlich sei die Verlegung von »ran« zum Vorteil des Pay-TV eine durchsichtige Sache: »Wenn das Management wirklich einen Einzelaktionär bevorzugt, hat es ein ernstes Problem.« Die Aktionärsschützer drohten mit Anzeige.

Nur noch die Profibranche selbst versuchte den erpresserischen Medienmogul zu stützen. DFB-Chef Mayer-Vorfelder, der eigentlich oberster Anwalt aller Fußballfreunde sein müßte, nahm Geschäftskamerad Kirch wie üblich in Schutz. »Als das Sandmännchen um 15 Minuten verlegt wurde, ist auch ein Aufstand losgebrochen. Und wie beim Sandmännchen damals ist jetzt die »ran«-Sendezeit zur Schicksalsfrage der Nation geworden«, salbaderte er. »Bild«, wieder mal in der heiklen Position wider den Volkswillen, prügelte wochenlang auf Jörg Wontorra ein – als sei der »ran«-Moderator schuld an den abstürzenden Quoten. Sogar Uli Hoeneß assistierte dem Revolverblatt: »Wir schimpfen über alles, werden immer maßloser. Immer größere Autos, immer weiter fort in den Urlaub. Etwas mehr natürliche Bescheidenheit würde uns guttun. Denn im Grunde geht es uns Deutschen am besten von allen in der Welt.« Dann schlug er eine verwegene Volte zu der Forderung, dass die Deutschen den offenbar ebenso natürlichen Ausnahmen jeder Bescheidenheit, den Kickern, ihre Cabriolets und Goldkettchen weiter zu finanzieren hätten, indem sie deren Generalversorger Kirch mit zusätzlichen Geldern alimentieren. »Das heißt«, schrieb Hoeneß, »wenn ARD und ZDF nicht bereit sind, eine Milliarde pro Jahr an die Vereine zu zahlen, muss man einem privaten Unternehmen, wie es die Firma Kirch ist, die Chance geben, sein Geld zurückzukriegen.«

Dabei hatten sich Preistreiber Kirch und seine Kicker-Konsorten ihre Suppe selbst versalzen. Denn als der verheerende Kontrakt über 750 Millionen Mark jährlich im Frühjahr 2000 geschlossen worden war, hatte kein Mitbewerber mehr als 500 Millionen Mark geboten – von einem vernünftigen Marktpreis konnte also schon aus betriebswirtschaftlicher Sicht keine Rede sein.

»Ran« wurde also auf 19 Uhr vorverlegt, die Quote stieg auf Anhieb auf 3,93 Millionen Zuschauer. Spätestens jetzt wurden bei Kirch Planspiele laut, die den aufmerksamen Beobachter hätten stutzig machen können. Da wurde ein neuer – noch einer! – Decoder erwogen, diesmal ein Fußball-Decoder, mit dem für 12,50 Euro im Monat alle Spiele zu sehen sein sollten. Überlegt wurde aber auch, die Verwertungsrechte an die Konkurrenz zu verkaufen, an die Öffentlich-Rechtlichen oder an RTL – was das Ende von »ran« bei Kirchs SAT.1 bedeutet hätte.

Aber die Branche tat so, als hätte sich Kirch nur mal ein Späßchen erlaubt, und ließ den Alltag einkehren. Sie widmete sich ihren Luxussorgen. Der FC Bayern beschloss seine Umwandlung zur Aktiengesellschaft und brachte die Pläne für den Bau eines neuen Stadions in München endlich durch. Als Anfang 2002 der neue Trikotsponsor Telekom präsentiert wurde, der bis 2008 künftig jedes Jahr rund 20 Millionen Euro überweisen wird, brachen die üblichen Interessenskonflikte mit dem Vereinsoberhaupt aus. Franz Beckenbauers Manager Robert

Schwan hatte bereits die Deutsche Post an der Hand – natürlich hätten er und Beckenbauer, die alte Kitzbühel-Connection, das Vermittlungsgeld aus so einem satten Hundert-Millionen-Deal ganz gern selbst eingestrichen. Daraus wurde freilich nichts, weil Uli Hoeneß und Karl-Heinz Rummenigge den Handel mit der Konkurrenz Telekom besiegelten. Beckenbauer mühte sich hernach, nicht allzu beleidigt zu wirken: »Ich bewerte es positiv, wenn Schwan einen neuen Trikotsponsor für den FC Bayern sucht. Er wollte Bayern einen Gefallen tun und macht alles andere als Politik beim FC Bayern.«

Der neue Vorstandschef Rummenigge schwärmte derweil von einem Traumpartner und einem »Superstart für die FC Bayern AG«, deren Spieler nun für T-Mobile werben. »Es wird eine Kooperation auf allen Bereichen der Telekommunikation geben«, keineswegs beschränkt auf klassische Werbung, erklärte die Bayern-Führung, und gleich erhob sich der Verdacht auf gewisse Zugeständnisse, die der Klub dem neuen Partner hätte machen müssen. Bald musste sich Hoeneß sogar gegen das Gerücht wehren, die Telekom dürfe in weitestem Sinne auch über das Spielerpotential mit entscheiden – indem sie etwa darauf dränge, dass die Münchner möglichst viele deutsche Kicker beschäftigen, die die Firma in ihrer Kommunikation gleich mehrfach nutzen kann, etwa in der Nationalmannschaft und damit auch bei der Fußball-WM 2006 in Deutschland. Vieles ist ja denkbar, alles ist möglich im Festnetz der Deutschland AG. Ganz gewiss aber ist eines: Telekom plant mit dem FC Bayern strategisch für einen Fernsehmarkt der Zukunft. Mobiltelefone mit der neuen UMTS-Technik können bewegte Bilder abspielen, bis Ende 2003 sollen schon 25 Prozent der Bevölkerung UMTS benutzen können. Telekom-Vorständler Jürgen Kindervater frohlockte, mit UMTS könne man »schon im kommenden Jahr Bayern-Spiele live auf dem Handy sehen«.

Ein Bayern-Offizieller begrüßte den neuen Partner trotzdem frostig: Franz Beckenbauer. Schließlich hatte er gegen die Telekom gerade erst prozessiert – und allerdings gewonnen. Das

Düsseldorfer Landgericht befand, dass der Kaiser eine saftige Rechnung an T-D1 schicken dürfe, weil die Firma in einem Fernsehspot über Beckenbauer und seinen Werbepartner E-Plus ausgiebig gelästert hatte. In dem Spot beklagt ein etwas deppertes Beckenbauer-Double, dass keine Anrufe mehr auf seinem Handy eingehen. Der Grund dafür laut T-D1-Werbung: Gespräche zu E-Plus seien halt bis zu dreimal teurer als die zur Konkurrenz. Worauf das Double umständlich an drei Fingern abzählt: »... des is ja dreimal zuviel!« Ende des Abzählreims laut Gerichtsbeschluss: Der Kaiser darf nicht mehr in einer Telekom-Werbung auftauchen, und sein unfreiwilliger Auftritt müsse Beckenbauer angemessen vergütet werden.

Mit den Worten »Ich brauche im Hinblick auf meine Arbeit für die WM 2006 Entlastung« verabschiedete sich der Kaiser also aus dem operativen Geschäft des FC Bayern, bezeichnete sich noch rasch als »Präsident der Schachspieler und Basketballer« und knöpfte sich als WM-Organisationschef erstmal den 1. FC Kaiserslautern vor. Dort waren die Bayern nach einem Bundesliga-Spiel von Fans wüst attackiert worden. Prompt drohte Beckenbauer den Pfälzern nun damit, das Fritz-Walter-Stadion bei der WM 2006 nicht als Austragungsort zu berücksichtigen. Zuweilen birgt die Ämtervielfalt eine wunderbare, wahrhaft kaiserliche Machtfülle. Allerdings läuft die Sportpolitik anders. Durch seine Drohung als Bayern-Präsident hatte sich Beckenbauer so angreifbar gemacht, dass er als Organisationschef gar nicht mehr aktiv werden konnte und das Pfälzer Stadion für die WM zugelassen wurde – alles andere wäre ihm als persönliche Revanche ausgelegt worden. Dass er massiv für München interveniert habe, wurde ihm nach der Verkündigung der zwölf deutschen WM-Städte im April 2002 sowieso vorgeworfen. Immerhin bekam der Standort des Megapleitiers Kirch gleich auch noch das WM-Medienzentrum zugesprochen. Leute wie Berlins Wirtschaftsstaatssekretär Volkmar Strauch sahen da sogleich die kaiserliche Hand im Spiel. Ein anderer Gescheiterter, Werder Bremens Präsident Franz Böhmert, beklagte, neben dem Kaiser habe auch der Kanzler an der WM-Vergabe gedreht. Denn Gerhard Schröders Heimatstadt Hannover hatte Bremen aus dem Wettbewerb gedrängt – vergeblich pochte Böhmert auf ein Versprechen des alten DFB-Präsidenten Egidius Braun. Im Fußballreich der Deutschland AG waren längst neue Zeiten angebrochen, die Böhmert hilflos so kommentierte: »Es ist die größte Schweinerei, die ich erlebt habe. Hier hat der Kanzler entschieden.«

Während die Bayern rasch noch ein weiteres Luxusproblem behoben – Trainer Ottmar Hitzfeld wurde ein Werbevertrag mit der HypoVereinsbank untersagt –, dämmerte Werner Hackmann an der Spitze der Deutschen Fußball-Liga noch immer nicht, dass sich bei Kirch etwas zusammenbraute, was auch den Fußball massiv bedrohte. Statt die Vereine frühzeitig anzuhalten, mit den Spielern über mögliche Gehaltskürzungen zu verhandeln, erging sich der formal mächtigste Mann des deutschen Profifußballs in Beschwichtigungen und Durchhalteparolen. Auch das verbindet ihn mit Mayer-Vorfelder, neben der Vorliebe für Zigaretten und auffallenden Männerschmuck. Aber sogar die wachsende Zahl von Hackmanns Kritikern hielt weiter still, obwohl sie doch seit Monaten mit der Arbeit des DFL-Bosses und dem Erscheinungsbild der Liga haderten. Mangelnder Instinkt war Hackmann schon angelastet worden, als er dafür plädiert hatte, die Bundesliga trotz der Terroranschläge vom 11. September 2001 durchspielen zu lassen.

Womöglich, stichelten die Spötter gegen Hackmann, sei sein Instinkt nur darauf ausgerichtet, die eigene Poisition zu behaupten – so, wie es ihm einst als Hamburger Innensenator in den Kungelrunden der Sozialdemokraten gelungen sei. Visionen, wie man den Fußball auf gesündere Beine stellen könnte, habe er keine. Als bester Beleg taugte Hackmanns Dauertraum von einem ligaeigenen Fernsehen: Ein bisschen visionär halt, doch ohne jeden realistischen Ansatz.

So hechelt der Multifunktionär – Hackmann präsidiert auch dem Hamburger SV – in seinem Hamsterrad. Zumal er ungern delegiert. Da kann es passieren, dass er den Ligaklubs öffentlich mangelnde Kooperationsbereitschaft und eine abgeschottete Informationspolitik gegenüber dem DFB vorwirft (»dann hat die ganze DFL keinen Sinn«), zugleich aber selbst diesen Vorwurf mit Recht auf sich bezieht. Etwa, als er während der Kirch-Krise in der Staatskanzlei des nordrhein-westfälischen Ministerpräsidenten Wolfgang Clement (SPD) mit den Vertretern der finanzstarken Klubs aus Dortmund und Leverkusen am Tisch saß, andere Vereine aber nicht eingeladen worden waren. Was eine Kirch-Pleite für sie bedeute, so moserten schließlich immer mehr Vereinsvertreter, erführen sie nicht vom DFL-Chef, sondern nur aus der Zeitung. Stuttgarts Manager Rolf Rüssmann tobte: »Der Rest der Liga sitzt wie die Trottel da und weiß nicht, was passiert.«

Mit dem Hauptfinanzier dieses Jahrmarkts der Eitelkeiten ging es derweil rapide bergab. Die ersten Hilferufe streute Kirch selbst, wie immer auf Umwegen. Anfang Dezember 2001 wurde plötzlich verbreitet, das Medienunternehmen bereite sich auf die Übernahme durch den amerikanisch-australischen Fernsehmogul Rupert Murdoch vor. Tatsächlich aber verhandelte man hinter den Kulissen über einen Kredit der Dresdner Bank in Höhe von 460 Millionen Euro, der zum Jahresende fällig war. Die Bank erhielt den 25prozentigen Anteil Kirchs an dem hoch profitablen spanischen Sender TeleCinco zum Pfand. Daraufhin wurde der Kredit bis April 2002 verlängert. Das neue Jahr begann indes mit der nächsten Hiobsbotschaft: Der Axel Springer Verlag forderte für seine Beteiligung an der Pro7SAT.1 Media AG rund 770 Millionen Euro zurück. Das Zeitungshaus hatte Mitte 2000 diese Option ausgehandelt.

Ein paar Winkelzüge später, Kirch argumentierte mit Rechtsfehlern im Vertrag, der deshalb angeblich nicht rechtskräftig sei, und tatsächlich finden sich Lücken, die langwierige Prozesse versprechen. Trotzdem, die gewaltige Springer-Forderung löste die letzte Krise bei Kirch aus. Murdoch warnte Kirch schriftlich, er werde im Falle einer Insolvenz »alle geeigneten rechtlichen Mittel einlegen«. Er wäre »sehr besorgt«, wenn Kirch ausgewählte Gläubiger finanziell bevorzuge, ohne Murdochs NewsCorporation dieselben Rechte einzuräumen. Der erwünschte Nebeneffekt trat ein: Das Thema Insolvenz wurde publik. Am 4. Februar stellte Rolf Breuer, Chef der Deutschen Bank, die auch Murdochs NewsCorp betreut, öffentlich die Kreditwürdigkeit der Kirch-Gruppe in Frage und trieb ihn damit weiter in die Enge.

Nun rollte die Lawine. Murdochs NewsCorp schrieb ihren Anteil am Bezahlsender Premiere in voller Höhe von 1,6 Milliarden Euro ab. Er wolle, wie vereinbart, seine Investition plus Zinsen im Oktober 2002 zurückfordern, ließ Murdoch erklären, Interesse an einer stärkeren Beteiligung bei Kirch habe er nicht. Das ruinierte Kirchs Kreditwürdigkeit vollends. Immer deutlicher wurde, dass eine Phalanx aus Deutscher Bank, Springer und Murdoch den angeknockten Kirch (und seine Gläubigerbanken) vor sich her trieb. Und der alte Strippenzieher aus München-Ismaning streckte bald die Waffen. In einem »Spiegel«-Interview meldete er sich erstmals zu Wort, erklärte zu einer möglichen Übernahme durch Murdoch: »Dann frisst er mich eben. Der Herr hat´s gegeben, der Herr hat´s genommen. Die Knochen wird auch Murdoch mir schon übriglassen.« Zugleich beendete Kirchs Stellvertreter Dieter Hahn die Spekulationen über die Verschuldung der Gruppe: Es seien 6,5 Milliarden Euro (das Bundesamt für Kreditwesen hatte da bereits 7,2 Milliarden ermittelt).

Einen Monat später war Kirch auch persönlich zum Rückzug bereit. In einem Krisengespräch meldete er allerdings Anspruch auf eine Art Abfindung an: Er wolle die lukrativen WM-Rechte 2006 behalten. Da spielte natürlich kein Gläubiger mit. Die bayerische Landesregierung schickte Unterhändler aus, um den Konzern doch noch zu retten. Ein CSU-Mann, berichtete der »Stern«, »bekniet den Chef der HypoVereinsbank, Albrecht Schmidt, Kirch ein Angebot für dessen Anteile am Springer Verlag zu machen. Tatsächlich bot die Bank 1,2 Milliarden

Euro. Doch es half nichts: Kirch hatte seinen Freunden verschwiegen, dass die Anteile gleich mehrfach beliehen sind. Verärgert legen auch die letzten Freunde den Schalter um.«

Die Banken brachten Kirchs Minderheitsgesellschafter Murdoch und Berlusconi ins Spiel. Doch die beiden Medienunternehmer, ähnlich gestrickt wie der sinistre Pate Kirch, gierten nach der Macht, ohne selbst die Lasten zu schultern. Sie lehnten es sogar ab, die von den Banken geforderte Überbrückungshilfe mit zu finanzieren. Ein paar Tage lang scheiterte ein geordneter Rückzug zum Konkursgericht nur noch an Kirchs Forderungen. Die seien »geradezu unverschämt«, lamentierte ein beteiligter Banker.

Am 8. April 2002 rammte schließlich die Titanic den Eisberg – Kirch Media meldete ihre Insolvenz an. Eine Pleite, größer als die Desaster des Immobilienspekulanten Jürgen Schneider und des Baukonzerns Holzmann zusammen. Aber eine Insolvenz in eigener Verantwortung, das heißt, die vier Wochen zuvor ins Haus geholten Konkursexperten Wolfgang van Betteray und Hans-Joachim Ziems sollten den Versuch einer teilweisen Sanierung unternehmen. Das provozierte neue Skepsis: Wurde da nicht der Bock zum Gärtner gemacht? Wochen später erhärtete sich bereits der Verdacht: Kirch werde – als Berater! – mit einem auf fünf Millionen Euro geschätzten Vertrag weiter zur Verfügung stehen, verlautete aus dem insolventen Konzern, und auch Dieter Hahn mischte weiter munter mit. Damit war die ultimative Geschäftskonstellation eingetreten: Leo berät Kirch.

Trotzdem konnte die Unternehmung jetzt nicht mehr so einfach von willfährigen Politikern begleitet werden. Wiewohl Kirch im Hintergrund sofort versuchte, die Fäden wieder in den Griff zu kriegen. Am Telefon mühte er sich, Partner zu neuen Geschäften zu überreden.

Es war ein letztes Aufbäumen: Mit dem alten Filmpaten musste auch die Welt jener verschworenen Deutschland AG untergehen, die ihn wie einen Logenchef verehrte. Übervater

Kirch, der immer half, wenn einer der Ihren etwas brauchte – für Karriere, Gläubiger, Frau oder Kind. Dass dieser hochverehrte Mann seine Hasardeurgeschäfte gern rücksichtslos auf Kosten der Allgemeinheit abwickelte, konnte seine Gemeinde nie anfechten. Nur von manchen, die Kirch irgendwann in die Quere kamen, gibt es Zeugnis über das wahre Wesen von Leo dem Großen. Helmut Thoma etwa, langjähriger Boss von RTL, attestierte Kirch »elektronischen Rinderwahnsinn« – Thoma ahnte früh, dass Kirchs Decoder wie Blei in den Verkaufsregalen liegen würden. Der ehemalige Springer-Chef Peter Tamm hatte Kirchs Einzug in den Verlag einst als »Partnerschaft mit vorgehaltenem Revolver« bezeichnet. Oder Karel van Miert: Der frühere Brüsseler Wettbewerbskommissar beschrieb in seinen Memoiren, wie sich einst Bundeskanzler Helmut Kohl für Kirchs Digitalfernsehpläne bei der EU eingesetzt hatte. Als Kommissionspräsident Jacques Santer die deutsche Strategie untersagen wollte, habe Kohl nur knapp erwidert: »Das bedeutet Krieg.« Das war die Tonart. Das war der bewunderte Stil.

Außer Frage steht, dass die Duzfreunde Kirch und Kohl eine Art medienpolitische k. u. k.-Monarchie ausgeübt hatten, die in der Medienpolitik zur reinen Wirtschaftsförderung degenerierte. Eine Hand wusch die andere, die konservativen Glaubensbrüder in den Ländern verschafften Freund Leo erst die Frequenzen und dann die Kredite – und mochten die Projekte noch so verwegen sein. Das alles war nun vorbei. Nur die Schlussetappe des Kirch-Konzerns wird sich hinziehen, denn Teile der alten Deutschland AG verbündeten sich noch einmal, um den Sturz des Medienimperiums abzufedern. Um drohenden Angriffen von Berlusconi und Murdoch zu begegnen, sammelten sich potentielle heimische Medieninvestoren um Kreditinstitute wie die Bayerische Landesbank und die Münchner HypoVereinsbank sowie natürlich um Politiker von Stoiber bis Schröder. Eine diffizile Aktion. Die Landesbank, in der die halbe Bayern-Regierung sitzt, trägt ein Drittel der Kirch-Kredite allein. Damit ist sie Kirchs Hauptopfer und ließ Stoibers wichtigstes Wahlkampfpulver feucht werden, seinen Ruf als unwiderstehlichen Wirtschaftslenker. Schon die Dornier-Pleite hatte gezeigt, dass auch in Bayern nur mit Wasser gekocht wird.

Auf dem internationalen Parkett vertiefte sich wieder der Eindruck von der »Festung Deutschland« – schwer ist es, hineinzukommen, und wer drin ist, findet sich plötzlich als Gefangener. »Bleibt ein ausländischer Investor«, merkte der ehemalige SPD-Geschäftsführer Peter Glotz zum Kirch-Kollaps an, das Problem sei nur: »Da sind die Deutschen angstzerfressen.« Glotz kennt sich aus. Tatsächlich findet die Deutschland AG nichts daran, dass Bertelsmann der größte Verlag der USA geworden ist. Aber wehe, es drängt jemand zur eigenen Türe herein. Deshalb verunsicherte die Meldung von Kirchs letztem Zug prompt die ausländischen Investoren: Hat der alte Filmhändler noch rasch das Tafelsilber aus der Vermögensmasse entfernt – die wertvollen Übertragungsrechte für die Fußball-WM 2006 in Deutschland? Treffen würde dieser Schritt – den Verdacht nährte das Einverständnis der Banken dazu – vor allem die ausländischen Gläubiger. Kirch hatte die WM-Rechte noch kurz vorm Konkurs auf seine Schweizer Tochterfirma Kirch Sport AG in Zug übertragen. So schließen sich die Kreise in der Fußballwelt. Im Steuerparadies Zug war zuvor auch die 2001 bankrott gegangene ISL, Hausagentur der Fifa, angesiedelt.

Zur selben Zeit, als unsere Spielmacher von Beckenbauer und Hoeneß über Hackmann bis Mayer-Vorfelder noch ihr bemerkenswertes Vertrauen in Kirchs Überlebenskünste kundtaten, begann sich herumzusprechen, woher die feste Zuversicht der Profibranche in die Unverwundbarkeit des Fußballs rührte. Der Kanzler, einige Ministerpräsidenten und in ihrem Gefolge diverse Interessensparteien der Deutschland AG waren ja bereits seit Februar 2002 dabei, an Krisenlösungen speziell für den Fußball zu basteln. Zufällig war Wolfgang Clement im

Kanzleramt, als am 8. Februar das erste Beben in Kirchs Imperium registriert wurde. Flugs machte Schröder Wirtschaftsstaatsekretär Alfred Tacke zum Unterhändler, und Clement lud Vereine und Tacke zur Krisensitzung. Weil die unter großer Vertraulichkeit ablief, war der Aufschrei in der Öffentlichkeit um so größer, als die Planspiele bekannt wurden: Für den Fall, dass Kirch Pleite ginge und die nächsten Tranchen von je 100 Millionen Euro im Mai und August 2002 nicht bezahlt werden könnten, erwog der erlauchte Zirkel aus Beamten und Bundesliga-Managern staatliche Ausfallbürgschaften für den Profibetrieb. Schließlich müssen die Gehälter weiter fließen, und ohne Kirchs Gelder würden zwar nicht beim FC Bayern, in Dortmund, Schalke oder Leverkusen, wohl aber beim großen Rest der ersten und fast der ganzen zweiten Liga existenzbedrohende Engpässe auftreten. So wurde am Verhandlungstisch der Deutschland AG plötzlich das harte Profigewerbe, das sich stets als die Leistungsbranche schlechthin zu verkaufen wusste, als hohes Kulturgut der Nation wiederentdeckt. Schließlich geht es Politikern wie Schröder und Stoiber allein um die Wahrung der Interessen des Volkes – besonders in einem Wahljahr. Was ließe sich da stimm(ungs)bildender ausschlachten als der Ruf, die Bundesliga vor dem Ruin gerettet zu haben?

Die Reaktion der Öffentlichkeit war verheerend und die Empörung in allen gesellschaftlichen Bereichen so einhellig, dass Schröder eilig zurückruderte. 88 Prozent der Bundesbürger lehnten laut einer »Forsa«-Umfrage Bürgschaften für die Kicker ab. Zwei Tage nachdem DFL-Chef Hackmann diese Planspiele bestätigt hatte, ließ Schröder seinen Regierungssprecher Uwe-Karsten Heye so tun, als wäre nichts gewesen. An Steuergelder für die Profis sei nie gedacht worden, beteuerte Heye, es hätte sich um Sondierungsgespräche gehandelt. Warum war dann Schröders Emissär Tacke für diese Plauderrunde abgestellt worden? Nicht von Tacke selbst, aber aus dem Wirtschaftsministerium kam die Erklärung, die das wahre Ausmaß des Schröderschen Benefizakts offenbarte. Man verriet, dass sogar die staatliche Kreditanstalt für Wiederaufbau in die Krisenpläne eingebunden war. Womit belegt war, dass die Hilfsaktion viel weiter gediehen war, als es im Nachhinein den Anschein haben sollte.

Der Kanzler hat sich aus der Abseitsfalle befreit, der Fußball steckt um so tiefer drin. Es bleibt ihm nichts übrig, als sich auf schlechtere Zeiten einzustellen. Der Markt muss sich korrigieren, der erste Kernbereich ist schon dabei: die von Kirch und Funktionären hochgepokerten Fernsehrechte. Am schwersten mit der neuen Zeit hat es das teure Personal. Denn an einer Kürzung der Gehälter führt kein Weg mehr vorbei. Seit dem Bosman-Urteil 1995 waren den Forderungen der Spieler Tür und Tor geöffnet, sie konnten nach Belieben Saläre und Handgelder verlangen. Nun heißt es Abschied nehmen vom Garten Eden. Entzug steht auf dem Programm, der Entzug vom großen, sicheren Geld für eine Branche, die wie ein Junkie an Kirchs Nadel hing. Dieser Entzug gilt übrigens auch, mit zeitlicher Verzögerung, für Branchengrößen wie Bayern München, Dortmund oder Leverkusen. Sie kommen, und das ist der große Unterschied zu anderen Unternehmen der freien Wirtschaft, nicht ohne gesunde Konkurrenz aus. Ein Solidarverhalten wird erforderlich sein, andernfalls müssen sie die Bundesliga-Meisterschaft künftig unter dreien ausspielen. Oder gleich drum würfeln.

Schon ab der neuen Saison, das machten alle interessierten Medienunternehmen klar, wird es deutlich weniger Geld für die Ware Fußball geben. Es fehlt ja künftig die Marktkonstellation, in der die bisherigen Summen weiter realisierbar wären. »Bisher«, sagt der Sportjurist und frühere Klubchef von Borussia Dortmund, Reinhard Rauball, »wurden im Fußball zu viele falsche Parallelen gezogen. Nach dem Motto: Ein Weltstar im Fußball darf so viel verdienen wie ein Pavarotti. Aber Pavarotti singt alleine – der Fußballer braucht mindestens ein Dutzend Mitspieler. Und als die Spieler Millionen verdienten, kamen die Trainer mit demselben Anliegen und dann die Manager.«

Rauballs Hinweis auf die Abhängigkeit des Superkickers von seinen Mitspielern ist bedeutsam. Denn kaum hatten sich die ersten Rauchwolken verzogen nach dem Kirch-Crash, hieß es in der Liga schon wieder: Die großen Stars werden weiterhin klotzig verdienen, nur nicht mehr die vielen Mitläufer, die gerade mal den Ball stoppen können. Jeder, der einmal Fußball gespielt hat, weiß, wie sehr selbst der beste Kicker auf die Mithilfe seiner Hinter-, Neben- und Vorderleute angewiesen ist. Ein Star, der künftig fünf Millionen Euro verdient, wird sich im Kreise von Zuarbeitern, die »nur« ein Zehntel davon einstreichen, ganz sicher nicht behaupten können.

Aber warum überhaupt die astronomischen Summen? Angst vor den Aufkäufern vom Mittelmeer oder von der Insel braucht die Bundesliga nicht mehr zu haben. Auch der englische Sender ITV meldete Zahlungsunfähigkeit an. Er hatte 2001 die Fußballrechte für 504 Millionen Euro erworben und konnte im April 2002 von den noch fälligen 285 Millionen Euro nur noch 80 Millionen aufbringen. In Spaniens Primera Division wird ebenfalls auf die Gehälter gedrückt. Den meist hochverschuldeten Klubs steht zudem der Fiskus auf den Füßen – allein für 1996 bis 1999 ist eine Steuerschuld von 200 Millionen Euro in der ersten Liga fällig. Und Italien? Dort sieht es ganz düster aus. Neun Erstligisten waren im Frühjahr mit den Gehältern im Verzug. Lazio Rom zahlte die Gehälter von November 2001 mit fünfmonatiger Verspätung. Während der Umsatz aller Klubs in der Saison 2000/2001 um 8,7 Prozent stieg, wuchsen die Ausgaben für Spieler und Trainer um 32 Prozent. Juventus Turin (423 Millionen Euro), AC Mailand (188 Millionen) und der AC Florenz (168 Millionen – alles Stand: Frühjahr 2002) sind Europas höchstverschuldete Spitzenklubs. Der Staatssender RAI will die Ausgaben für Fußball-Senderechte um die Hälfte kürzen, und die Consultingfirma Deloitte & Touch empfahl dringend: Kürzt die Spielergehälter um 30 Prozent. Aus diesen Ligen soll dem deutschen Fußball Gefahr drohen?

Aber der Branche bleibt genug Geld. Fußball ist ein Luxusgewerbe, er hat geaast mit seinen Mitteln, die nun anders verteilt werden müssen. Weshalb die Branche nicht mehr umhinkommt, endlich den eigenen Sumpf trockenzulegen, den Sumpf aus Vermittlern, Spielerberatern und schwarzen Kassen, in dem 15 bis 20 Prozent der Gelder versickern dürften. Parasitäre Figuren braucht es nicht länger (gebraucht hat es sie sowieso nie). Warum braucht es bezahlte Präsidenten? Und warum muss auch im dritten, vierten Glied abenteuerlich verdient werden? Ob Pressesprecher, Geschäftsführer, Marketinglehrling (gerne verdiente Ex-Profis) oder Busfahrer – alle kassierten sechsstellige Gehälter. Beispiel Bayer Leverkusen: Als der Klub um Bremens Torsten Frings buhlte, kletterte die Gehaltsofferte ohne Zutun von Berater Norbert Pflippen, wie dieser versichert, von 600 000 auf 2,5 Millionen Euro. Für den Nachwuchskicker Michael Zepek vom damaligen Drittligisten Karlsruher SC berappte Bayer vier Millionen Euro und hob sein Gehalt sofort auf Stammspielerniveau. Leider erwies sich Zepek nicht als erstligatauglich und sollte zu Zweitligist LR Ahlen abgeschoben werden (wobei Bayer etwa die Hälfte der Gehaltszahlung übernehmen soll). Fraglich, ob der neue Sportdirektor da Abhilfe schaffen kann. Der kassiert zwar geschätzt 1,2 Millionen Euro, ein Vielfaches des Bundeskanzler-Salärs, ist aber kein Wirtschaftsmann: Ulf Kirsten wechselt direkt aus der Umkleidekabine an den Schreibtisch.

Es gibt also in der Branche mehr als genug Spielraum für wirtschaftlich denkende Geister. Die deutsche Bundesliga leidet vor allem unter ihren Führungskräften. Unter Aussitzern wie Mayer-Vorfelder und Hackman, die nach Kirchs Insolvenz erst einmal die 36 Ligaklubs zur Krisenrunde baten und dabei nichts anderes zu verkünden hatten, als dass irgendwie schon alles so weitergehen würde wie zuvor. Statt wenigstens jetzt über Alternativen nachzudenken. Sie tun sich schwer, die neue Situation ohne die alten, diskret gewachsenen Netze zu meistern. Daher durfte ihre erste Reaktion nicht verwundern: Sie hofften einfach auf den nächsten Big Spender, und haben für diese Rolle schon die ARD ausgeguckt. Deren zehn Anstalten machen bis Ende 2004 wohl rund 720 Millionen Euro Überschuss, so hat die Gebührenkommission ermittelt. Und bis Mitte 2004 wären ja von Kirchs Sendern noch 900 Millionen Euro fällig. Also könnte doch die reiche ARD, so kalkulierten die Bundesliga-Manager, Kirchs Verpflichtungen weitgehend übernehmen und den Profifußball retten.

Die Liga hat offenbar Wahrnehmungsprobleme, die zeigen, dass sie nicht weiß, was Marktwirtschaft bedeutet. Sonst würde sie begreifen, dass nicht jeder Gebührenzahler, erst recht nicht jeder Steuerzahler ein Fußballfan ist. Zum anderen tun die Funktionäre weiter so, als gäbe es eine Art gesellschaftlichen Auftrag zur Alimentierung von Fußballern. Die Wahrheit sieht aber anders aus: Falls die ARD die Rechte kaufen will, wird sie erkennen, dass sie mangels Konkurrenz in einer günstigen Verhandlungssituation ist. Warum also sollte sie für teures Geld ein Produkt einkaufen, das man ihr notfalls nachwerfen würde?

Als am Tag vor Kirchs Konkursmeldung Karl-Heinz Rummenigge zu Alternativplänen des Fußballs wie dem immer wieder gern beschworenen Liga-Fernsehkanal befragt wurde, meinte er: Wäre sehr interessant, aber wenn die Liga das allein mache, hätte sie mit zu hohen Anlaufverlusten zu kämpfen. In dieser Denkart verdichtet sich die spezielle Kapitalmarkt-Philosophie des Fußballs: Gewinne streichen wir selber ein, für die Verluste brauchen wir andere.

Schon am Tag nach Kirchs Gang zum Konkursrichter orientierte sich die Medienlandschaft neu. »Bild« natürlich vorneweg. Sportchef Draxler, der kein Jahr zuvor mit Kirch und Kaiser den medialen Flankenschutz für die Attacke auf Bundesliga-Fernsehzuschauers Geldbeutel ausgetüftelt und den Pro-Pay-TV-Kurs im Sommer wortreich beworben hatte, vollzog mit quietschenden Reifen die 180-Grad-Kehrtwende: »Zeit zum Umdenken«, frömmelte er im Kommentar, die Krise berge die

Chance, »endlich über den Millionenwahnsinn im Fußball nachzudenken.« Fazit des »Bild«-Bosses: »TV-Macher, Vereinsbosse und Fußballprofis haben so lange an der Geldschraube gedreht, bis es zum großen Knall kommen musste.« Dass sein Blatt am kräftigsten mit gedreht hatte, vergaß er natürlich. Jetzt war Kirch ja am Boden, und die Gazette ließ ihre Reporter in entgegengesetzter Richtung von der Leine: »Was ›Bild‹ jetzt im Namen der Fans fordert!« Na was wohl? Das Gegenteil von dem, was es zuvor mit aller Vehemenz vertrat: Alles für Premiere zu tun. Nun hieß es: »Kein Pay-TV-Deal, der die Bundesliga fast völlig im Bezahlfernsehen verschwinden lässt, um mehr Abos zu verkaufen!« Denn, Völker, höret: »So läuft es ja schon in England: Da gibt es die Premier League erst kurz vor Mitternacht.«

Sonst aber blieben Springers Blätter dem Rekordpleitier gewogen. Die Schuld an dessen Untergang tragen natürlich andere, arbeitete die »Welt« nach der Insolvenz heraus. Die Deutschen seien als »biedere Handwerker« zu doof gewesen, sich auf eine so fortschrittliche Sache wie Pay-TV einzulassen. Geradezu persönlich verletzt hieß es: »Wer seinen Kindern nicht erklären kann, wie sie die Sendung mit der Maus zur immergleichen Zeit am Sonntag aufnehmen können, der fürchtet zu Recht den privaten Ruin, wenn er eines dieser vertrackt unkalkulierbaren Premiere-Pakete samt Decoder kauft.«

Als der große Verführer Leo Kirch (»Bild«: »Großzügig, gütig, reich, bescheiden«) den Gang zum Insolvenzrichter hinter sich hatte, war er für die Banken und den Rest der Deutschland AG Geschichte. Nur für sein mediales Fußvolk nicht, das wäre ihm am liebsten treu in den Untergang gefolgt. Das Schlusswort sprach Georg Gafron, Geschäftsführer zweier zu Kirch gehörenden Stadtsender und Chefredakteur des Springer-Blattes »B.Z.«: »Der gemeinsame Untergang mit einem Unternehmer wie Leo Kirch – selbst der ist noch eine Ehre, gemessen am jämmerlichen Dasein so vieler anderer.« Fast muss man fürchten, dass in Berlin gleich die Alliierten einmarschieren.

Am Ende ist Leo Kirch, der größte unter den Spielmachern, selbst vom Marionettenspieler zum Hampelmann geworden. Eben ein Verlierer mehr.

Und Hand aufs Herz – wer will im Fußball gern an der Seite des Verlierers gesehen werden?

Verwendete und zitierte Literatur

Beckenbauer, Franz: Einer wie ich, Gütersloh 1975.

Blickensdörfer, Hans: Der Kaiser, München 1991.

Böttiger, Helmut: Kein Mann kein Schuß kein Tor, München 1993.

ders.: Günter Netzer – Manager und Rebell, Frankfurt am Main 1994.

Breitner, Paul; Schroeder, Bernd (Hg.): Kopf-Ball, Frankfurt am Main 1982.

Burns, Jimmy: Die Hand Gottes, Berlin 1998.

Fischer, Gerhard; Lindner, Ulrich: Stürmer für Hitler, München 1999.

Grüne, Hardy: 90 Jahre deutscher Liga-Fußball, Kassel 1995.

Gruppe, Paulheinz: Horst Dassler – Revolution im Weltsport, München 1992.

Guelfi, André: L'Originale, Paris 1999.

Heinrich, Arthur: Der Deutsche Fußball-Bund, Köln 2000.

Karlauf, Thomas (Hg.): Deutsche Freunde, Berlin 1995.

Kistner, Thomas; Weinreich, Jens: Das Milliardenspiel, Frankfurt am Main 1998.

Leinemann, Jürgen: Sepp Herberger, Berlin 1997.

Lindner, Rolf (Hg.): Der Fußballfan, Frankfurt am Main 1980.

Körfer, Hans: Weltmeisterschaften, Frankfurt am Main 1962.

Krämer, Gerd: Im Dreß der elf Besten, München 1961.

Krüger, Arnd: Die Olympischen Spiele 1936 und die Weltmeinung, Berlin 1972.

Mandell, Richard: Hitlers Olympiade, München 1980.

Mikos, Lothar; Nutt, Harry: Als der Ball noch rund war, Frankfurt am Main, 1997.

Radtke, Michael: Außer Kontrolle, Bern 1994.

Schulze-Marmeling, Dietrich: Die Bayern, München 1997.

ders.: Der gezähmte Fußball, Göttingen 1992.

Seitz, Norbert: Bananenrepublik und Gurkentruppe, Frankfurt am Main 1987.
Stützer, Peter: Der Kaiser, München 1985.

Zeitungen und Zeitschriften:

Berliner Zeitung, Bild, Der Spiegel, Die Welt, Die Woche, Die Zeit, Facts, Financial Times, Forbes, Frankfurter Allgemeine Zeitung, GQ Magazin, Handelsblatt, Kicker, L'Equipe, Neue Zürcher Zeitung, Sportbild, Stern, Magazin, Süddeutsche Zeitung, Sunday Times, The London Times, Wallstreet Journal, Welt am Sonntag, Weltwoche.